속담俗談과 물명物名의 세계

김형태
장기영
최석열 공저

학자원

서문

속담과 물명은 '이야기'라는 육체의 '혼魂'이다. 속담은 인간의 복잡다단한 당시의 삶을 반영하고, 사물의 이름을 의미하는 물명은 지식의 근원을 내포하고 있기 때문이다. 현대를 살아가는 우리들이 한자와 한문을 어렵다고 느끼는 이유는 그것에 관심을 갖지 않는 데서도 비롯된다. 기실 속담과 물명은 한자와 한문이 어렵다는 선입견을 제거할 수 있는 좋은 도구이다.

이 책은 한자와 한문에 대한 우리들의 잃어버린 관심을 되찾는 데 도움을 주기 위해 기획되었다. 또한 연세대학교 글로벌창의융합대학 국어국문학과에서 수행중인 4단계 BK21+ 미래인재 양성사업인 '근대 한국어문학 미래인재 교육연구팀'의 연구교육 성과물이기도 하다.

본서는 전체 2부로 구성되어 있다. 우선 제1부는 『이담속찬耳談續纂』을 현대 한국어로 번역한 것이다. 『이담속찬』은 정약용(丁若鏞, 1762~1836)이 중국 명대明代 왕동궤(王同軌, 1535~1620)가 엮은 『이담』에 우리나라 고유의 속담을 증보하여 1820년에 편찬한 속담집이다. 글자 수에 예외도 있지만, 중국 속담 170여 항목과 우리나라 속담 240여 항목을 8자字 중심으로 한역漢譯하여 수록하고, 뒤이어서 그 의미를 풀이하여 실었다. 간결한 한역을 통해 속담을 적실하게 보여줌으로써

19세기 우리 민중의 삶과 문화를 반영하고 있다는 점에서 그 의의를 찾을 수 있다.

또한 우리말 속담을 한역함으로써 우리나라 가요를 한시漢詩 절구絕句로 번안한 '소악부小樂府' 갈래와 마찬가지로 우리말이 외국어로 번안되는 구체적 상황을 확인할 수 있으며, 역으로 우리 속담의 원형을 고구考究할 수 있다는 중요한 문학사적 의미도 지니고 있다.

제2부는 『물명고物名考』의 내용 중 일부를 발췌하여 그 풀이와 설명을 수록한 것이다. 『물명고』는 유희(柳僖, 1773~1837)가 여러 가지 사물의 이름과 관련 내용을 한글과 한문으로 풀이하여 1820년경에 편찬한 일종의 유서類書: 백과사전이다.

본서는 원서의 분류 체계인 유정류有情類・무정류無情類・부동류不動類・부정류不情類와 그 세부 항목인 우충羽蟲・수족獸族 등의 15개 분류를 따라 차례를 구성하였다. 이 가운데 학제 간 융・복합적 성격을 지닌 독특한 내용이나 흥미로운 내용을 지닌 물명을 중심으로 항목을 선별하여 수록하였다.

『물명고』는 국어학적 측면에서 한국어 어휘연구에 매우 귀중한 자료로 평가받는다. 또한 문학적으로는 방대하고 다양한 지식의 습득을 통해 스토리텔링의 소재로 활용하거나 다양한 콘텐츠로 승화시킬 수 있는 원천인 텍스트이다.

본 저술의 공동 저자들은 대학원 수업을 통해 두 저자와 저서들을 접할 수 있었다. 정약용과 유희는 모두 근대의 여명기인 19세기라는 동시대를 살았던 지식인이자 실학자였다는 공통분모를 지니고 있으며, 두 텍스트가 거의 같은 시기에 세상의 빛을 보게 되었다는 우연의 마력에 이끌려 그 번역에 도전하였고, 내용 분석에 기반을 둔 선별과 발췌를 시도하였다.

보잘 것 없는 성과를 내놓으면서 고마운 마음을 전할 분들이 많기만 하다. 그분들을 대표하여 어려운 여건에서도 사업팀을 훌륭하게 이끌어나가는 미래인재 양성사업팀장 한수영 교수님과 고훈 연구원께 감사의 말씀을 드린다. 아울러 선뜻 출판을 수락한 도서출판 학자원의 김병환 대표님께도 감사드린다.

아무쪼록 우리의 이 작은 발걸음이 대중적으로 조금이라도 관심을 얻고, 사람들이 본서에서 삶의 지혜와 지식을 얻어 무궁무진한 창의성을 분출할 수 있는 삶의 교재로 삼게 되는 날이 도래하기를 감히 바란다.

이른 더위가 기승을 부리는 5월의 어느 날에 매지리에서

저자 일동 쓰다.

일러두기

1. 제1부 속담 편은 정약용(1762~1836)의 저술 『여유당전서與猶堂全書』 소재 『이담속찬耳談續纂』을 현대어로 옮긴 것이다.

2. '우리나라 속담'과 '중국 속담'은 현대어 번역문의 한글 자음 순서에 따라 구분·배열하여 색인의 편의성을 도모하였다. '습유'도 한글 자음 순서에 따랐으나, 분량이 적어 구분하지는 않았다.

3. 속담마다 원문과 현대어 번역문을 차례대로 수록하였으며, 설명이 필요한 내용은 각주를 달아 설명하였다.

4. 제2부 물명 편은 유희(1773~1837)의 저술 『물명고物名考』의 내용 중 일부를 발췌하여 현대어로 옮기고, 설명을 보충한 것이다.

5. 제2부 물명 편의 차례는 『물명고』의 차례를 따랐으며, 각 장별 소제목의 의미는 해당 장의 서두에서 설명하였다.

6. 물명의 항목마다 주요 물명을 제시하여 그 의미를 설명하였고, 이와 관련된 물명들을 이어서 제시하여 설명하였다.

7. 물명과 관련된 내용 중 필요한 사항은 각주에 한문 원문을 달아 그 내용의 출처 확인을 용이하게 하였다.

차례

제2부 물명 편

제1부

속담 편

1. 우리나라 속담 東諺
2. 중국 속담 中諺
3. 습유 拾遺

俗談物名

우리나라 속담 東諺 1

1) ㄱ

(1) 貧家之賙, 天子其憂. (言纔給旋乏, 力不可繼.)

가난한 집을 도와줌은 임금도 그것을 근심한다. (겨우 보태줘서 가난함을 되돌렸으나, 힘을 이어나갈 수 없다는 말이다.)

(2) 釜底鐺底, 煤不胥詆. (言彼此同醜, 不可互譏.)

가마솥 밑과 탕관[1] 밑은 그을음으로 서로 꾸짖지 못한다. (서로 함께 더러우면, 서로 나무랄 수 없다는 말이다.)

1 탕관(湯罐) : 냄비. 노구솥. 놋쇠나 구리쇠로 만든 작은 솥. 자유로이 옮겨가며 따로 걸고 사용함.

(3) 輶彼薄楮, 尙欲對擧. (言雖小事, 宜圖戮力.) 약전[2]

가벼운 저 얇은 종이도 오히려 맞들려고 한다. (비록 작은 일이라도 서로 힘을 모아 도모(圖謀)해야 마땅하다는 말이다.) ⇒ 백짓장도 맞들면 낫다.

(4) 莫以狗子, 監此麴豉. (言任非其人, 必監守而自盜.)

강아지에게 이 메주 멍석을 살피게 하지 말라. (그 마땅치 못한 사람에게 일을 맡기면, 반드시 살펴 지킨다면서 스스로 도적질한다는 말이다.) ⇒ 예리한 것이 많이 닳는다.

(5) 烏之方飛, 有隕其梨. (言事旣巧湊, 不得而逃其責.)

까마귀가 막 날자 그 배가 떨어진다. (일이 이미 교묘하게 들어맞으면, 그 책임을 피할 수 없다는 말이다.) ⇒ 가마솥 밑이 노구솥 밑을 검다 한다.

2 약전 : 정약전(丁若銓). 1758~1816. 조선 말기의 학자이자 천주교인. 자(字)는 천전(天全). 호(號)는 손암(巽庵)·연경재(硏經齋)이고, 정약용(丁若鏞)의 형임. 남인(南人)계의 학자로 서학(西學)에 뜻을 두어 천주교에 입교하였음. 그 후 벼슬에서 물러나 선교 활동에만 힘쓰다가 1801(순조1)년 신유박해(辛酉迫害) 때 흑산도(黑山島)에 유배되어 그곳에서 죽었음. 저서에 『자산어보(玆山魚譜)』 등이 전함. 『이담속찬』에 우리나라 속담 60수(首)를 수집하여 남겼음. 이하 '약전'이라고 표기한 것이 여기에 해당함.

(6) 烏聲十二, 無一娬媚. (言惡人一言一動, 皆可憎.)

까마귀 울음소리는 열두 가지라도 하나도 사랑스러움이 없다. (미워하는 사람의 한마디 말과 한 가지 동작은 모두 미워할 만하다는 말이다.)

(7) 烏狗之浴, 不變其黑. (言惡人終未改過也.)

검둥개는 목욕시켜도 그 검은빛은 변하지 않는다. (나쁜 사람은 끝내 허물을 고치지 않는다는 말이다.) ⇒ 검둥개 미역 감듯.

(8) 纔食一匙, 不救腹飢. (喩初學者, 不可求速成.) 약전

겨우 한술 밥 먹고, 굶주림을 막지 못한다. (처음 배우는 자에게 빨리 이룸을 요구할 수 없음을 비유하였다.) ⇒ 한술 밥에 배부르랴?

(9) 纍纍者石, 銛者多觸. (喩剛愎者, 多受傷害.) 약전

겹쳐 쌓인 돌에는 예리한 것들이 많이 닿는다. (까다롭고 고집이 센 자는 해로움을 많이 받음을 빗댄 것이다.) ⇒ 모난 돌이 정 맞는다.

(10) 莫仰莫俯, 此筵難舞. (喩令出無常, 又多是非, 莫適所從.) 약전

고개를 쳐들지 말고 수그리지도 말라하니, 이런 자리에선 춤추기 어렵다. (명령이 일정함 없이 나오고, 또 시비가 많으면, 알맞게 따를 바가

없음을 비유하였다.)

(11) 鯨鬪鰕死. (喩大官相傾, 其門生故吏無不受傷.)

고래 싸움에 새우가 죽는다. (높은 벼슬아치들이 서로 싸우다 기울어져 그 문생과 고리[3]가 부상을 입지 않을 수 없음을 비유하였다.) ⇒ 고래 싸움에 새우등 터진다.

(12) 貓則眞殪, 鼠猶佯斃. (猶言死諸葛, 走生仲達.) 약전

고양이는 참으로 죽었는데, 쥐가 오히려 거짓 죽었다 한다. (죽은 제갈공명(諸葛孔明)[4]이 산 사마중달(司馬仲達)[5]을 달아나게 하였다는 말과 같다.)

3 문생(門生)과 고리(故吏) : '문생'은 '문하생(門下生)'의 준 말로서 문하에서 배우는 제자. '고리'는 일을 본 경력이 많은 아전(衙前)을 이르던 예전의 말. '아전'은 관청의 하급 관리.

4 제갈공명(諸葛孔明) : 181~234. '제갈량(諸葛亮)'을 자(字)로 이르는 말. 중국 삼국시대 촉한의 모신(謨臣). 별호는 와룡(臥龍) 또는 복룡(伏龍). 후한 말에 형주 남부 4군을 발판으로 군웅인 유비(劉備)를 도와 촉한(蜀漢)을 건국하는 제업을 이루었음. 221년에 유비가 제위에 오르자 승상에 취임하였고, 유비 사후 유선(劉禪)을 보좌하여 촉한의 정치를 돌보았음. 227년부터 지속적인 북벌(北伐)을 일으켜 8년 동안 5번에 걸쳐 위(魏)나라의 옹·양주 지역을 공략하였음. 234년에 5차 북벌 중 오장원(五丈原) 진중에서 54세의 나이로 병사하였음. 중국 역사상 지략과 충의의 전략가로 많은 이들의 추앙을 받았고, 그가 북벌을 시작하면서 유선에게 올린 〈출사표(出師表)〉는 지금까지 전해 내려오며, 이를 보고 울지 않으면 충신이 아니라고 평하는 명문으로 꼽힘.

5 사마중달(司馬仲達) : 179~251. '사마의(司馬懿)'를 자(字)로 이르는 말. 중

(13) 積功之塔, 終古不塌. (言作事牢固, 不易壞也.)

공들여 쌓은 탑은 오랜 세월 무너지지 않는다. (일을 함에 튼튼하고 단단하게 하면, 쉽게 무너지지 않는다는 말이다.)

(14) 羹之方沸, 罔知厥味. (言人於急境, 不知其利害.)

국이 막 끓기 시작하면, 그 맛을 모른다. (사람은 급한 경우에 그 이로움과 해로움을 알지 못한다는 말이다.)

(15) 飢無可慳, 疋錦一餐. (言天下之物, 莫急於食.)

굶주리면 아낄 수 없어서 비단 한 필[6]도 한 끼이다. (이 세상의 사물은 음식보다 급한 것이 없다는 말이다.)

(16) 厥靮太縯, 終受一踐. (言爲惡不悛, 終有一敗.)

그 고삐가 너무 길면, 끝내 한 번 밟힘을 당한다. (악행을 하면서 고치지 않으면, 마침내 한번은 무너짐이 있다는 말이다.)

국 삼국 시대 위(魏)나라의 명장이자 정치가(179~251). 조비의 유언을 받아 명제 및 제왕을 보좌하였음. 특히 촉한(蜀漢)의 제갈공명을 오장원에서 막아 그의 의도를 꺾기도 하였음.

6 필(疋) : 일정한 길이로 말아 놓은 피륙을 세는 단위. 끝. 30자[尺]가 1필임.

(17) 衣視其體, 名視其貌. (言物當相稱也.)

그 몸을 보고 옷을 짓고, 그 꼴을 보고 이름을 짓는다. (사물은 마땅히 서로 걸맞아야 한다는 말이다.)

(18) 由惜一瓦, 樑摧大厦. (言惜小費, 而喪大器.)

기와 한 장 아낌으로 말미암아 큰 집 대들보가 꺾인다. (작은 비용을 아끼다가 큰 도구를 상하게 한다는 말이다.) ⇒좁쌀만큼 아끼다가 담 돌만큼 해(害) 본다. 한 푼 아끼다 백 냥 잃는다.

(19) 行潦之聚, 亦于硬土. (言非儉嗇, 家貨不集.)

길바닥에 괸 물은 또한 단단한 땅에 모인다. (검소하거나 아끼지 않으면, 집에 재물이 모이지 않는다는 말이다.)

(20) 蛙惟跼矣, 乃能躍矣. (言事雖急, 宜寬晷刻, 令得周旋.)

개구리도 오직 움츠릴 수 있어야만, 이에 뛸 수 있을 것이다. (일이 비록 급하더라도 마땅히 시간이 넉넉해야 일이 잘 되도록 두루 힘을 쓸 수 있다는 말이다.)

(21) 狗尾三朞, 不成貂皮. (言本質不美, 終莫能善變)

개 꼬리는 3년이 지나도 담비 가죽이 되지 않는다. (타고난 성질이 아름답지 못하면, 마침내 좋게 변할 수 없다는 말이다.)

(22) 狗貸虎狼, 豈望報償. (言貪虐之人, 無信於財賄也.)

개를 범이나 이리에게 빌려주고, 어찌 갚기를 바라겠는가? (탐욕스럽고 사나운 사람은 재물에 대한 신용이 없다는 말이다.)

(23) 蟹子雖纖, 螯已知箝. (言惡種所生, 自幼而害人.)

게 새끼는 비록 작지만, 집게발로 이미 집을 줄을 안다. (나쁜 종자가 태어나면, 어려서부터 저절로 다른 사람을 해친다는 말이다.)

(24) 雉之未捕, 雞可備數. (喻承乏, 則不肖者, 亦可充位.) 약전

꿩이 사로잡히지 않았으면, 닭으로 수효를 채울 만하다. (이을 사람이 모자라면, 어질지 못한 자라도 또한 자리를 채울 수 있다는 말이다.) ⇒ 꿩 대신 닭.

2) ㄴ

(1) 晝言雀聽, 夜言鼠聆. (戒愼言也.)

낮말은 참새가 듣고, 밤 말은 쥐가 듣는다. (말을 삼가라고 경계하였다.) ⇒ 벽에도 귀가 있고, 돌에도 입이 있다.

(2) 竿頭苟延, 或至三年. (言忍耐逆境, 勿憚其久.)

낚싯대 끝에서 구차하게 지내온 것이 혹 삼년에 이른다. (불행한 처지나 환경을 참고 견디되, 그 오래됨을 꺼리지 말라는 말이다.) ⇒ 대 끝에서도 삼년 버틴다.

(3) 歌曲雖豔, 恒聽斯厭. (言雖好言, 不可支離.)

노랫가락이 비록 곱더라도 늘 들으면 이것도 싫증난다. (비록 좋은 말이라도 지루할 수 있다는 말이다.)

(4) 農夫餓死, 枕厥種子. (言愚吝者, 不知身死 而財且無用.)

농부는 굶주려 죽어도 그 씨앗을 베고 죽는다. (어리석고 인색한 자는 자신의 죽음도 알지 못하니, 재물도 또 쓸모없다는 말이다.) ⇒ 돈 없는 놈이 큰 떡 먼저 든다.

(5) 襤褸襤褸, 猶然錦縷. (言物之本美者, 雖敗而猶見舊美.)

누덕누덕 기운 헌옷이지만, 여전히 비단결일세. (사물이 본래 아름다운 것은 비록 낡더라도 오히려 옛 아름다움이 보인다는 말이다.)

(6) 瞬目不亟, 或喪厥鼻. (言世俗之險, 不可須臾忘禍難.)

눈 깜박임을 빨리 하지 않으면, 어떤 이는 그 코를 잃는다. (세상 풍속이 험하니, 잠깐이라도 재앙과 환난(患難)을 잊을 수 없다는 말이다.) ⇒눈 감으면 코 베어 먹을 세상.

(7) 緩驅緩驅, 牡牛之步. (言大人之事, 徐而有進也.)

느릿느릿 몰고 몰아도 수소의 걸음. (대인의 일은 더뎌도 나아감이 있다는 말이다.) ⇒드문드문 걸어도 황소걸음.

(8) 老馬在廏, 猶不辭豆. (喩貪得之心, 老猶不減.) 약전

늙은 말이 마구간에 있으면, 오히려 콩을 마다하지 않는다. (탐내어 얻으려는 마음은 늙어도 오히려 없어지지 않음을 비유하였다.)

(9) 我欲捉蟹, 竝喪吾簞. (喩貪得外物, 竝失己之本有.) 약전

내가 게를 잡으려다 내 구럭7도 함께 잃었다. (다른 물건을 탐내 얻으

려다가 자기가 본래 가진 것도 함께 잃어버림을 비유하였다.)

(10) 予所畜犬, 迺噬我腨. (言我所豢養者, 反害我.)

내가 기른 개에게 곧 내 장딴지를 물린다. (내가 기른 것이 도리어 나를 해친다는 말이다.)

(11) 予所憎兒, 先抱之懷. (喻所惡之人, 宜先修外面.) 약전

내가 미워하는 아이를 먼저 가슴에 품는다. (미워하는 사람에게는 먼저 겉모습을 꾸며야 마땅함을 비유하였다.)

(12) 我厭其餐, 予狗則慳. (言在我無用, 猶不肯施人.)

내가 싫어하는 그 음식을 내 개에게도 아낀다. (내게 있어서 쓸모가 없어도 오히려 다른 사람에게 베풀기를 즐기지 않는다는 말이다.) ⇒ 나 먹자니 싫고, 남 주자니 아깝다.

(13) 匪我孤苦, 豈父繼父. (喻承乏而苟充也.) 약전

내가 외롭고 가난하지 않은데, 어찌 의붓아비를 아비라 하랴? (승핍[8]

7 구럭(篕) : 새끼를 드물게 떠서 물건을 담을 수 있도록 만든 그릇. 망태기.

8 승핍(承乏) : 마땅한 인재가 없어서 재능이 없는 사람이 벼슬을 함.

하면, 구충[9]함을 비유하였다.)

(14) 我謁縣宰, 兼受賑貸. (喩外託虛忠, 實以求利.) 약전

내가 원님도 뵙고, 아울러 진대[10]도 받는다. (겉으로는 헛되이 정성을 다한다고 핑계대지만, 실제로는 이익 구함을 비유하였다.)

(15) 我歌將放, 婚家先唱. (言我當咎汝, 汝反咎我.)

내가 장차 노래를 부르려 하는데, 혼인집에서 먼저 부른다. (나는 네 허물이 마땅하다고 하는데, 너는 도리어 내 허물이라고 한다는 말이다.)

(16) 我有良貨, 乃求善價. (喩先求諸己, 後求諸人.) 약전

내가 좋은 재물을 지녀야 좋은 값을 구한다. (먼저 자기에게 구하고, 뒤에 다른 사람에게 구함을 비유하였다.)

9 구충(苟充) : 구충기수(苟充其數). 질(質)은 살피지 못하고 겨우 수효만 채움.

10 진대(賑貸) : 194(고국천왕 16)년부터 고구려에서 빈민 구제책으로 흉년에 관곡(官穀)을 어려운 백성에게 꾸어 주던 일. 고려 성종 때에 빈민을 구제할 목적으로 쓰였고, 조선 시대에 환곡법(還穀法)으로 다시 부활하였음.

(17) 我有美女，迺擇佳婿.（言先度己美, 乃求其匹.）약전

내게 아름다운 딸이 있어야 이에 아름다운 사위를 고른다.（먼저 자기 아름다움을 헤아리고, 그 짝을 구하라는 말이다.）

(18) 未有涉川，而後乘船.（言事有次序, 不可踰粤.）

내를 건너고서 나중에 배를 타는 이는 있지 않다.（일에는 차례가 있으니, 뛰어넘을 수 없다는 말이다.）⇒ 내 건너고 배타기.

(19) 我腹既飽，不察奴飢.（言已享福樂者, 不知人窘苦.）

내 배가 이미 부르면, 종의 굶주림을 살피지 못한다.（이미 복을 누려 즐거운 자는 다른 사람의 가난한 고통을 알지 못한다는 말이다.）⇒ 내 배 부르니 종의 밥 짓지 말라 하네.

(20) 緣我事急，野碓先蹋.（言彼妨我路, 不得不助彼功而開其路.）

내 일이 급한 까닭에 물방아 먼저 찧는다.（저 사람이 내 길을 방해하면, 어쩔 수 없이 저 사람의 일을 도와주어야 그 길이 열린다는 말이다.）⇒ 내 일 바빠 한댁(큰댁) 방아.

(21) 我豉適涸，賓又辭臛.（言我方厭之, 而爾又不肯.）

내 장이 마침 다 마르자 손님도 또 고깃국을 사양한다.（내가 바야흐

로 싫어하니, 너도 또 즐기지 않는다는 말이다.) ⇒주인집 장 떨어지자 나그네도 국 마다한다.

(22) 我刀他鞘, 旣揷難掉. (言雖己物, 旣爲人有, 不可追也.)

내 칼이 남의 칼집에 이미 꽂혔다면 갖기 어렵다. (비록 자기 물건이라도 이미 다른 사람의 소유가 되었다면, 구할 수 없다는 말이다.) ⇒내 칼도 남의 칼집에 들면 빼기 어렵다.

(23) 我涕三尺, 何知爾慼. (猶言我躬弗閱, 遑恤我後.) 약전

내 눈물이 석 자[尺]인데, 어찌 네 슬픔을 알겠는가? (내 몸도 돌보지 못했으니, 내 뒤에 급히 서둘러 도와주겠다는 말과 같다.) ⇒내 코가 석 자.

(24) 我所珍庋, 竟歸人屎. (言吝惜之物, 多歸虛也.)

내게 귀한 보배라도 마침내 다른 사람에게 돌아가면 똥이다. (몹시 아끼는 물건도 대부분 허망한 데로 돌아간다는 말이다.)

(25) 爾逢爾仇, 獨木橋頭. (言事必巧湊, 厄無幸逭.)

네가 네 원수를 만나는 것은 외나무다리 위다. (일은 반드시 교묘하게 들어맞고, 재액은 요행으로 면하지 못한다는 말이다.) ⇒원수는 외나무다리에서 만난다.

(26) 匪伊腹疾, 媳婦何病. (喻有一大惡, 足蔽全身, 不可指之爲小疵.) 약전

네 뱃병이 아니면, 식부[11]는 무슨 병이냐? (어떤 큰 잘못이 있어서 온 몸을 덮어 가리기에 충분하더라도 그것을 가리켜 작은 흠이 된다고 할 수 없음을 비유하였다.)

(27) 匪爾牛角, 我牆何崩. (言爾雖曰 非我有咎, 非爾無此患也.)

네 쇠뿔이 아니면, 내 담장이 어찌 무너지랴? (네가 비록 '내게 허물이 있지 않다'고 말하더라도, 네가 아니면 이러한 근심이 없었다는 말이다.)

3) ㄷ

(1) 視彼徒者, 見我騎馬. (言人窮, 則卑賤者, 皆慢侮也. ○徒步行也.)

다른 사람이 걷는 것을 보고서야 내가 말 타기를 보려한다. (사람은 가난하면, 비천한 사람도 모두 업신여긴다는 말이다. ○'도(徒)'는 걸어서 가는 것이다.)

11 식부(媳婦) : ①며느리. ②손아래 친척의 아내. (이 때는 앞에 해당 친척관계를 나타내는 말을 붙임)

(2) 他人之餌, 聊樂歲始. (喩因人成事.) 약전

다른 사람의 떡으로 애오라지[12] 설을 즐긴다. (다른 사람으로 말미암아 일이 이루어짐을 비유하였다.)

(3) 他人之宴, 曰梨曰柹. (言不在其位, 枉有干涉.)

다른 사람의 잔치에 배를 말하고, 감을 말한다. (그 자리에 있지도 않으면서 간섭이 있으면 잘못이라는 말이다.)

(4) 謂不再綆, 汚此舊井. (戒勿以高遷, 輕棄舊鄰.) 약전

다시 물 긷지 않는다 이르고, 여기 오래된 우물을 더럽힌다. (지위가 올라갔다고 옛 이웃을 가벼이 저버리지 말라고 경계하였다.)

(5) 毋趁走麕, 執此落㝹. (言毋貪難得之巨貨, 先取自到之小利.) 약전

달아나는 노루를 좇지 말고, 여기에 떨어뜨린 교활한 토끼를 잡아라. (얻기 어려운 큰 재물을 탐내지 말고, 스스로 이르게 된 작은 이익을 먼저 얻으라는 말이다.)

12 애오라지 : 마음에 부족하나마 겨우.

(6) 赶雞之犬, 徒仰屋檐. (喻同學競進, 其友先升.) 약전

닭 쫓던 개가 한갓 지붕만 쳐다본다. (같이 배워 다투어 나아가다가 그 벗이 앞서 오름을 비유하였다.)

(7) 醓醢之市, 嗟爾佛子. (喻匪分之物, 不宜留目.) 약전

담해[13] 저자인데, 아! 당신은 스님이라. (분수에 맞지 않는 물건에 눈길이 머무름은 마땅치 않음을 비유하였다.) ⇒ 젓갈 가게에 중이라.

(8) 盜之就拿, 厥足自痳. (言爲惡者, 不可逭也.)

도적은 잡힐 때에 그 발이 저절로 저리다. (나쁜 짓을 한 자는 달아날 수 없다는 말이다.) ⇒ 도둑이 제 발 저리다.

(9) 餠固餠矣, 盒兮尤美. (言物有善美, 其所牽連者皆美.)

떡은 진실로 떡이겠지만, 합(盒)[14]이 더욱 아름답다. (사물에 착하고 아름다움이 있으면, 서로 관련된 것은 모두 아름답다는 말이다.)

13 담해(醓醢) : 육장(肉醬). 잘게 썬 쇠고기를 간장에 넣고 조린 반찬. 육집.

14 합(盒) : 음식을 담는 그릇의 하나. 둥글넓적하고 뚜껑이 있음. 찬합.

(10) 盜以後捉, 不以前捉. (言論人, 當執實贓. ○後者贓之所負, 前其面目也.)

도적은 뒤에서 잡지 앞에서 잡지 않는다. (사람을 논하는 데는 분명한 증거를 잡아야 마땅하다는 말이다. ○뒤라는 것은 짊어진 증거이고, 앞은 그 남을 대하는 체면이다.)

(11) 盜冤竟雪, 淫誣難滅. (言有贓故可證, 無跡故難暴.)

도적의 누명은 마침내 씻지만, 음란한 무고[15]는 없애기 어렵다. (장물[16]이 있기 때문에 증명할 수 있지만, 흔적이 없기 때문에 드러내기 어렵다는 말이다.) ⇒도적의 때는 벗어도 화냥의 때는 못 벗는다.

(12) 投石石來, 擲餠餠回. (言人之報我, 唯視我之所施.)

돌을 던지면 돌이 오고, 떡을 던지면 떡이 돌아온다. (다른 사람이 나에게 갚음은 오직 내가 베푼 것을 보라는 말이다.) ⇒가는 말이 고와야 오는 말이 곱다.

15 무고(誣告) : 없는 일을 거짓으로 꾸며 고발하거나 고소함.

16 장물(贓物) : 범죄 행위로 부당하게 얻은 남의 물건.

(13) 上圊而歸, 心異去時. (喩人心變於俄頃.) 약전

뒷간에 올라갔다 돌아오면, 마음이 갈 때와 다르다. (사람의 마음은 조금 있다가 변함을 비유하였다.)

(14) 聞則是病, 不聞是藥. (言拂心之言, 不如不聞也.)

들으면 병이고, 안 들으면 약이다. (마음에 거슬리는 말은 듣지 않음만 못하다는 말이다.)

4) ㅁ

(1) 如有僮僕, 本無玆辱. (喩受侮之人, 不宜自恨其孤單.) 약전

만일 어린 종이 있었다면, 본디 이 욕됨은 없었을 텐데. (업신여김 받은 사람이 마땅치 않게도 그 고단함을 스스로 한스러워함을 비유하였다.)

(2) 甘言之家, 豉味不嘉. (言尙口者無實德.)

말이 단 집은 장맛이 뛰어나지 않다. (말을 높이는 자는 충실한 덕이 없다는 말이다.) ⇒ 말 많은 집에 장맛이 쓰다.

(3) 駒之方鬣, 左右難占. (言人之善惡, 不可辨之於幼時.)

망아지의 갈기가 바야흐로 왼쪽일 지 오른쪽일 지 점치기 어렵다. (사람의 착하고 악함은 어릴 때에 분별할 수 없다는 말이다.)

(4) 先視爾褥, 乃展厥足. (言先度處地, 方行其志也.)

먼저 네 요를 보고, 곧 그 발을 뻗어라. (먼저 처지를 헤아리고, 바야흐로 그 뜻을 행하라는 말이다.) ⇒누울 자리 보아가며 발을 뻗어라.

(5) 婦老爲姑, 靡不效尤. (言自下位而居上, 不念舊日之苦, 而虐其在下者.)

며느리가 늙어서 시어미 되면, 나쁜 일을 흉내 내지 않음이 없다. (아랫자리로부터 위에 앉게 되면, 옛날의 괴로움은 생각하지 않고, 그 아래에 있는 자에게 모질게 군다는 말이다.)

(6) 婦無可短, 踵如雞卵. (言求過於無疵也.)

며느리에게 단점이라 할 만한 것이 없으면, 발뒤꿈치가 계란 같다고 한다. (허물을 찾음에 흠이 없다는 말이다.) ⇒며느리가 미우면 발뒤꿈치가 계란 같다고 나무란다.

(7) 巫不自祈, 瞽昧終期. (言人不能自謀, 亦自暗於禍幾也.)

무당은 자기 굿을 못하고, 소경은 죽을 때를 모른다. (사람은 자기 계책을 잘 할 수 없고, 또한 재앙의 낌새에 스스로 어둡다는 말이다.)

(8) 酥地揷木, 灰栳建椓. (猶言柔則茹之.) 약전

무른 땅에 나무 박고, 재 고리[17]에 말뚝 치기. (부드러우면 먹기 쉽다는 말과 같다.)

(9) 可憎之犬, 鼻不離瘢. (言爲人所憎者, 恒受創傷.)

미워할 만한 개는 코에서 상처가 떠나지 않는다. (사람됨이 미운 자는 항상 상처를 받는다는 말이다.) ⇒사나운 개 콧등 아물 틈 없다.

(10) 蕎餠賽祖, 安用二鼓. (言力本不逮, 而欲爲浮文.)

메밀떡 조상굿에 어찌 쌍장고 쓰랴? (힘은 본디 미치지도 못하면서 헛된 겉치레의 문장을 짓고자 한다는 말이다.)

17 고리 : 키버들의 가지나 대오리 따위로 엮어서 상자같이 만든 물건. 주로 옷을 넣어 두는 데 씀. 고로. 고리짝. 유기(柳器).

5) ㅂ

(1) 竊鍼不休, 終必竊牛. (言養小惡, 必成大惡.)

바늘 훔치기를 쉬지 않으면, 마침내 반드시 소를 훔친다. (작은 악행을 기르면, 반드시 큰 악행을 이룬다는 말이다.) ⇒ 바늘 쌈지(상자)에서 도둑이 난다.

(2) 數舂之臼, 尙或納手. (言雖搶攘之中, 亦可以相幾行善.)

바쁘게 찧는 절구에도 오히려 가끔 손이 들어간다. (비록 어수선한 가운데에도 또한 얼마간 착한 일을 실행할 수 있다는 말이다.)

(3) 貢以串輸, 賂用馱驅. (言吏胥之權重也.)

바치는 세금은 꿰미로 나르고, 뇌물은 바리로 실어 달린다. (하급 관리의 권세가 무겁다는 말이다.)

(4) 半菽孔碩, 他人所獲. (言羨起於妬, 莫知其苗之碩, 亦此意.)

반쪽 콩도 다른 사람이 얻은 것이 매우 커 보인다. (부러움은 시새움에서 일어나니, 그 싹의 큼을 알지 못한다는 말도 또한 이 뜻이다.)

(5) 終夜馳奔, 不入其門. (言積誠而無功也.)

밤새도록 달려가도 그 문에 들어가지 못한다. (정성을 쌓아도 공로가 없다는 말이다.)

(6) 經夜無怨, 歷日無恩. (言恩怨皆易忘. ○怨, 平聲, 讎也.)

밤 지낸 원수 없고, 날 샌 은혜 없다. (은혜와 원수는 모두 쉽게 잊는다는 말이다. ○'원(怨)'은 평성이니, '원수[讎]'이다.)

(7) 電光索索, 霹靂之兆. (喻兆眹屢見, 終必有驗也.) 약전

번개가 너무 잦으면, 천둥 칠 조짐[18]이다. (조짐이 자주 보이면, 마침내 반드시 증험이 있음을 비유하였다.)

(8) 赤倮之軀, 難佩繡箶. (言凡百不稱, 不如儉素.)

벌거벗은 몸으로 수놓은 전통을 차기는 어렵다. (온갖 일에 어울리지 않으면, 검소함만 못하다는 말이다.)

18 조짐(兆眹) : 어떤 일이 생길 기미가 보이는 현상.

(9) 談虎虎至, 談人人至. (言不可以其人之不在, 而議其人.)

범은 제 말하면 오고, 사람도 제 말하면 온다. (그 사람이 없는 데서 그 사람에 대한 의논을 할 수 없다는 말이다.)

(10) 虎之方睡, 莫觸其鼻. (言不可挑禍也.)

범이 막 잠을 자면, 그 코를 건드리지 말라. (재앙을 돋울 수 없다는 말이다.)

(11) 相彼蚯蚓, 踐之則蠢. (言雖微賤之物, 不能無怨於凌踏.)

보기에는 저런 지렁이지만, 밟으면 꿈틀거린다. (비록 작고 천한 사물이라도 업신여겨 밟음에 원망이 없을 수 없다는 말이다.)

(12) 觀美之餌, 啗之亦美. (喻實美者外貌亦美也.) 약전

보기 좋은 떡이 먹기에 또한 좋다. (실제로 아름다운 것은 겉모양 또한 아름다움을 비유하였다.)

(13) 本不結交, 安有絶交. (言本無緣起, 亦無所究竟.)

본래 서로 사귀지 않았는데, 어찌 절교가 있겠는가? (본래 인연을 맺음이 없으면, 또한 끝내는 마지막도 없다는 말이다.)

(14) 在灶之鹽, 擩之乃鹹. (言物采雖具, 人功宜急.)

부뚜막에 있는 소금도 집어넣어야 짜다. (사물이 비록 갖춰져 있더라도 사람의 공들임이 마땅히 급하다는 말이다.)

(15) 夫婦之訾, 如刀割水. (言好合之情, 離開不得.) 약전

부부의 헐뜯음은 마치 칼로 물을 벰과 같다. (좋아하며 합친 마음은 헤어져 떼어놓을 수 없다는 말이다.) ⇒ 부부 싸움은 칼로 물 베기.

(16) 竈苟不燃, 堗豈生煙. (言雖浮謗, 皆有以自取之.)

부엌에 진실로 불 피우지 않았는데, 굴뚝에 어찌 연기가 생겨나랴? (비록 떠도는 헐뜯음이더라도 모두 스스로 얻은 것이 있기 때문이라는 말이다.)

(17) 膚爛之救, 吾先兒後. (言愛子雖切, 終不如愛己.)

불에 덴 살갗의 치료는 내가 먼저이고, 자식은 그 다음이다. (자식을 비록 간절히 사랑하더라도 마침내 자기를 사랑함만 못하다는 말이다.) ⇒ 내 발등의 불을 꺼야 아들 발등 불을 끈다.

(18) 雖臥馬糞, 此生可願. (言雖苦辱, 猶善於死也.)

비록 말똥에 누워도 이승은 바랄만하다. (비록 견디기 어렵더라도 오히려 죽음보다 좋다는 말이다.) ⇒ 개똥밭에 굴러도 이승이 좋다. 죽은 정승이 산개만 못하다.

(19) 雖有忙心, 線不繫鍼. (言事雖急, 不可違禮而錯亂.)

비록 바쁜 마음이 있더라도 실은 바늘에 묶지 못한다. (일이 비록 급하더라도 도리를 어겨 헌란하고 어지러울 수 없다는 말이다.) ⇒ 아무리 바빠도 바늘허리 매어 쓰지 못한다.

(20) 雖則乞匃, 猶然恥拜. (喩人雖困窮, 亦惡卑屈以媚人.) 약전

비록 빌어먹더라도 여전히 절하기는 부끄럽다. (사람이 비록 가난하고 구차하더라도 또한 비굴하게 다른 사람에게 아첨하기 싫어함을 비유하였다.)

(21) 雖曰無猜, 喜觀鄰災. (言常人之情, 未有不倖人之災.)

비록 시새움이 없다고 말해도 이웃의 재난은 즐겁게 본다. (보통 사람의 마음은 다른 사람의 불행한 재난에 있지 않다는 말이다.)

(22) 雖小唯椒. (番椒也. 一名辣茄. 以喻短小精悍之人. 如番椒之辛辣.)

비록 작더라도 오직 고초(고추)이다. ('번초(고추)'이니, 다른 이름은 '날여(고추)'인데, 몸집이 작으면서 날쌔고 사나운 사람은 마치 '번초'의 몹시 매움과 같음을 비유하였다.) ⇒ 작은 고추가 맵다.

(23) 啖梨之美, 兼以濯齒. (言因便而利物, 遂獲兩利.)

배를 먹으면 맛도 좋고, 아울러 이를 닦는다. (이득을 얻는 김에 마침내 두 가지 이로움을 얻는다는 말이다.) ⇒ 배 먹고 배 속으로 이 닦기

(24) 梨腐予女, 栗朽予婦. (一句雙韻 ○喻心不均一, 必厚女而薄婦.) 약전

배 썩은 것 딸 주고, 밤 썩은 것 며느리 준다. (한 구절에 운자(韻字)가 둘이다. ○마음이 한결같이 고르지 않아 딸에게는 반드시 두터우나, 며느리에게는 야박함을 비유하였다.)

(25) 百家之里, 必有悖子. (言物衆 則不能盡善.)

백 가구의 마을에는 반드시 도리에 어긋나게 행동하는 자식이 있다. (사물이 많으면, 다 좋을 수 없다는 말이다.)

(26) 鷃效鸛步，載裂厥胯.(言貧寒者學豪門, 必敗乃家.)

뱁새가 황새 걸음을 본받으면, 그 가랑이가 찢어진다.(가난하고 초라한 자가 부와 세력 있는 집안을 배우면, 반드시 집안이 망한다는 말이다.)

6) ㅅ

(1) 人飢三日，無計不出.(言窮無所不爲.)

사람이 사흘을 굶으면, 나오지 않는 계략이 없다.(곤궁해지면, 하지 않을 짓이 없다는 말이다.)

(2) 山下卜宅，舂杵難獲.(言物於所產之地, 反或稀貴.)

산 밑에 살 집을 골랐는데, 절굿공이 얻기가 어렵다.(물건은 생산되는 지역에서 도리어 가끔 드물거나 귀하다는 말이다.) ⇒산 밑 집에 절굿공이가 논다.

(3) 活人之嗓，蛛不布網.(言人雖貧, 亦或得食.)

산 사람의 입에는 거미가 거미줄을 치지 못한다.(사람은 비록 가난하더라도 또한 가끔은 음식을 얻는다는 말이다.)

(4) 山不馴雉, 池不養蟹. (言拘人於必走之地, 竟無存者.) 약전

산에서는 꿩을 길들이지 못하고, 못에서는 게를 기르지 못한다. (사람을 반드시 달아날 곳에 붙잡아두면, 마침내 남아 있을 자가 없다는 말이다.)

(5) 勿見三公, 護我一躬. (言徇物不如反己也.)

삼정승 뵙지 말고, 내 한 몸이나 잘 지켜라. (사물을 따름은 자기를 반성함만 못하다는 말이다.)

(6) 善往之願, 反受雷震. (言雖立善功, 有時乎反速尤也.)

선왕[19]의 기원하고, 도리어 뇌진[20]을 받는다. (비록 좋은 결과를 낳는 공덕을 세우려 했더라도 도리어 허물을 부르는 때가 있다는 말이다.)

(7) 發怒蹴石, 我足其圻. (言逆境不順受, 適以自傷.)

성난다고 돌을 차면, 내 발만 터진다. (역경도 따라서 받아들이지 않으면, 도리어 스스로 다친다는 말이다.)

19 선왕(善往) : 선왕재(善往齋). 죽은 사람의 혼령을 극락 같은 좋은 세계에 태어나게 하려고 부처 앞에 공양하는 재.

20 뇌진(雷震) : 천둥이 울리고, 벼락이 침. 뇌성벽력(雷聲霹靂).

(8) 瞽非不瞽, 謂瞽則怒. (言人之短處, 不可斥言之.)

소경은 시력을 잃지 않음이 없으니, 소경이라고 말하면 성낸다. (다른 사람의 단점에 대해 그것을 배척하는 말은 할 수 없다는 말이다.)

(9) 瞽者嗜臡, 自攘厥雞. (言愚昧貪得者, 有時乎自戕.)

소경이 뼈 섞인 젓갈은 즐겨도 스스로 그 닭은 물리친다. (어리석게 이득을 탐내는 자는 스스로 해칠 때가 있다는 말이다.) ⇒소경 제 닭 잡아먹기.

(10) 盲人之睡, 如寤如寐. (言事不別白也.)

소경의 잠은 깬 듯 자는 듯하다. (일이 똑똑히 구별되지 않는다는 말이다.) ⇒소경 잠자나 마나.

(11) 鹽所不醃, 豈畏豉鹹. (言不挫於大事, 難屈以小事.)

소금에 절지 않은 것이 어찌 짠 메주를 두려워하겠는가? (큰일에 굽히지 않으면, 작은 일로도 굽히기 어렵다는 말이다.) ⇒소금에 아니 전 놈이 장에 절까?

(12) 牛耳誦經, 何能諦聽. (言齒下者, 不足與談理.)

소 귀에 경(經) 읽기이니, 어찌 자세히 알아들을 수 있겠는가? (나이 어린 사람과는 함께 이치를 이야기할 수 없다는 말이다.)

(13) 語牛則滅, 語妻則洩. (戒告人之言必洩.)

소에게 말하면 없어지나, 아내에게 말하면 새어나간다. (다른 사람에게 알린 말은 반드시 새어나감을 경계하였다.)

(14) 宰牛無贓, 剝栗難藏. (言事有大而易揜, 惡有小而難欺. 剝栗者有殼)

소 잡은 증거는 없어도 밤 벗긴 흔적은 감추기 어렵다. (일이 커도 가리기는 쉬울 수 있지만, 나쁜 일은 작아도 속이기 어려움이 있으니, 밤을 벗긴 데는 껍데기가 남아있다는 말이다.)

(15) 黏手之飯, 鮮不自嚥. (猶言近墨者黑.) 약전

손에 붙은 밥풀을 스스로 삼키지 않음은 드물다. (먹을 가까이 하는 자는 검어진다는 말과 같다.)

(16) 爪芒思擢, 心蛆罔覺. (言人知目前之小患, 不知隱微之大害.)

손톱의 거스러미[21]는 뽑아 없애려고 생각하나, 마음의 구더기는 깨닫지 못한다. (사람이 눈앞의 작은 근심은 알지만, 몹시 작으나 큰 해로움은 알지 못한다는 말이다.) ⇒손톱 밑에 가시 든 줄 알아도 염통에 쉬스는 줄 모른다.

(17) 鳶踰三紀, 乃獲一雉. (喻無能之人, 久或有成.)

솔개도 삼년이 넘으면, 꿩 한 마리를 잡는다. (능력 없는 사람도 오래되면 가끔 이룸이 있음을 비유하였다.)

(18) 植松求亭, 人壽幾齡. (言食效遲者, 不必營爲.)

솔 심어 정자 구하니, 얼마나 살 인생인가? (먹는 효과가 더딘 자는 반드시 경영하지 말라는 말이다.)

(19) 西瓜外舐, 不識內美. (言人不可以外貌知也.)

수박은 겉만 핥아서는 속의 좋은 맛을 알지 못한다. (사람은 겉모습만으로는 알 수 없다는 말이다.)

21 거스러미 : 손발톱 뒤의 살 껍질이나 나무의 결 따위가 가시처럼 얇게 터져 일어나는 부분.

(20) 哀彼春雉，自鳴以死. (言隱伏之罪, 以其自辨之, 故至於陷刑.) 약전

슬프게도 저 봄 꿩은 제 울음에 죽는다. (엎드려 숨긴 죄를 그가 스스로 드러내었기 때문에 형벌에 빠지는 데 이른다는 말이다.)

(21) 索綯爲罟，尙或捕虎. (言謀事若疎, 冀獲大利. ○尙或一作安能.)

새끼를 꼬아서 그물을 만들어도 오히려 가끔 범을 잡는다. (꾀하는 일이 서투른 것 같아도 큰 이익 얻기를 바란다는 말이다. ○'상역'은 한편으로 '안능'이라 쓰기도 한다.) ⇒ 어림도 없는 일을 헛되이 도모한다는 뜻.

(22) 鳥之所止，有羽其委. (言人數有遷徙, 必有零損.)

새는 앉는 곳마다 그 버리는 깃이 있다. (사람에게 자리를 옮김이 자주 있으면, 반드시 떨어지거나 잃어버림이 있다는 말이다.) ⇒ 새도 나는 대로 깃이 빠진다.

(23) 曉月之覩，豈自昏候. (言不可爲杳茫之事, 致勞太早.)

새벽달 보기를 어찌 초저녁부터 기다리랴? (끝없이 아득한 일을 하려면, 애를 쓰되 너무 서두를 수는 없다는 말이다.)

(24) 留子之谷, 虎亦顧復. (言雖惡人, 亦有顧藉於其子之所託.)

새끼를 남겨둔 골짜기는 범도 도한 다시 돌아본다. (비록 나쁜 사람이라도 또한 그 자식이 의지한 곳에 신중하게 행동함이 있다는 말이다.) ⇒범도 새끼 둔 골은 두남둔다.[22]

(25) 欲制細君, 須及紅裙. (言妻之始來, 宜立法制悍.)

세군[23]을 만들고자 하면, 모름지기 붉은 치마 적까지 미쳐야만 한다. (아내가 막 시집왔을 때에 법도를 세워 사나움을 눌러야 마땅하다는 말이다.) ⇒색시 그루[24]는 다홍치마 적에 앉혀야 한다. 아내 행실은 다홍치마 적부터 그루를 앉힌다.

(26) 三歲之習, 至于八十. (言幼眇時事, 終爲惡習, 老而不改.)

세 살 적 버릇이 여든 살까지 간다. (어렸을 때의 일이 마침내 나쁜 버릇이 되면, 늙어서도 고치지 못한다는 말이다.) ⇒제 버릇 개 줄까? 배운 도둑질 같다.

22 두남두다 : 잘못된 줄 알면서도 편들거나 가엾게 생각하여 돌보아주다.

23 세군(細君) : 제후(諸侯)의 부인. 인신(引伸)하여 아내에 대한 통칭. 소군(小君). 처군(妻君). 중국 한무제(漢武帝) 때에 강동왕(江東王) 건(建)의 딸인 공주(公主) 유세군(劉細君)이 있었는데, 서역(西域) 오손국(烏孫國)의 곤막(昆莫)에게 시집을 갔고, 〈비수가(悲愁歌)〉를 지었음.

24 그루 : 밑바탕이나 기초를 비유적으로 이르는 말.

(27) 絲棼或解, 繩亂弗解. (言小事易平, 大事難治.)

실이 엉키면 가끔 풀지만, 노(끈)가 엉킨 것은 풀지 못한다. (작은 일은 쉽게 바로잡지만, 큰일은 다스리기 어렵다는 말이다.)

7) ㅇ

(1) 妻迂財入, 譬彼甑汲. (言纔入旋洩, 無以儲蓄.) 약전

아내가 재물 들어오는 데 어두우면, 비유컨대 저 시루에 물대기이다. (겨우 들어왔다가 곧바로 새어나가면, 쌓일 수 없다는 말이다.)

(2) 妻毆雖弄, 恒受則痛. (言雖相愛者, 數困則不悅.)

아내의 매가 비록 장난이라 하더라도 늘 맞으면 아프다. (비록 서로 사랑하는 자라 하더라도 자주 피곤하게 하면 기쁘지 않다는 말이다.)

(3) 婦子手闊, 譬彼春澇. (言先多施洩, 而不適於用.)

아내와 자식의 손이 넓고 큰은 비유컨대 봄비가 잦은 것이다. (먼저 많이 베풀어 새어나가면, 씀씀이에 적당하지 않다는 말이다.)

(4) 妻妾之戰, 石佛反面. (言雖無情之物, 不能無妒心.)

아내와 첩의 싸움에는 돌부처도 돌아앉는다. (비록 마음이 없는 물건이라도 시샘하는 마음이 없을 수 없다는 말이다.)

(5) 無贈弟物, 有贈盜物. (言吝於所親, 而難辭賊奪.)

아우에게 줄 물건은 없어도 도적에게 줄 물건은 있다. (친한 이에게 인색하나, 도적에게 빼앗김은 사양하기 어렵다는 말이다.) ⇒ 구제할 것은 없어도 도둑 줄 것은 있다. 벗 줄 것은 없어도 도적 줄 것은 있다.

(6) 兒之將啼, 又批其腮. (戒挑禍也.) 약전

아이가 장차 울려고 하는데, 또 그 뺨을 때린다. (화를 돋움을 경계하였다.)

(7) 不知何雲, 終雨其云. (言事之未形, 不可逆度.)

어느 구름에서 마침내 비가 내릴 지를 말은 해도 알지 못한다. (일의 모습이 없을 때에는 어지러워 헤아릴 수 없다는 말이다.)

(8) 暗中眴目, 誰知約束. (言見志於人所不覩, 亦無益也.)

어둔 밤에 눈을 깜작이면, 누가 약속한 줄 알까? (보이지 않는 곳에서는 다른 사람에게 뜻을 보여도 또한 이익이 없다는 말이다.)

(9) 孩誰向背, 趨其所愛. (言愛之則悅, 人性然也.)

어린아이가 누구를 좇거나 등지든, 그 사랑하는 바를 따른다. (사랑하면 기뻐함은 사람의 성품이 그러하다는 말이다.)

(10) 孩兒之言, 宜納耳門. (言納言之聰, 宜及幼小.)

어린아이의 말도 마땅히 귓문에 담아 들어야 한다. (말을 받아들이는 귀 밝음은 어린아이에게까지 미침이 마땅하다는 말이다.)

(11) 窮人之事, 翻亦破鼻. (言數奇者, 多意外之災.)

어려운 일을 겪는 사람의 일은 자빠져도 또한 코가 깨진다. (운수가 사나운 사람은 뜻밖에 재앙이 많다는 말이다.) ⇒ 안 되는 놈은 두부에도 뼈라. (일이 안 될 때는 뜻밖의 불행한 일도 일어난다. 일이 안되려면 보통 생각할 수 없는 실패와 재난이 거듭된다.)

(12) 昔以甘茹, 今乃苦吐. (言人情巧於自利也.)

어제는 달다며 삼키더니, 오늘은 쓰다며 뱉는다. (사람의 마음은 스스로의 이익에 날렵하다는 말이다.)

(13) 驚紋裂石, 鳴聲破瓮. (言先聲者, 後必有實.) 약전

어지러운 주름에 돌이 터지고, 우는 소리에 독이 깨진다. (먼저 소리가 난 것은 뒤에 반드시 결과가 있다는 말이다.) ⇒틈난 돌이 터지고, 태[25] 먹은 독이 깨진다.

(14) 豈與狗爭, 而往溷圊. (謂狂悖之人, 不足相較.)

어찌 개와 더불어 다투며, 뒷간에 가겠는가? (분별없이 도리에 어긋난 사람과는 서로 견줄 수 없다는 말이다.) ⇒진 날 개 사귄 이 같다.

(15) 豈有溝瀆, 可棄奴僕. (言僮雖不慧, 皆可用也.)

어찌 개천과 수렁이 있다고 사내종을 버릴 수 있는가? (아이종이 비록 지혜롭지 않더라도 모두 쓸 만하다는 말이다.)

(16) 婢爲主澣, 亦白其骭. (喻令人作勞, 不可使無私利.) 약전

여자 종은 주인의 빨래만 해도 또한 그 정강이가 희어진다. (다른 사람을 시켜서 수고롭게 만들면, 사사로운 이익을 주지 않을 수 없음을 비유하였다.) ⇒상전의 빨래만 해도 발뒤축이 희다.

25 태 : 질그릇이나 놋그릇의 깨진 금.

(17) 諸狗趁後, 必顧瘋狗. (言人於惡人, 不能不畏其患, 而顧藉之.)

여러 개가 뒤를 따라와도 반드시 미친개만을 돌아본다. (사람은 나쁜 사람에게 그 근심을 입을까 두려워하지 않을 수 없어서 그 말과 행동을 신중하게 한다는 말이다.) ⇒개도 무는 개를 돌아본다.

(18) 夏豉踰牆, 厥味奚嘗. (喻必不棄而見棄, 則其人可知, 不必再問.) 약전

여름 된장 담장으로 넘기면, 그 맛을 어찌 보나? (반드시 버리지 말아야 하는데 버림을 당하면, 그 사람을 알 수 있으니, 다시 물을 필요가 없음을 비유하였다.)

(19) 十飯一匙, 還成一飯. (言衆人出力, 費小而惠大.) 약전

열 그릇 밥에 한 술씩이면, 도리어 한 그릇 밥을 만든다. (많은 사람이 힘을 내면, 써서 없앰은 적고 은혜는 크다는 말이다.)

(20) 十斫之木, 罔不顚覆. (喻讒言屢至, 其人終不支也.)

열 번 찍은 나무는 넘어가지 않음이 없다. (남을 헐뜯는 말도 자주 이르면, 그 사람도 마침내 지탱할 수 없음을 비유하였다.)

(21) 十人之守，難敵一寇. (言守者易於忘憂, 寇者精於伺機)

열 사람이 지켜도 도둑 하나를 막기 어렵다. (지키는 자는 근심을 잊기 쉽고, 도적인 자는 기회를 엿봄에 면밀하다는 말이다.)

(22) 十指徧齰，疇不予慼. (言慈下之情, 無厚薄於彼此.)

열 손가락을 두루 깨물어서 어느 것이 근심을 주지 않으랴? (자애로움을 자식에게 내려주는 마음은 이쪽과 저쪽에 후하거나 박함이 없다는 말이다.) ⇒ 열 손가락을 깨물어 안 아픈 손가락 없다.

(23) 靈龜之脊，草蛒載螫. (言恃小力, 而犯大勢, 不能有害.)

영귀[26]의 등에 풀쐐기[27]가 타고서 쏘는 격이다. (작은 힘을 믿고서 큰 세력을 침범하면, 해로움을 끼칠 수 없다는 말이다.) ⇒ 남생이 등에 풀쐐기만 하다.

26 영귀(靈龜) : ①큰 바다거북인 '휴(蠵)'의 다른 이름. 또는 점을 치는 데 사용하는 큰 거북의 범칭(汎稱). 만 년 동안 산다는 신령스러운 거북. ②영험한 거북점(占)의 조짐.

27 풀쐐기 : 불나방의 애벌레. 작은 누에처럼 생겼는데, 몸빛은 검푸르고 거친 털이 온몸에 촘촘히 나 있으며, 잡초의 잎을 갉아 먹음. 쐐기. 점사(蛅蟖).

(24) 惟杖無將. (言刑威之下, 無不屈伏. ○二字句叶韻, 用寧爵無刁例.)

오직 곤장에는 장사 없다. (형벌의 위세 아래에는 굴복하지 않음이 없다는 말이다. ○두 자구에 협운[28]하였는데, '영작무조'[29]의 예를 썼다.) ⇒ 매 앞에 장사 없다.

(25) 難升之木, 無然仰矚. (言匪分之福, 不宜生心.)

오르기 어려운 나무는 쳐다보지도 말라. (분수에 맞지 않는 복은 마땅히 마음먹지도 말라는 말이다.)

(26) 五月炙火, 猶惜退坐. (言人情吝於釋物.)

오월에 불을 쬐어도 오히려 물러앉기가 아깝다. (사람의 마음은 물건 풀어놓기를 아낀다는 말이다.)

28 협운(叶韻) : 어떤 운(韻)의 문자를 임시로 다른 운으로 통용하는 일. 여기에서는 '杖(장)'과 '將(장)'이 운자(韻字)임.

29 영작무조(寧爵無刁) : 『사기』 「화식열전(貨殖列傳)」에 따르면, 중국 제(齊)나라에서는 노예를 천하게 여겼는데, 오직 조간(刁間)만은 노예를 사랑하고 귀하게 여겼음. 또한 노예들을 신임하여 상업에 종사시켜 이익을 얻게 하였으며, 그들의 도움을 받아 큰 부(富)를 이루었음. 따라서 "차라리 벼슬살이 하느니 조간의 노예가 되겠다.[寧爵無刁]"라는 속담이 생겨났음. '刁(조)'자는 운(韻)이 유사한 '勺(작)'자나 '刀(도)'자로 바꾸어 쓰기도 하는데, 이들은 모두 '爵(작)'자의 협운(叶韻)임.

(27) 唯笥無藏, 是以錦裳. (言所蓄不富, 故用奢於當儉之地.)

오직 옷상자에 간직한 것이 없어서 이 때문에 비단치마다. (모아둔 것이 넉넉하지 않기 때문에 검소함이 마땅한 처지에 더 좋은 것을 쓴다는 말이다.)

(28) 全椒不末, 呑不知辣. (言不剖析者, 不知裏面.)

온전한 후추를 가루내지 않고, 삼키면 매운 줄 모른다. (가르거나 쪼개지 않은 것은 속을 모른다는 말이다.)

(29) 全癡誇妻, 半癡誇兒. (戒溺愛者不明.) 약전

온통 어리석은 놈은 아내 자랑하고, 반편 어리석은 놈은 자식 자랑한다. (사랑에 빠진 자는 밝지 못함을 경계하였다.)

(30) 篘有稉飯, 尙或覆之. (喩薄命者得厚祿, 不能保.) 약전

용수[30]에 담은 찰밥도 오히려 가끔 엎지른다. (운명이 기구한 자는 두터운 녹봉(祿俸)을 얻어도 잘 지킬 수 없음을 비유하였다.)

30 용수[篘] : 싸리나 대오리로 만든 둥글고 긴 통. 술이나 장을 거르는 데 씀. 추자(篘子).

(31) 隻掌難鳴, 一股難行. (喩事不可獨成.) 약전

외손뼉은 울리기 어렵고, 한 다리로 다니기 어렵다. (일은 홀로 이룰 수 없음을 비유하였다.)

(32) 不啼之兒, 其誰穀之. (穀那斗反. ○喩不求者, 不易施也.) 약전

울지 않는 아이에게 그 누가 젖을 주랴? ('누(穀)'는 '나(那)'와 '두(斗)'의 반절(反切)[31]이다. ○구하지 않는 자에게는 쉽게 베풀지 않음을 비유하였다.)

(33) 未有窪溝, 而產神虯. (喩微賤之家, 豪俊未易出.) 약전

웅덩이나 도랑에 있으면, 신령한 규룡(虯龍)[32]으로 태어나지 못한다. (보잘것없고 천한 집에서는 뛰어난 사람이 쉽게 나오지 않음을 비유하였다.) ⇒ 개천에서 용(龍) 나랴?

31 반절(反切) : 반절법(反切法). 두 한자의 음을 반씩만 따서 한 음으로 읽는 방법. 어떤 글자 A의 독음(讀音)을 표시하기 위하여 A와 성모(聲母)가 같은 한 글자 B를 취하고, 다시 A와 운모(韻母)가 같은 또 다른 한 글자 C를 취하여 B와 C를 합해 음을 표시하던 방법.

32 규룡(虯龍) : 뿔이 양쪽에 나 있고 몸빛이 붉은 새끼 용. 전설에 나오는 상상의 동물.

(34) 縣宰生活, 雇工生活. (言居官者斥罷出於不意.) 약전

원님 살이가 고공(머슴)살이다. (벼슬살이하는 자는 뜻하지 않게 파면당해 내쫓긴다는 말이다.)

(35) 未有讎懟, 由不稱貸. (言始雖簡薄, 終無逋財之督迫也.) 약전

원수나 원망이 있지 않으면, 빌린 금품을 일컬을 까닭이 없다. (처음에는 비록 간소하고 적더라도 마침내 빌린 재물에 대해 심하게 자주 독촉함에서 달아나지 못한다는 말이다.)

(36) 有鳶其騰, 我視作鷹. (言錯以不肖爲賢.)

위로 날아오르는 솔개를 내가 보고 매로 여겼구나. (어질지 못함을 착각하여 어질다고 여겼다는 말이다.)

(37) 饍傳愈減, 言傳愈濫. (言可欲者易犯, 可張者易增.)

음식은 전할수록 더욱 줄고, 말은 전할수록 더욱 넘친다. (욕심낼 만한 것은 범하기 쉽고, 늘일 만한 것은 불어나기 쉽다는 말이다.)

(38) 蒙此鐵錡, 入于潭水. (喩行惡者自陷禍罟.) 약전

이러한 무쇠 두멍33을 쓰고, 깊은 못의 물에 빠졌다. (나쁜 일을 행한

자가 스스로 재앙의 그물에 빠짐을 비유하였다.)

(39) 眡此藁屨, 安有菊絇. (言質賤而文貴, 不相當也.)

이런 짚신을 보는데, 무슨 국화 수가 있으랴? (바탕이 천한데, 무늬가 귀함은 서로 맞지 않는다는 말이다.) ⇒짚신에 무슨 양복 차림.

(40) 旣燔之螯, 亦去其脊. (喻除害務盡, 不可略除而忘憂.) 약전

이미 구운 게도 또한 그 집게발을 떼어 없앤다. (해로움을 없애는 데 힘써 다해야 하니, 대강 없애면 근심을 잊을 수 없음을 비유하였다.)

(41) 旣喪其馬, 乃葺厥廄. (猶言亡羊, 而補牢也.)

이미 그 말을 잃어버리고, 곧 그 외양간을 고친다. (양을 잃고, 우리를 고친다는 말과 같다.)

(42) 旣乘其馬, 又思牽者. (言人之願欲難充也.)

이미 그 말에 오르면, 또 말 끄는 자를 생각한다. (사람이 바라는 욕심은 채우기 어렵다는 말이다.) ⇒말 타면 경마(견마) 잡히고 싶다.

33 두멍 : 물을 많이 담아 두고 쓰는 큰 가마나 독.

(43) 旣終夜哭, 問誰不祿. (喩由其事 而不知其故, 愚癡之甚.) 약전

이미 밤새도록 울고 나서 누가 불록[34]했느냐고 묻는다. (그 일을 따르되 그 까닭을 모르니, 매우 어리석고 못남이 심함을 비유하였다.)

(44) 旣殀之子, 胡算其齒. (喩旣誤之事, 毋庸嗟惜.) 약전

이미 죽은 자식인데, 어찌 그 나이를 세겠는가? (이미 잘못된 일은 애써 애달프고 안타깝게 여기지 말라고 비유하였다.) ⇒죽은 자식 나이 세기.

(45) 渠所習狃, 不以予狗. (言惡習難棄.)

익힌 버릇을 어찌 개에게 주지 않겠는가? (나쁜 버릇은 버리기 어렵다는 말이다.) ⇒제 버릇 개 줄까?

34 불록(不祿) : 녹(祿)을 타지 않고 죽는다는 뜻으로, 선비의 죽음을 이르는 말.

8) ㅈ

(1) 善攀者落, 善泅者溺. (言人必死於其所能.)

잘 기어오르는 자도 나무에서 떨어지고, 헤엄 잘 치는 자도 물에 빠져 죽는다. (사람은 그가 할 수 있는 곳에서도 반드시 죽는다는 말이다.)

(2) 戱嬲之甕, 風必來中. (言般樂必招災也.)

장난하며 가지고 논 독[甕]에는 바람이 반드시 불어와서 들어간다. (즐기며 노는 데에 연연하면, 반드시 재앙을 부른다는 말이다.) ⇒ 뒷 독에 바람 든다.

(3) 毋將社酒, 以悅吾友. (戒不損己物, 因他以沽恩.) 약전

장차 사주[35]로 우리 벗을 기쁘게 하려고 하지 마라. (자기 물건을 덜어내지 않고, 다른 사람을 따라 은혜를 베풀려고 함을 경계하였다.) ⇒ 젯술에 낯내기.

(4) 蔬之將善, 兩葉可辨. (言人之俊者, 自幼小而有異也.)

장차 잘 자랄 푸성귀는 떡잎만으로 분별할 수 있다. (다른 사람보다

35 사주(社酒) : 토지신에게 지내는 제사인 '사제(社祭)'에 쓰는 술.

뛰어난 자는 어릴 때부터 저절로 남다름이 있다는 말이다.) ⇒ 될성부른 나무는 떡잎부터 알아본다.

(5) 諱伴出粻, 不算其糧. (言計筭不明, 徒費而無功也.)

짝 몰래 양식 내면서 그 양식을 헤아리지 않는다. (계산이 분명하지 않으면, 보람 없이 헛되이 쓰고, 공로가 없다는 말이다.)

(6) 逐彼山豕, 竝失家彘. (喻舍本而趨外, 竝失彼此.) 약전

저 멧돼지를 좇다가 집돼지까지 함께 잃었다. (근본을 버리고 바깥 것을 좇다가 이것저것 모두 잃어버림을 비유하였다.)

(7) 彼苦者梨, 尙或味之. (言物雖可厭, 當徐察而安之也.)

저 쓴 것이 배라도 오히려 가끔은 맛이 있다. (사물이 비록 싫어할만하더라도 천천히 살펴 그것을 즐김이 마땅하다는 말이다.) ⇒ 쓴 배(개살구)라도 맛들일 탓이다.

(8) 誘彼幼子, 竊其皮餌. (喻巧者欺愚也.) 약전

저 어린아이를 꾀어 그 간직한 떡도 빼앗아 먹는다. (꾸며서 말하는 자가 고지식한 자를 속임을 비유하였다.)

(9) 彼眇者子, 乃孝厥妣. (言人於其所不仗, 反或受報.)

저 애꾸눈인 자식이 그 어미에겐 효도한다. (사람은 그 의지하지 않았던 데에서 도리어 가끔 보답을 받는다는 말이다.)

(10) 瘸者易踼, 殭僧易擊. (言侮此孤弱, 不可爲武.) 약전

절름발이 발로 차기 쉽고, 쓰러진 중 손으로 치기 쉽다. (이처럼 외롭고 약함을 업신여겨서 무력을 쓸 수 없다는 말이다.)

(11) 灌頂之水, 必流于趾. (喻惡事必有源流所從受也.)

정수리에 부은 물은 반드시 발뒤꿈치까지 흘러내린다. (나쁜 일은 반드시 흐름의 근원과 좇아 받은 것이 있음을 비유하였다.)

(12) 些些之食, 可放纖矢. (言徐徐進取, 得以善消受.)

조금 먹어야 가는 똥을 눌 수 있다. (천천히 나아가 얻어야 잘 누려서 가질 수 있다는 말이다.) ⇒ 작작 먹어야 가는 똥 누지.

(13) 頬批鍾路, 眼睨氷庫. (言受辱於此, 而報怨於彼.)

종로에서 뺨맞고, 빙고에서 눈 흘긴다. (여기에서 모욕을 받고, 저기에서 원한을 갚는다는 말이다.)

(14) 恃爲良材, 乃發黴苔. (言所信之人, 反露其醜.)

좋은 재목이라 믿게 되었는데, 곧 작은 이끼가 피어난다. (믿음직한 사람인데, 도리어 그 나쁜 점이 드러난다는 말이다.)

(15) 過火之餤, 我食可飪. (喩因利乘便, 以成吾事.) 약전

지나가는 불꽃에도 내 밥이 익을 수 있다. (이로움을 따라 좋은 기회를 타서 내 일을 이룸을 비유하였다.)

(16) 位思其崇, 志思其恭. (言位彌高, 而志宜卑.) 약전

지위가 높음을 생각하면, 마음으로 삼감을 생각한다. (지위가 더욱 높을수록 마음은 낮추어야 마땅하다는 말이다.) ⇒ 지위가 높을수록 마음은 낮추어 먹어야.

(17) 屝旣草緯, 亦願草經. (喩身賤者, 不求貴匹.) 약전

짚신의 짚신 날이 다 되면, 또한 짚신 울을 원한다. (몸이 천한 자는 귀한 짝을 구하지 않음을 비유하였다.)

(18) 嶺踰越嶔, 川涉越深. (喩愈往而愈遭逆境.) 약전

재는 넘을수록 높고, 내는 건널수록 깊다. (더 나갈수록 역경을 더 만나게 됨을 비유하였다.)

9) ㅊ

(1) 冽彼陰岡, 尙或回陽. (言榮悴有變.)

차가운 저 응달도 오히려 가끔은 양지(陽地)로 돌아온다. (무성함과 시듦에는 변화가 있다는 말이다.) ⇒ 음지(陰地)도 양지된다.

(2) 寧測十丈水深, 難測一丈人心. (言無形者難度.)

차라리 열 길 물 깊이는 재더라도 한 길 사람의 마음은 헤아리기 어렵다. (모양이 없는 것은 헤아리기 어렵다는 말이다.) ⇒ 열 길 물속은 알아도 한 길 사람 속은 모른다.

(3) 未有瓦雀, 虛過碓閣. (喩多慾者不能見利而勇退.) 약전

참새는 방앗간을 그냥 지나지 않는다. (욕심이 많은 자는 이익을 보면 과감하게 물러날 수 없음을 비유하였다.)

(4) 婦家情篤, 拜厥馬杙. (戒愛妻者, 過恭於妻家.) 약전

처갓집에 정이 도타우면, 그 말뚝에도 절을 한다. (아내를 사랑하는 자가 처갓집에 지나치게 공손함을 경계하였다.)

(5) 始用升授, 迺以斗受. (言毆罵人者輕施, 而受重報.)

처음에는 되[升][36]를 써서 주고, 곧 말[斗]로 받는다. (다른 사람을 때리고 욕질한 자가 가볍게 베풀었으나, 무거운 갚음을 받았다는 말이다.)

(6) 綠雖異織, 終是一色. (言同類必相附.)

초록(草綠)은 비록 다르게 짜더라도 마침내 바로 같은 색이다. (같은 무리는 반드시 서로 어울린다는 말이다.) ⇒ 초록은 동색(同色)이다.

(7) 村雞入縣, 厥目先眩. (言野人不習於繁華之地.)

촌닭이 큰 마을에 들어가면, 그 눈이 먼저 아찔하다. (시골 사람은 번화한 곳에 익숙하지 못하다는 말이다.)

10) ㅋ

(1) 彼劓者婦, 尙贄厥舅. (喻冒恥求進, 亦或一道. ○東俗婦有淫行, 輒割其鼻.) 약전

코 베인 저 며느리가 그 시아버지에게 오히려 폐백(幣帛)[37]을 바친

36 되[升] : 말[斗]의 10분의 1. 약 1.8리터[liter].

다. (부끄러움을 무릅쓰고 구하러 나아가면, 또한 가끔 어떤 방법이 있음을 비유하였다. ○우리나라 풍속에 며느리에게 음란한 행실이 있으면, 번번이 그 코를 베었다.)

(2) 瑟人蹲蹲, 荷校隨欣. (言豪家歡樂者, 歆動可笑之甚. ○校者械也.)

큰 거문고 인 사람이 춤을 추니, 목에 칼 쓴 사람도 따라 춘다. (세력 있는 부잣집에서 기뻐 즐기는 것에 부러워 움직이니 같잖아서 매우 우습다는 말이다. ○'교'라는 것은 '형틀'[38]이다.) 비단 올이 춤을 추니, 베올도 춤을 춘다.

11) ㅌ

(1) 饕饕之食, 必咽其嗓. (言貪進疾驟者, 必致跲敗.)

탐내어 급히 먹는 음식은 반드시 그 목구멍이 멘다. (탐내어 빨리 달려 나아가는 자는 반드시 넘어져 실패함에 이른다는 말이다.)

37 폐백(幣帛) : ①신부가 처음 시부모를 뵐 때 큰절을 하고 올리는 물건. 또는 그런 일. 주로 대추나 포 따위를 올림. ②임금에게 바치거나 제사 때 신에게 바치는 물건. 또는 그런 일. ③혼인 전에 신랑이 신부 집에 보내는 예물. 예포(禮布). ④윗사람이나 점잖은 사람을 만나러 갈 때 가지고 가는 선물.

38 형틀 : 수갑 · 차꼬 · 칼 등 고문 · 형벌 따위에 쓰는 도구. 형구(刑具).

(2) 鳩生一年, 飛不踰巓. (言年淺者, 不能成大事.)

태어난 지 1년 된 비둘기는 날아서 산꼭대기를 넘지 못한다. (나이가 적은 자는 큰일을 이룰 수 없다는 말이다.)

12) ㅎ

(1) 天之方蹶, 牛出有穴. (言雖大難, 亦或有生路.)

하늘이 막 무너져도 소가 빠져나올 구멍은 있다. (비록 크게 어지럽더라도 또한 가끔 살 길은 있다는 말이다.)

(2) 一日之狗, 不知畏虎. (言蒙騃者, 不畏大人.)

하룻강아지는 범이 두려움을 알지 못한다. (잠을 자면서 꿈을 꾸는 어둡고 어리석은 자는 대인을 두려워하지 못한다는 말이다.) ⇒ 자가사리가 용(龍)을 건드린다. (겁 없이 덤벼들다가는 큰 코 다친다는 뜻. 멋(철) 모르고 함부로 덤비는 사람을 비웃는 말)

(3) 一夜之宿, 長城或築. (言雖暫時之須, 不宜無備.)

하룻밤을 자도 만리장성을 쌓아라. (비록 잠깐 동안이라도 마땅히 대비함이 없으면 안된다는 말이다.) ⇒ 잠깐 만난 사람이라도 정의(情誼)를 깊이 맺어두라는 말.

(4) 升粟之匱, 嗜此尺餌. (言不量其力, 而好爲侈大.)

한 되[升] 곡식도 없으면서 이러한 한 자[尺] 크기의 떡을 즐겨한다. (그 힘을 헤아리지 못하고, 크게 사치함을 좋아한다는 말이다.)

(5) 一馬之背, 兩鞍難載. (喻一人不可兩任.) 약전

한 말의 등에 두 안장을 얹기는 어렵다. (한 사람에게 두 일을 맡길 수 없음을 비유하였다.)

(6) 一汚萵圃, 終疑此狗. (言一有汚薉場之行, 終身受疑也.)

한번 상추밭을 더럽히면, 끝내 이 개만 의심한다. (한번 장소를 더럽히는 행동이 있으면, 한평생 의심을 받는다는 말이다.) ⇒ 한번 똥 눈 개가 일생 눈다.

(7) 駟馬所載, 難任蚤背. (猶言蚊不可負山.)

한 수레를 끄는 네 필의 말에 실은 것을 벼룩 등에 싣기 어렵다. (모기가 산을 짊어질 수 없다는 말과 같다.)

(8) 由酒一盞, 或淚厥眼. (言飮食不可不均也.)

한 잔 술로 말미암아 가끔 그 눈에 눈물을 흘린다. (음식은 고르게 베풀지 않을 수 없다는 말이다.)

(9) 宗族之鬪，不異狗鬪. (言人而不睦，亦一禽獸也.)

한 집안의 싸움은 개싸움과 다르지 않다. (사람이 화목하지 않으면, 또한 짐승과 똑같다는 말이다.)

(10) 眢在我瞽，溝汝何怒. (言曲在我，當自怨吾病，而恕彼惡.)

허물은 내 먼눈에 있는데, 도랑에게 네가 왜 화내느냐? (잘못은 내게 있으니, 스스로 내 흠을 원망하고, 저들의 나쁜 점을 용서함이 마땅하다는 말이다.) ⇒ 봉사(소경)가 개천을 나무란다.

(11) 舌下有斨，人用自戕. (戒言之招禍.)

혀 아래에 도끼가 들어있으니, 다른 사람에게 쓰려다가 스스로 죽는다. (말이 화를 불러들임을 경계하였다.)

(12) 餛飩之餌，安有表裏. (譏微賤之人，嚴於適庶之分.)

혼돈[39]의 떡에 어찌 안팎이 있겠는가? (미천한 사람이 적자와 서자의 구별에 엄격함을 나무라는 것이다.) ⇒ 도래떡[40]은 안팎이 없다.

39 혼돈(餛飩) : 음식 이름. 밀가루 반죽을 얇게 민 조각에 소를 싼 음식.

40 도래떡 : 전통 혼례식인 초례상에 놓는 큼직하고 둥글넓적한 흰떡.

2 중국 속담 中諺

1) ㄱ

(1) 苛政不親, 煩苦傷恩. (『漢書』〈薛宣傳〉 ○令民病癢, 民不親矣.)

가혹한 정치는 가까이 못하게 하고, 번거롭게 괴롭힘은 은혜를 해치게 한다. (『한서』[1] 〈설선전〉 ○백성으로 하여금 병들거나 가렵게 하면, 백성은 가까이 하지 않을 것이다.)

(2) 報則倦矣, 施者未厭. (『左傳』僖二四 ○懷恩易怠, 責報無已. ○厭, 足也.)

갚기를 게을리 하면, 주는 자도 만족하지 않는다. (『좌전』[2] 희공(僖

1 『한서(漢書)』: 24사(二十四史)의 하나. 후한대(後漢代) 반표(班彪)가 착수하고, 그의 아들 반고(班固)가 대성(大成)하였으며, 8표(表) 등 완결되지 못한 부분을 반고의 여동생 반소(班昭)가 보충하였음. 유방(劉邦)에서부터 왕망(王莽)때까지 230년간의 주요 사적을 기록하였음. 12세기(世紀)·8표·10지(志)·70열전(列傳)으로 구성됨. 120권.

公) 24년조(條) ○은혜롭게 감싸면 게을러지기 쉽고, 보답을 요구하기는 그침이 없다. ○'염(厭)'은 '만족하다'라는 뜻이다.)

(3) 烹龜不熟, 移禍枯桑. (與池魚之殃同意.)

거북이를 삶아 익지 않으면, 재앙이 옮아 뽕나무가 말라 죽는다. ('지어지앙'[3]과 더불어 같은 뜻이다.)

(4) 鏡不自照, 智不自料. (巫不能自禳, 醫不能自藥, 亦此意也.)

거울은 스스로 비춰보지 못하고, 지혜는 스스로 헤아리지 못한다. (무당은 자신의 재앙을 물리칠 수 없고, 의원은 자신의 약을 지을 수 없으니, 또한 이러한 뜻이다.)

2 『좌전(左傳)』: 『춘추좌씨전(春秋左氏傳)』. 『좌씨전(左氏傳)』. 『춘추』에 대한 좌구명(左丘明)의 해설서. 『춘추』는 5경(五經)의 하나. 노은공(魯隱公) 1년부터 애공(哀公)14년까지 242년간의 사적을 편년체(編年體)로 기록한 것을, 공자(孔子)가 윤리적 입장에서 비판 수정을 가하여 편수(編修)하였음. 1권.

3 지어지앙(池魚之殃) : 못의 물로 불을 끄니 물이 없어져 물고기가 죽는다는 뜻. 아무 상관도 없는데 뜻밖에 닥친 재앙을 의미함. 연못 속에 있다는 귀한 구슬을 찾기 위해 연못의 물을 모두 퍼내는 바람에 연못 속의 물고기가 죽음을 당했다는 고사(故事)에서 유래하였음. 출전은 『여씨춘추(呂氏春秋)』의 「효행람(孝行覽)」임. 횡래지액(橫來之厄). 횡액(橫厄).

(5) 桀犬吠堯, 跖客刺舜.

걸왕(桀王)[4]의 개는 요(堯)임금[5]을 보고 짖으며, 도척(盜跖)[6]의 무리는 순(舜)임금을 칼로 찌른다. ⇒'걸견폐요'는 선악(善惡)을 가리지 않고 자기 주인에게 충성함을 이르는 말이고, '척객자순'은 악자(惡者)의 편이 되어 사람을 해친다는 뜻.

(6) 舐糠及米. (『史記』〈吳王濞傳〉 ○慾隨味進, 犯自邊入.)

겨를 핥다보면 쌀까지 먹는 데 이른다. (『사기』〈오왕비전〉 ○욕심은 맛을 따라 나아가 가장자리로부터 침범(侵犯)해 들어간다.)

(7) 斷而敢爲, 鬼神避之. (『史記』〈李斯傳〉 ○我志旣壹, 物莫能攖.)

결단하여 과감히 하면, 귀신도 그를 피한다. (『사기』[7] 〈이사전〉 ○내

4 걸왕(桀王) : 중국 하(夏)나라의 마지막 군주(君主). 포악하고 사치스러웠던 것으로 널리 알려져 있음.

5 요(堯)임금 : 제요도당씨(帝堯陶唐氏). 중국 신화(神話) 속 군주. 중국의 3황5제(三皇五帝) 신화 가운데 5제의 하나. 다음 대의 군주인 순(舜)임금과 함께 이른바 '요순(堯舜)'이라 하여 성군(聖君)의 대명사로 일컬어짐.

6 도척(盜跖) : 중국 춘추(春秋)시대 노(魯)나라 사람. 항상 도둑떼 수천 명을 거느리고, 천하를 횡행(橫行)하였음.

7 『사기(史記)』 : 한(漢)의 사마천(司馬遷)이 황제(黃帝)로부터 한무제(漢武帝)에 이르기까지 약 3천년의 역사를 기전체(紀傳體)로 엮은 역사서. 12본기(本紀) · 10표(表) · 8서(書) · 30세가(世家) · 70열전(列傳)으로 이루어졌음. 원명(原

뜻이 이미 한결같으면 만물이 접근할 수 없다.)

(8) 經師易得, 人師難得. (章句易通, 德行難作模楷.)

경서(經書)를 가르치는 스승은 얻기 쉽지만, 인간을 가르칠 만한 스승은 얻기 어렵다. (문장(文章)의 구절(句節)은 통하기 쉬우나, 덕행은 본받아 이루기 어렵다.)

(9) 巧詐不如拙誠. (詐者雖巧必綻, 誠者雖拙必孚.)

교묘한 말로 속이는 것은 변변치 못한 정성만 못하다. (속인다는 것은 비록 교묘하더라도 반드시 드러나고, 성실하다는 것은 비록 서투르더라도 반드시 미덥다.)

(10) 貌言華也, 至言實也, 苦言藥也, 甘言疾也. (『史記』〈商君傳〉)

꾸민 말은 화려하고, 지극히 당연한 말은 참되며, 듣기에 쓴 말은 약이고, 듣기 좋은 말은 병이 된다. (『사기』〈상군전〉)

名)은 『태사공서(太史公書)』. 130편.

(11) 非其地樹之不生, 非其意教之不成. (『史記』〈日者傳〉補)

그 땅이 없으면 심어도 생겨나지 않고, 그 뜻이 없으면 가르쳐도 이루지 못한다. (『사기』〈일자전〉보)

(12) 不知其人, 視其友. (『史記』〈馮唐傳〉 ○志同意合, 乃與爲友.)

그 사람을 알지 못하겠거든 그 벗을 보라. (『사기』〈풍당전〉 ○뜻이 같고 마음이 합해야 이에 더불어 벗을 삼는다.)

(13) 莫知其子之惡, 莫知其苗之碩. (『大學』 ○溺愛者蔽私, 貪得者懷妬.)

그 자식의 악함을 알지 못하고, 그 곡식 싹의 큼도 알지 못한다. (『대학』[8] ○사랑에 빠진 자는 사사로움에 가려지고, 탐내어 얻으려는 자는 시기심을 품는다.)

(14) 與其媚於奧, 寧媚於竈. (『論語』「八佾」篇 ○上交國君, 不如下交權臣.)

그 아랫목에 아첨하기보다는 차라리 부엌에 아첨하라. (『논어』「팔

8 『대학(大學)』: 4서(四書)의 하나. 원래 『예기(禮記)』의 한 편(篇)이었던 것을 북송대(北宋代) 유학자 주희(朱熹)가 따로 독립시켜 장구(章句)를 짓고, 해설을 붙였으며, 내용은 3강령(三綱領)과 8조목(八條目)으로 구성됨.

일」편 ○위로 나라의 임금과 사귀은 아래로 권세(權勢) 있는 신하와 사귐만 못하다.)

(15) 其父殺人報仇, 其子必且行刦. (效善者不及, 效惡者必過.)

그 아비가 다른 사람을 죽여 원수를 갚으면, 그 아들은 반드시 또 남의 것을 폭력으로 빼앗는다. (착함을 본받는 것은 미치지 못하고, 나쁨을 본받는 것은 반드시 지나친다.)

(16) 其父析薪, 其子弗克負荷.
(『左傳』昭七年 ○老成者難而能爲, 幼少者易而弗勝.)

그 아비가 땔감을 쪼갰는데, 그 자식은 짐을 짊어지지 못한다. (『좌전』소공 7년조 ○노련한 자는 어려워도 해낼 수 있지만, 나이 어린 자는 쉬워도 이겨내지 못한다.)

(17) 明其爲賊, 敵乃可服. (『漢書』「高帝紀」)

그 역적(逆賊)됨을 분명히 밝혀야 맞서서 곧 복종시킬 수 있다. (『한서』「고제기」)

(18) 將順其美, 匡救其惡. (『史記』〈管晏傳〉)

그 좋은 점을 도와서 따르고, 그 나쁜 점을 바로잡아 고치게 한다.

(『사기』 〈관영전〉)

(19) 以書御者, 不盡馬之情, 以古制者, 不達事之變. (『史記』「趙世家」)

글을 가지고 수레를 모는 자는 말의 마음을 다 알지 못하며, 옛 것만 가지고 만드는 사람은 일의 변화를 환하게 알지 못한다. (『사기』「조세가」)

(20) 蒼蠅點璧, 馬氂切玉. (『淮南子』云 割而舍之, 鏌邪不斷肉, 執而不釋, 馬氂能截玉.)

금파리는 아름다운 옥(玉)에 점을 찍고, 말의 꼬리털로도 옥을 자른다. (『회남자』[9]에 이르기를 베어버리려 하지만, 막야[10]일지라도 쓰지 않으면 고기조차 자르지 못하며, 잡고 놓지 않으면, 말 꼬리털일지라도 옥을 자를 수 있다고 하였다.)

(21) 綿綿不絶, 蔓蔓奈何! 豪釐不伐, 將用斧柯! (『史記』〈蘇秦傳〉)

9 『회남자(淮南子)』: 한(漢)의 회남왕(淮南王) 유안(劉安)이 지은 책. 도가(道家)의 사상을 주지(主旨)로 삼고 있음. 원래의 이름은 『홍렬(鴻烈)』. 21권.

10 막야(鏌邪 · 鏌鋣): 중국 오(吳)나라에 있었다고 하는 명검(名劍)의 이름. 일설(一說)에는 큰 창.

끝없이 이어져 끊이지 않으면서 벋어나가면 어찌하리오! 털끝만할 때 베지 않으면, 장차 도끼자루를 써야 하리라! (『사기』 〈소진전〉)

(22) 黍稷非馨, 明德惟馨. (『梅氏尙書』 「君陳」)

기장쌀의 제물(祭物)이 향기로운 것이 아니요, 밝은 덕만이 향기로운 것이다. (『매씨상서』[11] 「군진」 편(篇))

(23) 積羽沈舟, 羣輕折軸, 衆口鑠金, 積毁銷骨. (『史記』 〈張儀傳〉)

깃털이 쌓이면 배를 가라앉히고, 가벼운 무리도 수레 굴대[12]를 부러뜨리며, 많은 사람의 입은 쇠를 녹이고, 헐뜯음이 쌓이면 뼈도 녹인다. (『사기』 〈장의전〉)

11 『매씨상서(梅氏尙書)』 : 중국 동진(東晉)시대에 매색(梅賾)이 구해 원제(元帝)에게 바친 『상서』인데, 위서(僞書)로서 정약용(丁若鏞)도 『매씨상서평(梅氏尙書評)』에서 이 책이 위서임을 고증하였음. 『상서』는 『서경(書經)』임. 3경(三經)의 하나. 요순(堯舜) 때부터 주대(周代)까지의 정사(政事)에 관한 기록을 공자(孔子)가 수집하여 편찬한 책. 20권 58편.

12 굴대 : 수레바퀴의 한가운데에 뚫린 구멍에 끼우는 긴 나무 막대나 쇠막대. 맨드릴(mandrel). 축(軸).

(24) 犬吠屠人. (至愚之人, 亦知害己者, 言貌積惡, 達於外也.)

개도 백정(白丁)[13]을 보면 짖는다. (몹시 어리석은 사람도 또한 자기를 해지려는 자를 알아보니, 말과 모습에 악함이 쌓이면, 밖에 드러난다.)

(25) 鬻棺者, 欲歲之疫. (『漢書』「刑法志」 ○東語云 積糶者, 欲歲之饑.)

관(棺)을 파는 자는 그 해에 돌림병이 돌기를 바란다. (『한서』「형법지」 ○우리나라 속담에 이르기를, 팔 곡식을 쌓아놓은 자는 그 해에 흉년이 들기를 바란다고 하였다.)

(26) 遺子黃金滿籯, 不如一經. (『漢書』〈韋賢傳〉)

광주리에 가득 채운 황금을 자식에게 물려줌은 경서(經書) 한 권만 못하다. (『한서』〈위현전〉)

(27) 以權利合者, 權利盡而交疎. (『史記』「鄭世家」)

권세와 이익으로 모인 자들은 권세와 이익이 다하면 서로 멀어진다. (『사기』「정세가」)

13 백정(白丁) : 소·돼지·개 따위를 잡는 일을 업(業)으로 삼는 사람.

(28) 不聽不明, 不能爲王, 不瞽不聾, 不能爲公.
(『愼子』 ○公謂家翁.)

귀와 눈이 밝지 않으면 임금이 될 수 없고, 눈과 귀가 멀지 않으면 가장(家長)이 될 수 없다. (『신자』[14] ○'공(公)'은 '가옹'[15]을 이른다.)

2) ㄴ

(1) 國將興聽於民, 將亡聽於神. (『左傳』 莊三二 ○不恤民, 而作佛事崇巫覡.)

나라가 장차 일어나려면 백성에게 듣고, 장차 망하려면 귀신에게 듣는다. (『좌전』 장공 32년조 ○백성을 돌보지 않으면서 불가(佛家)에서 행하는 일을 만들거나 무당을 받드는 것이다.)

(2) 果蓏失地不生, 蛟龍失地不靈. (不得其地, 物莫得伸.)

나무와 풀의 열매는 땅을 잃으면 생겨나지 않고, 교룡도 땅을 잃으면 신령스럽지 않다. (그 땅을 얻지 못하면, 만물은 능력을 펼 수 없다.)

14 『신자(愼子)』 : 중국 전국(戰國)시대 조(趙)나라의 신도(愼到)가 지은 법가(法家)의 책. 원래 42편이었으나, 5편이 전함.

15 가옹(家翁) : ①한 집안의 주인. 가장(家長). ②시아버지와 시어머니. 시부모.

(3) 蹊人之田, 而奪之牛. (『左傳』宣十一 ○罪輕 而罰重也.)

남의 밭을 질러갔다고, 소를 빼앗는다. ⇒ 가벼운 죄에 지나치게 무거운 형벌을 가하여 이익을 취한다는 뜻 (『좌전』 선공 11년조 ○죄는 가벼운데, 형벌이 무거운 것이다.)

(4) 廣交以延譽, 不若索居以自全. (外求不如內修.)

널리 사귀어서 명성을 널리 떨침은 홀로 쓸쓸히 살면서 스스로를 보전함만 못하다. (밖에서 구함은 마음을 닦음만 못하다.)

(5) 力田不如遇豐年, 力桑不如見國卿, 刺繡文不如倚市門. (『列女傳』秋胡子)

농사일에 힘쓰는 것은 풍년을 만남만 못하고, 뽕나무에 힘쓰는 것은 나라에 벼슬하는 사람 만남만 못하며, 비단에 수를 놓는 것은 저자거리에서 장사함만 못하다. (『열녀전』[16] 추호자)

(6) 志士多憂, 人老多愁. (有志則慮周, 高年則多歷.)

높은 뜻을 지닌 사람은 걱정이 많고, 사람은 늙을수록 시름이 많아

16 『열녀전(列女傳)』: 중국 한대(漢代) 유향(劉向) 지음. 여러 전기를 모의(母儀)·현명(賢明)·인지(仁智)·정순(貞順)·절의(節義)·변통(辨通)·폐얼(嬖孼)의 일곱 항목으로 수록하였음. 7권.

진다. (높은 뜻이 있으면 두루 염려하고, 나이가 많으면 겪은 일들이 많아진다.)

(7) 高下在心. (『左傳』 宣十五)

높이거나 낮추는 것이 자기 마음에 달려있다. ⇒ 임기응변(臨機應變)으로 처리함 또는 상벌(賞罰)을 마음대로 한다는 뜻. (『좌전』 선공 15년조)

(8) 誰爲爲之, 孰令聽之? (『漢書』 〈司馬遷傳〉 ○莫之求而應之, 莫之令而從之, 是民情也.)

누구를 위하여 그것을 할 것이며, 누구로 하여금 그것을 듣게 하겠는가? (『한서』 〈사마천전〉 ○요구함이 없어도 그것에 응하고, 명령함이 없어도 그것을 따름이 바로 백성의 마음이다.)

(9) 目見毫毛, 不見其睫. (『史記』 「越世家」 ○疎遠之咎易察, 近習之奸難見.)

눈으로 가느다란 털을 보면서도 그 눈썹은 보지 못한다. (『사기』 「조세가」 ○서먹서먹하고 먼 사람의 허물은 쉽게 살피지만, 가깝고 익숙한 사람의 간사함은 보기 어렵다.)

(10) 殺老牛, 莫之敢尸. (『左傳』 成十七 ○凡傷人害物之事, 雖於微賤, 不可主其謀.)

늙은 소를 죽여도 무례하게 감히 주검을 매달지는 말라. (『좌전』 성공 17년 ○대체로 다른 사람을 다치게 하거나 생물을 해치는 일은 비록 작고 하찮더라도 그러한 꾀를 주로 할 수는 없다.)

(11) 老將至, 而耄及之. (『左傳』 昭元年 ○老則知慮將周, 而昏耄又及之. 遂無可用之日.)

늙은 장수(將帥)가 이르러 오면, 늙었어도 그를 따르라. (『좌전』 소공 원년조 ○늙으면 현명한 분별을 두루 지니게 되니, 눈이 어두운 늙은이라도 또 그를 따르라. 마침내 쓸 수 있는 날이 없을 때까지.)

3) ㄷ

(1) 欲人勿知, 莫若勿爲, 欲人勿聞, 莫若勿言. (『漢書』 〈枚乘傳〉)

다른 사람이 알지 못하게 하려면 하지 않음만 한 것이 없고, 다른 사람이 듣지 못하게 하려면 말하지 않음만 한 것이 없다. (『한서』 〈매승전〉)

(2) 與人善言，煖如布帛，傷人以言，深如戈戟.
(『荀子』「榮辱」)

다른 사람에게 주는 좋은 말은 따뜻함이 베나 비단 같고, 다른 사람을 말로 해침은 상처 깊이가 병기(兵器)로 찌름과 같다. (『순자』[17]「영욕」)

(3) 甘瓜苦蒂. (先有苦艱, 乃享福樂也, 亦言甘樂盡, 而苦憂至.)

달디 단 참외도 꼭지는 쓰다. (먼저 괴로움과 가난이 있으면, 곧 복되고 즐거운 삶을 누릴 것이며, 또한 달콤한 즐거움이 다하면, 괴로운 걱정이 이른다는 말이다.) ⇒ 완전무결(完全無缺)한 것은 없다.

(4) 庇焉而縱尋斧焉. (『左傳』文七年 ○樹木將蔭己, 而放之不用, 反自伐之也.)

덮어 가려도 도끼가 뒤쫓아 찾아낸다. (『좌전』 문공 7년조 ○나무가 장차 자기를 덮어 가려 놓아두고 쓰지 못하게 하고자 해도 도리어 스스로 베게 하는 것이다.)

17 『순자(荀子)』: 중국 전국(戰國)시대에 조(趙)의 학자인 순황(荀況)이 지은 책. 성악설(性惡說)에 근본을 두어 교육의 필요성과 예의(禮儀)의 중요성을 역설하였음. 20권.

(5) 同道相憐, 同藝相鬪. (同所嚮故不妒, 衒所能故有爭.)

도리를 같이하면 서로 불쌍히 여기지만, 재주를 같이하면 서로 싸운다. (지향하는 바가 같으면 시기하지 않지만, 할 수 있는 바를 뽐내려하기 때문에 다툼이 있는 것이다.)

(6) 畫地爲獄議不入, 刻木爲吏期不對. (『漢書』〈路溫舒傳〉)

땅에 줄을 그어 감옥을 만들어도 들어가지 않으려 꾀하고, 나무를 깎아 옥리(獄吏)를 만들어도 대답하지 않으려 결심한다. (『한서』〈노온서전〉)

(7) 兩葉不去, 將用斧柯. (『太公兵法』 ○除害貴早.)

떡잎일 때 따서 없애지 않으면, 장차 도끼자루를 써야할 것이다. (『태공병법』[18] ○해로움을 없애는 것은 일찍 처리함이 귀하다.)

(8) 螣蛇無足而飛, 鼯鼠五技而窮. (『荀子』 大人有變化, 小人有限量.)

등사[19]는 발이 없지만 날고, 날다람쥐는 다섯 가지 재주[20]를 지녔지

18 『태공병법(太公兵法)』: 병법서(兵法書)인 『육도(六韜)』의 별책(別冊). 『육도』는 문도(文韜)·무도(武韜)·용도(龍韜)·호도(虎韜)·표도(豹韜)·견도(犬韜)의 6권으로 구성되어 있고, 태공망(太公望)이 지었다고 전해지나, 모두 후세(後世)의 위작(僞作)임.

만 서투르다. (『순자』 대인[21]은 변화하고, 소인은 생각에 한계가 있다.)

(9) 以筦闚天, 以蠡測海. (『漢書』〈東方朔傳〉)

대롱으로 하늘을 엿보고, 표주박으로 바다를 재려 한다. (『한서』 〈동방삭전〉)

(10) 時無赭, 澆黃土. (赭朱土也. 承乏則雖匪賢材, 亦可代用.)

때마침 붉은 흙이 없으면, 누런 흙이라도 끌어댄다. (자(赭)는 붉은 흙이다. 마땅한 인재(人才)가 없어서 재능 없는 사람이 벼슬을 얻어 해야 하면, 비록 뛰어난 재능을 지닌 사람이 아니더라도 또한 대신 쓸 수 있다.)

(11) 高才無貴士. (有德慧術知者, 必存乎疢疾, 不能宦達.)

뛰어난 재주를 지닌 사람 중에는 직위가 높은 벼슬아치가 없다. (덕행과 지혜와 학술과 재치가 있는 자는 반드시 근심이나 걱정 속에 있어서 높은 지위에 오르거나 귀하게 될 수 없다.)

19 등사(騰蛇) : 전설상의 날 수 있는 뱀.

20 날다람쥐의 다섯 가지 재주(五技) : 날지만 지붕에까지 미치지 못하고, 기어 올라가지만 나무 끝에 닿지 못하며, 헤엄을 치지만 계곡을 건너지 못하고, 구멍을 파지만 몸을 숨기지 못하며, 달리지만 사람보다 빠르지 않은 것.

21 대인(大人) : 대인군자(大人君子). 말과 행실이 바르고 점잖으며 덕이 높은 사람.

4) ㅁ

(1) 心則不競, 何憚於病. (『左傳』 僖七年 ○競, 強也.)

마음속에 굳셈이 없으면, 무슨 병엔들 구애되리오. (『좌전』 희공 7년조 ○'경(競)'은 '굳세다'라는 뜻이다.)

(2) 心苟無瑕, 何恤乎無家. (『左傳』 閔元年 ○內省不疚, 其貧不足憂也.)

마음에 진실로 흠이 없다면, 어찌 집이 없음을 근심하겠는가? (『좌전』 민공 원년조 ○마음속으로 돌이켜보아 부끄러움이 없다면, 그 가난은 걱정할 만한 것이 아니다.)

(3) 當斷不斷, 反受其亂. (『史記』 〈春申君傳〉)

마땅히 결단해야 함에도 결단하지 못하면, 도리어 그 혼란을 받게 된다. (『사기』 〈춘신군전〉)

(4) 相馬失之瘦, 相士失之貧. (『史記』 「滑稽傳」 補 ○見其外貌, 莫知其內德.)

말을 살핌은 비쩍 마른 데서 놓치게 되고, 선비를 알아봄은 가난에서 실수가 생긴다. (『사기』 「골계전」 보 ○그 겉모양만 보면, 그 마음속의 덕을 알지 못한다.)

(5) 千金之子, 不死於市. (『史記』〈貨殖傳〉 ○財多足以緩獄)

많은 돈을 가진 부자의 자식은 저자에서 죽지 않는다. (『사기』〈화식전〉 ○재산이 많으면 형벌을 늦출 수 있다.)

(6) 畏首畏尾, 身其餘幾. (『左傳』 文十七)

머리를 두려워하고 꼬리를 두려워하면, 몸의 그 나머지도 위태롭다. (『좌전』 문공 17년조)

(7) 命雖在天, 判命在我. (榮辱禍福, 無不自己召之者.)

목숨은 비록 하늘에 달려있더라도 목숨을 걸거나 내던짐은 나에게 달려있다. (영광과 치욕과 재앙과 복됨은 자기가 부르지 않는 것이 없다.)

(8) 臨淵羨魚, 不如退而結網. (『漢書』〈董仲舒傳〉)

못에 이르러 물고기를 대하고 탐냄은 물러나서 그물을 짜는 것만 못하다. (『한서』〈동중서전〉)

(9) 出門如賓, 承事如祭. (『左傳』 僖三三 ○造次不忘敬.)

문을 나갔을 때는 큰 손님을 뵌 듯이 하고, 일을 도움에는 제사를 지내듯 해야 한다. (『좌전』 희공 33년조 ○짧은 동안이라도 공경함을 잊지 말라.)

(10) 物勝權而衡殆, 形過鏡而照窮. (力弱不能任重, 知小不能慮遠.)

물건이 저울대보다 무거우면 저울이 위태롭고, 모양이 거울보다 크면 다 비추지 못한다. (힘이 약하면 중요한 일을 맡을 수 없고, 지식이 적으면 멀리 생각할 수 없다.)

(11) 魚不畏網, 而畏鵜. (民不畏國法, 但畏貪虐之官.)

물고기는 그물을 두려워하지 않지만, 사다새를 두려워한다. (백성은 나라의 법을 두려워하지 않지만, 다만 탐욕이 많고 포악(暴惡)한 벼슬아치만 두려워할 뿐이다.)

(12) 無於水監, 當於民監. (『尙書』 「酒誥」 ○監讀作鑒.)

물을 거울로 삼지 말고, 백성을 거울로 삼아야 한다. (『상서』 「주고」 ○'감(監)'은 '감(鑒)'의 뜻으로 지어 읽는다.)

(13) 挈甁之智, 守不假器. (『左傳』 昭七年 ○汲者小智也. 爲人守器, 猶知不以借人.)

물을 길어 올리는 보잘것없는 지혜만으로도, 기물(器物)을 지키고 빌려주지 않는다. (『좌전』 소공 7년조 ○물을 긷는 다는 것은 작은 지혜이다. 다른 사람을 위해 기물을 지키고, 오히려 다른 사람에게 빌려주지 않을 줄을 안다.)

(14) 水至淸則無魚, 人至察則無徒. (『漢書』 〈東方朔傳〉 ○無所容, 物不附.)

물이 너무 맑으면 물고기가 없고, 사람은 너무 살피면 따르는 무리가 없다. (『한서』 〈동방삭전〉 ○받아들이는 바가 없으면, 따르지 않는다.)

(15) 鷹化爲鳩, 猶憎其目. (惡人雖已向善, 猶有宿習未盡.)

매가 변하여 비둘기가 되어도 오히려 그 눈을 미워한다. (나쁜 사람이 비록 이미 착함을 지향하게 되었더라도 오히려 묵은 습성은 다 없어지지 않음이 있다.)

(16) 衝風之衰, 不能起毛羽, 彊弩之末, 不能穿魯縞. (『漢書』 韓安國)

맹렬한 바람이 약해지면, 깃털조차 일으킬 수 없고, 강한 쇠뇌도 마지막에는 노나라의 엷은 비단조차 뚫을 수 없다. (『한서』 한안국)

5) ㅂ

(1) 百足之蟲, 至死不窮.

발이 백 개인 벌레는 죽음에 이르러도 멈추지 않는다. ⇒도움을 주는 여러 부류의 사람이 많으면, 쉽게 멸망하지 않는다는 뜻.

(2) 田中之潦, 入於東海, 附耳之言, 聞於千里. (『淮南子』)

밭 가운데에 물을 대면, 동해로 흘러들어가고, 귀에 대고 한 말은 천 리 밖에서 듣는다. (『회남자』)

(3) 驕子不孝. (『史記』「梁孝王世家」補 ○愛之不敎, 旣長反受其殃.)

버릇없이 키운 자식은 효도하지 않는다. (『사기』「양효왕세가」보 ○사랑하되 가르치지 않고, 이미 자랐다면 도리어 그 재앙을 받는다.)

(4) 不習爲吏, 視已成事. (『漢書』〈賈誼傳〉 ○能善治私事者, 吏事自亦能治.)

벼슬아치 노릇함에 익숙지 못하다면, 이미 이루어진 일을 보라. (『한서』〈가의전〉 ○사사로운 일을 잘 다스릴 수 있는 자는 벼슬아치의 일도 또한 스스로 다스릴 수 있다.)

(5) 有病不治, 常得中醫. (『漢書』「藝文志」 ○雖無藥力, 亦無藥害, 是中醫也.)

병이 있는데 치료하지 않으면, 보통은 중간 정도의 의원(醫員)을 얻은 격이다. (『한서』「예문지」 ○비록 약의 효력은 없더라도 또한 약의 해로움도 없으니, 이는 중간 정도는 치료한 것이다.)

(6) 桃李不言, 下自成蹊. (『史記』〈李將軍傳〉 ○我有實美, 不求知而物自來求也.)

복숭아와 오얏나무는 말하지 않아도 아래에 저절로 길이 생긴다. (『사기』〈이장군전〉 ○나에게 참된 아름다움이 있으면, 알아주기를 구하지 않아도 남들이 스스로 찾아와서 구한다.)

(7) 福至心靈, 禍來神昧. (史炤疏 ○善者天誘其衷, 惡者天奪其魄.)

복이 이르려면 마음이 영통(靈通)[22]해지고, 화가 오려면 정신이 어두워진다. (사조의 『통감소(通鑑疏)』[23] ○착한 자는 하늘이 그 속마음을 이

22 영통(靈通) : 신령(神靈)스럽고 신묘(神妙)하게 서로 잘 통함.

23 사조(史炤)의 『통감소(通鑑疏)』: '사조'는 중국 송대(宋代) 사람. 자(字)는 자희(子熙). 소동파(蘇東坡)의 스승. 『통감소』는 『통감』의 주석서(注釋書)임. 『통감』은 『자치통감(資治通鑑)』의 준말로서 송대 사마광(司馬光)이 편찬한 편년체(編年體) 역사서. 전국(戰國)시대부터 5대(五代)에 이르기까지 1,362년간의 역사를 서술함. 294권.

끌고, 나쁜 자는 하늘이 그 넋을 빼앗는다.)

(8) 少所見, 多所怪. (牟子 ○孤陋之人, 不信異聞.)

본 것이 적으면, 괴이(怪異)한 것이 많다. (모자[24] ○보고 들은 것이 적은 사람은 신기하고 재미있는 새로운 지식을 믿지 않는다.)

(9) 柔則茹之, 剛則吐之. (『詩經』「大雅」〈烝民〉 ○侮幼孤而避彊禦, 人之常情也.)

부드러운 것은 먹고, 딱딱한 것은 뱉으라. (『시경』「대아」〈증민〉장(章)[25]

24 모자(牟子) : 한대(漢代) 헌제(獻帝) 때 안구(安丘) 사람인 모융(牟融). 자(字)는 자우(子優). 불도(佛道)에 전념하였고, 노자(老子)의 글을 연구하여 내포된 현묘한 진리를 마치 술이나 물을 마시듯 하였으며, 5경(五經)을 거문고나 피리 다루듯 하였음. 그를 가리켜 유가(儒家)를 배반한 이단자(異端者)라고 비난(非難)하는 세상 사람들이 많아지자 『이혹론(理惑論)』 37편을 지었음.

25 『시경(詩經)』「대아(大雅)」〈증민(烝民)〉장(章) : 『시경』은 주(周) 초부터 춘추(春秋) 중기까지의 민가(民歌)와 조정(朝廷)에서 쓴 악장(樂章) 등 311편을 수록한 책. 이 중에는 제목만 남아 있는 시(詩) 6편이 있어 실제로는 305편이며, 전체를 풍(風)·대아·소아(小雅)·송(頌)의 네 가지로 분류함. 진(秦) 이전에는 '시'라고만 일컬었으나, 한대(漢代)에 경전(經傳)으로 높여 비로소 '시경'이라 이름함. 한대에 시를 전한 4가(四家 : 齊·魯·韓·毛) 중에 모공(毛公)의 것만 전해지므로 '모시(毛詩)'라고도 함. 「대아」는 『시경』의 한 체(體). 왕정(王政) 흥망(興亡)의 자취를 읊은 것으로 연향(宴饗)의 악가(樂歌)임. 후에는 아정(雅正)한 시편(詩篇)을 이르기도 함. 〈증민〉은 윤길보(尹吉甫)가 주선왕(周宣王)을 찬미한 시로서 어진 사람에게 정사를 맡기고 능력이 있는 자를 부려 주나라 왕실이 중흥(中興)하였다는 내용임.

○어린 고아를 업신여기면서, 힘 있고 횡포(橫暴)한 자를 피하는 것은 사람이면 늘 가질 수 있는 마음이다.)

(10) 破車饒楔, 矮人饒舌. (楔者用木絞繩, 以固物也. 補綴其破綻, 如小人以奸言文過.)

부서진 수레에는 쐐기[26]를 더하며, 난쟁이는 잘 지껄인다. ('설(楔)'이란 것은 나무인데, 끈으로 묶어서 물건을 고정하는 데 쓴다. 그 찢어지고 터진 데를 깁고 엮는 것이니, 소인[27]이 간사한 말로 허물을 어물어물 숨기는 것과 같다.)

(11) 欲富乎? 忍恥矣, 傾絶矣. (『荀子』○傾絕, 謂不恤其絕乏傾倒, 以趨利.)

부유(富裕)해지려고 하는가? 부끄러움을 참아야 할 것이며, 다 기울이고 써서 없애야 할 것이다. (『순자』○'경절'은 그 물건이 바닥나도록 다 써서 없애고, 속마음을 남김없이 모두 내놓음을 돌보지 않으며, 이익만 꾀함을 이른다.)

26 쐐기 : 물건과 물건 사이의 틈에 박아서 사개가 물러나지 못하게 하거나, 물건의 사이를 벌리는 데 쓰이는 V자형의 납작하고 뾰족한 물건.

27 소인(小人) : 도량(度量)이 좁고 간사(奸詐)한 사람.

(12) 打鋏作門限, 鬼見拍手笑. (防人, 適足以自戕.)

불집게로 두드려 문지방[28]을 만들었지만, 귀신이 보고 손뼉 치며 웃는다. (사람을 막다가도 우연히 만나서 스스로 해칠 수 있다.)

(13) 雖有知慧, 不如乘勢, 雖有鎡基, 不如待時. (『孟子』「公孫丑」上)

비록 지혜가 있더라도 세력을 타는 것만 못하고, 비록 농기구가 있더라도 때를 기다리는 것만 못하다. (『맹자』「공손추」상)

(14) 雖有親父, 安知不爲虎, 雖有親兄, 安知不爲狼. (『漢書』韓長孺)

비록 친아버지가 있더라도 어찌 범이 되지 않을 줄 알며, 비록 친형이 있더라도 어찌 이리가 되지 않을 줄 알겠는가? (『한서』한장유)

(15) 雖鞭之長, 不及馬腹. (『左傳』宣十五 ○車上策馬, 僅及馬臀, 言勢雖盛 而不相及也.)

28 문지방 : 문(門)에서 두 문설주 아래에 가로 댄 나무. 문턱. 한편, 중국 남조(南朝) 진(陳)나라 때 지영선사(智永禪師)가 오흥(吳興) 영흔사(永欣寺)에 갔었는데, 글씨를 청해 오는 사람들이 워낙 많이 모여들어서 그의 문지방이 모두 닳아져 없어지므로, 쇠붙이로 문지방을 포장하였다는 '철문한(鐵門限)' 고사(故事)가 있음.

비록 채찍이 길더라도, 말의 배에는 미치지 못한다. (『좌전』 선공 5년조 ○수레 위에서 말을 채찍질하면, 겨우 말의 볼기에 미치니, 세력이 비록 왕성하더라도 서로 미치지 못한다는 말이다.)

(16) 吃食飽死, 反怨主人. (不能自量, 怨彼厚意.)

배불리 먹고 죽었는데, 도리어 주인을 원망한다. (스스로 헤아릴 수 없으면, 인정을 두텁게 베푸는 저 마음을 원망한다.)

(17) 學者如牛毛, 成者如麟角. (嚮道者衆, 成德者少.)

배우는 자는 소털같이 많아도, 이룬 자는 기린 뿔같이 적다. (도리(道理)를 지향하는 자는 많지만, 덕을 이룬 자는 적다.)

(18) 聞道百, 自以爲莫已若. (所聞尙少, 已生驕心.)

백 가지 도리만을 듣고는 스스로 자기만 못하다고 여긴다. (들은 것이 아직도 적은데, 이미 교만한 마음이 생겨난다.)

(19) 百里不販樵, 千里不販糴. (『史記』「貨殖傳」○利不能償勞.)

백 리이면 땔나무를 팔지 않고, 천리이면 쌀을 팔지 않는다. (『사기』「화식전」 ○이익은 노력을 보상할 수 없다.)

(20) 百聞不如一見. (『漢書』〈趙充國傳〉 ○聞者憑人口, 見者由我目.)

백번 듣는 것이 한 번 보는 것만 못하다. (『한서』〈조충국전〉 ○듣는다는 것은 다른 사람의 입에 기대는 것이고, 본다는 것은 내 눈을 따르는 것이다.)

(21) 民之多幸, 國之不幸. (『左傳』 宣十六)

백성에게 요행[29]이 많으면, 나라의 불행이다. (『좌전』 선공 16년조)

(22) 屠人饜蒸藜, 鬻扇常苦暍. (東語云 冶家無刀.)

백정은 야채 삶기를 싫어하고, 부채 장수는 늘 더위를 괴로워한다. (우리나라 속담에 이르기를 대장간에 칼이 없다고 한다.)

6) 人

(1) 人而無恒, 不可以作巫醫. (『論語』「子路」篇 ○於無恒之人, 不可爲之禳爲之藥.)

사람으로서 항심(恒心)[30]이 없으면, 무당이나 의원(醫員)이 될 수 없

29 요행(僥倖 · 儌幸) : 뜻밖에 얻는 행운.

다. (『논어』「자로」편 ○항심이 없는 사람에게는 재앙을 물리치게 하거나 약을 짓게 할 수 없다.)

(2) 人而無恒, 不可以爲卜筮. (『禮記』「緇衣」篇 ○於無恒之人, 鬼神亦不能保其所爲.)

사람으로서 항심(恒心)이 없으면, 점을 칠 수 없다. (『예기』「치의」편 ○항심이 없는 사람에게는 귀신도 또한 그 하는 바를 지켜줄 수 없다.)

(3) 人唯求舊, 器非求舊. (『尙書』遲任之言)

사람은 오로지 옛 사람을 구하지만, 그릇은 옛 그릇을 구하지 않고 새것을 구한다. (『상서』 지임[31]의 말)

(4) 人無所不至, 唯天不容僞. (人之詐僞, 無極不到, 唯天道至誠.)

사람은 이르지 못하는 곳이 없지만, 오직 하늘이 거짓만은 용서하지 않는다. (사람이 양심을 속이고 거짓으로 꾸밈은 이르지 못하는 끝이 없지만, 오직 이 세상 자연의 도리만은 지극히 정성스럽다.)

30 항심(恒心) : 변함없이 늘 지니고 있는 떳떳한 마음.

31 지임(遲任) : 옛날의 현인(賢人).

(5) 人衆者勝天，天定亦能破人.（『史記』〈伍子胥傳〉○老子曰 天網恢恢，疎而不漏.）

사람이 많은 것은 하늘을 이기기도 하지만, 하늘의 뜻이 정해지면 또한 사람을 깨트린다. (『사기』〈오자서전〉○노자[32]가 말하기를 하늘의 그물은 넓고 크며, 성긴 듯하지만 새지 않는다고 하였다.)

(6) 人不婚宦，情欲失半，人不衣食，君臣道息.（『列子』)

사람이 혼인과 벼슬을 하지 못하면 욕망의 반을 잃고, 사람에게 옷과 음식이 없으면 임금과 신하의 도리가 없어진다. (『열자』[33])

(7) 人情之所不能已者，聖人不廢.（禮出於情，非法所拘.）

사람의 마음으로 그만둘 수 없는 것은 성인도 없애지 않는다. (예의는 마음에서 나오고, 법은 얽매이는 바가 없다.)

32 노자(老子) : 춘추(春秋)시대 사상가로서 초(楚)의 고현(苦縣) 사람. 성(姓)은 이(李). 이름은 이(耳). 자(字)는 담(聃). 주(周)나라 장서실(藏書室) 사관(史官)을 지냈음. 도교(道敎)의 창시자가 됨.

33 『열자(列子)』: 중국 전국(戰國) 시대 도가(道家) 사상가인 열어구(列禦寇)가 B.C. 400년경에 편찬한 도가서(道家書)로서 고대 우화(寓話)의 보고(寶庫)임. 8권.

(8) 鹿死不擇音. (『左傳』 文十七 ○音蔭通. 鹿之將死, 不能擇庇蔭之處.)

사슴이 궁지(窮地)에 몰려 죽을 때에는 그늘을 가릴 겨를이 없다. (『좌전』 문공 17년조 ○'음(音)'은 '음(蔭: 그늘)'과 통한다. 사슴이 장차 죽으려 할 때에는 그늘진 곳을 가릴 수 없다.)

(9) 山有木, 工則度之, 賓有禮, 主則擇之. (『左傳』 隱十一.)

산에 나무가 있으면, 목수가 그것을 헤아리고, 손님에게 예의가 있으면, 주인이 그것을 골라 뽑는다. (『좌전』 은공 11년조)

(10) 生有益於人, 死不害於人. (『禮記』「檀弓」 ○我能動則思益人, 不能動則思無害.)

살아서는 다른 사람에게 보탬이 있고, 죽어서는 다른 사람에게 해로움이 없어야 한다. (『예기』[34] 「단궁」편 ○내가 잘 행동하려면 다른 사람에게 보탬이 되는가를 생각하고, 잘 행동할 수 없겠으면, 해로움은 없겠는가를 생각한다.)

34 『예기(禮記)』: 5경(五經)의 하나. '소대(少戴)'라고 일컬어지는 한(漢)의 대성(戴聖)이 선진(先秦)의 서적에서 가려 뽑아 편찬한 것으로, 예법(禮法)의 이론과 실제를 풀이하였음. 『주례(周禮)』, 『의례(儀禮)』와 더불어 '3례(三禮)'라 일컬음.

(11) 生無一日歡, 死有萬世名. (如禹 · 稷 · 逢 · 干.)

살아서는 하루의 기쁨도 없었지만, 죽어서 영원한 세월 동안 이름을 남겨둔다. (우 · 직 · 봉 · 간[35] 같은 분들이다.)

(12) 三世仕宦, 方知著衣喫飯. (不仕宦者, 不習於容體.)

삼대가 벼슬살이를 하면, 바야흐로 옷을 입고 밥 먹는 방법을 안다. (벼슬살이를 하지 못한 자는 몸가짐을 익히지 못한다.)

(13) 士爲知己者死, 女爲悅己者容. (『史記』 趙襄子 ○士自愛其德, 女自愛其色.)

선비는 자기를 알아주는 자를 위해 죽고, 여자는 자기를 기쁘게 해주는 자를 위해 꾸민다. (『사기』 조양자 ○선비는 스스로 그 덕을 아끼고, 여자는 스스로 그 얼굴빛을 아낀다.)

(14) 城門失火, 殃及池魚.

35 우(禹) · 직(稷) · 봉(逢) · 간(干) : '우'는 '우임금'이고, '직'은 중국 주(周)나라의 시조(始祖)로 여기는 전설상의 인물인 '후직(后稷)'이며, '봉'은 하(夏)나라의 현신(賢臣)으로서 걸왕(桀王)에게 간(諫)하다가 피살된 '관용봉(關龍逢)'이고, '간'은 은(殷)나라 주왕(紂王)의 숙부(叔父)로서 주왕의 악정(惡政)을 간하다가 피살된 '비간(比干)'임.

성문에 불이 나면, 재앙이 연못의 물고기에 미친다. ⇒까닭 없이 연루(連累)되어 재앙을 당한다는 뜻.

(15) 無過亂門. (『左傳』 昭十九 ○危邦不入, 亂邦不居, 其戒同.)

소란스러운 집 문 앞은 지나가지 말라. (『좌전』 소공 19년조 ○위태로운 나라에는 들어가지 않고, 어지러운 나라에는 살지 않으니, 그 경계(儆戒)함이 같다.)

(16) 長袖善舞, 多錢善賈. (『史記』 〈蔡澤傳〉)

소매가 길면 춤을 잘 추고, 돈이 많으면 장사를 잘한다. (『사기』 〈채택전〉)

(17) 借車者馳之, 借衣者被之. (『史記』 〈趙惠文王〉 ○背人之厚意, 不虞其破敝.)

수레를 빌린 자는 함부로 달려가고, 옷을 빌린 자는 마구 입는다. (『사기』 조혜문왕 ○다른 사람이 인정을 두텁게 베푸는 뜻을 배반하면, 그 망가지고 해짐을 헤아리지 못한다.)

(18) 輔車相依, 脣亡齒寒. (『左傳』 僖五年)

수레의 덧방나무와 수레는 서로 돕고 의지해야 하고, 입술이 없으면 이가 시리다. (『좌전』 희공 5년조)

(19) 一人鄕隅而悲泣, 一堂皆爲之不樂. (『漢書』「刑法志」)

시골의 외진 곳이라도 한 사람이 슬피 울면, 한 집안이 모두 즐겁지 않다고 한다. (『한서』「형법지」)

(20) 能行之者, 未必能言, 能言之者, 未必能行. (『史記』〈孫吳傳〉)

실행을 잘할 수 있는 자는 반드시 말을 잘하지 못하고, 말을 잘할 수 있는 자는 반드시 실행을 잘하지 못한다. (『사기』〈손오전〉)

(21) 腐木不可以爲柱, 卑人不可以爲主. (『漢書』〈劉輔傳〉)

썩은 나무는 기둥으로 삼을 수 없고, 촌사람은 주인으로 삼을 수 없다. (『한서』〈유보전〉)

(22) 彀弩射市, 薄命先死. (射者不擇, 中者有厄.)

쇠뇌[36]를 당겨서 저자에 쏘면, 명이 짧은 사람이 먼저 죽는다. (쏘는 자가 골라서 쏘지 않아도 맞는 자에게는 재액[37]이 있다.)

36 쇠뇌 : 화살을 여러 개 잇달아 쏠 수 있도록 만들어진 예전 활의 하나.

37 재액(災厄) : 재앙으로 입게 되는 불운.

7) ㅇ

(1) 婦死腹悲, 唯身自知. (應劭『風俗通』○鰥夫饑苦, 他人所不知.)

아내가 죽으면 남몰래 마음속으로 슬퍼하니, 오직 자신만 알 뿐이다. (응소의 『풍속통』[38] ○홀아비가 굶주리는 괴로움을 다른 사람은 알지 못하는 것이다.)

(2) 美女入室, 惡女之仇. (『史記』「外戚世家」補)

아름다운 여자가 집에 들어오면, 못난 여자의 원수가 된다. (『사기』「외척세가」보)

38 응소(應劭)의 『풍속통(風俗通)』 : '응소'는 중국 후한(後漢) 말기의 학자이자 관료로서 자(字)는 중원(仲瑗)이고, 여남군(汝南郡) 남돈현(南頓縣) 사람임. 『한관례의고사(漢官禮儀故事)』를 저술하였으며, 당시의 사정을 논한 『중한집서(中漢輯序)』, 사물과 풍속 등에 대해 기록한 『풍속통(風俗通)』을 저술하였음. 그 외에 『한서(漢書)』의 집해(集解)를 저술하였는데, 훗날 『한서』 안사고주(顔師古注)에 다수 인용되었음. 『풍속통』은 『풍속통의(風俗通義)』라고도 함. 중국 후한(後漢) 말의 학자 응소가 편찬한 저서. 당대(唐代) 이전의 목록에는 30권으로 되어 있으나, 송대(宋代) 이후 10권으로 전해짐. 또한 원본은 「황패(皇覇)」·「정실(正失)」·「건례(愆禮)」·「과예(過譽)」·「십반(十反)」·「성음(聲音)」·「궁통(窮通)」·「사전(祀典)」·「괴신(怪神)」·「산택(山澤)」·「성씨(姓氏)」의 11편이었으나, 현존본(現存本)에는 「성씨」편이 빠졌음. 각 편은 몇 개의 항목으로 나뉘는데, 「황패」편의 경우는 3황5제(三皇五帝) 등 5항목을 해설하였고, 「괴신」편은 15항목으로 세분하여 음사(淫祀)·사교(邪教)를 경계하였음. 모두 당시 일반인들의 유속(流俗)에 대한 잘못된 인식을 바로잡으려고 사물을 고증·논술한 것임.

(3) 美服不稱, 必以惡終. (『左傳』 襄二四 ○德薄而位高, 鮮克有終.)

아름다운 의복이 걸맞지 않으면, 반드시 악(재앙)으로 끝난다. (『좌전』 양공 24년조 ○덕이 적으면서 지위만 높으면, 끝을 잘 맺을 수 있는 사람이 드물다.)

(4) 爲山九仞, 功虧一簣. 『梅氏尙書』「旅獒」)

아홉 길 높이의 산을 만들 때, 한 삼태기의 흙이라도 모자라면 공(功)이 무너진다. (『매씨상서』「여오」)

(5) 牝鷄之晨, 唯家之索. (「尙書』「牧誓」 ○索, 盡也.)

암탉이 새벽에 울면 집안이 망한다. (『상서』「목서」 ○'삭(索)'은 '다하다'라는 뜻이다.)

(6) 前車覆, 後車誡. (『漢書』〈賈誼傳〉 ○彼之不幸, 我以爲鑑.)

앞에 가던 수레가 뒤집히면, 뒤의 수레는 조심한다. (『한서』〈가의전〉 ○저 사람의 불행이 나에게는 귀감(龜鑑)[39]이 된다.)

(7) 陽翟憎無癭之人, 秦人忘無鼻之醜.

39 귀감(龜鑑) : 거울로 삼아 본받을 만한 모범.

양적[40]에서는 혹이 없는 사람을 미워하고, 진나라 사람들은 코가 없는 추한 사람을 잊어버린다.

(8) 服難以勇, 治亂以智. (『戰國策』 趙武靈王)

어려움을 극복함은 용기로써 하고, 어지러움을 다스림은 지혜로써 한다. (『전국책』[41] 조무령왕)

(9) 兒婦人口, 不可用. (『史記』「陳丞相世家」 ○孺子婦女雖有人口, 其言不可聽用.)

어린아이나 부인의 말은 쓸 수 없다. (『사기』「진승상세가」 ○어린아이나 부녀자는 비록 사람의 입을 가졌더라도 그 말은 듣고 쓸 수 없다.)

(10) 孤犢觸乳, 驕子罵母. (謝承『後漢書』〈仇覽傳〉)

어미 없는 송아지는 어미젖을 찾고, 교만한 자식은 어머니를 욕한다. (사승의 『후한서』[42] 〈구람전〉)

40 양적(陽翟) : 지금의 중국 하남성(河南省) 우현(禹縣)지방. '양책'이라고도 발음함.

41 『전국책(戰國策)』 : 전국(戰國)시대의 사료(史料)를 나라별로 엮은 저자 미상(未詳)의 책. 당시 유세객(遊說客)이 여러 나라를 다니면서 유세한 내용과 활동을 기술하였음. 한(漢)의 유향(劉向)이 편집하고, 고유(高誘)가 주(注)를 달았는데, 12국으로 구분됨. 『국책(國策)』. 단장서(短長書)』. 33권.

(11) 仁不輕絶, 智不輕怨. (『戰國策』 燕王喜 ○愛深者能容, 慮周者徐察.)

어진 이는 가볍게 끊어버리지 않고, 지혜로운 이는 가벼이 원망 짓지 않는다. (『전국책』 연왕희 ○사랑이 깊은 사람은 포용할 수 있고, 생각이 두루 미치는 사람은 천천히 살핀다.)

(12) 何知仁義, 已嚮其利者, 爲有德. (『史記』 〈游俠傳〉 ○恩重則名歸之.)

어찌 어짊과 의로움을 알면서 이미 그 이로움을 지향하는 자가 덕이

42 사승(謝承)의 『후한서(後漢書)』: '사승'은 중국 삼국시대 오(吳)나라 사람. 자(字)는 위평(謝承). 사부인(謝夫人)의 동생. 산음(山陰) 사람으로 배움과 견문이 넓었고, 알게 된 것이나 본 것은 죽을 때까지 잊지 않았으며, 누나가 손권(孫權)의 부인이 되어 오나라의 외척(外戚)이 되었음. 『회계선현전(會稽先賢傳)』 이외에 『후한서』 100여 권을 저술했는데, 청대(淸代) 손지조와 왕문대에 따르면, 『수서(隋書)』 「경적지(經籍志)」에 8가후한서(八家後漢書)가 기록되었고, 그 중에서 사승이 지은 『후한서』가 가장 이른 것이라 처음 시작한 공로가 있으니 기록할 만하다고 평가하였음. 그러나 그가 지은 『후한서』는 다른 『후한서』와 함께 소실되었음. 『후한서』는 후한의 역사를 기록한 기전체(紀傳體) 사서(史書)로서 현존(現存)하는 것은 남조(南朝) 때 송(宋)의 범엽(范曄)이 『동관한기(東觀漢記)』를 저본(底本)으로 하여 제가(諸家)의 설(說)을 가려 뽑아 엮었음. 범엽이 본기(本紀) 10권, 열전 80권을 지은 후 사형을 당했기 때문에 지(志)는 진(晉) 때 사마표(司馬彪)가 지은 『속한서(續漢書)』의 기(紀)로 보충하였음. 『사기(史記)』의 체제를 따랐으나, 「당고전(黨錮傳)」·「독행전(獨行傳)」·「일민전(逸民傳)」·「열녀전(列女傳)」 등은 독창적으로 기술하여 이후 기전체 사서의 본보기가 되었음. 120권.

있게 되겠는가? (『사기』 〈유협전〉 ○은혜가 두터우면, 명분(名分)은 그것을 따라온다.)

(13) 嚴家無格奴, 慈母有敗子. (威不敢扞格. 愛所由驕奢.)

엄격한 집안에는 사나운 종이 없지만, 자애(慈愛)로운 어머니에게는 집안을 망치는 자식이 있다. (위엄(威嚴)은 감히 막고서 거절하지 못하지만, 사랑은 교만하고 사치스러움의 원인이다.)

(14) 狐埋之而狐搰之, 是以無成功. (『國語』 ○自成而自毁之, 何能有成.)

여우는 의심이 많아 물건을 묻어두고 자기가 그것을 파보니, 이 때문에 성공함이 없다. (『국어』 ○스스로 이루고 스스로 그것을 헐어버리니, 어찌 성공할 수 있겠는가?)

(15) 狐死首丘, 貉死首山. (微物亦能不忘本.)

여우는 죽을 때 자기 살던 굴이 있는 언덕으로 머리를 돌리고, 오소리도 죽을 때 산으로 머리를 둔다. (보잘것없는 동물도 또한 근본을 잊지 않을 수 있다.)

(16) 女無美惡, 入宮見妒. (『史記』〈鄒陽傳〉)

여자는 미우나 고우나 궁궐에만 들어가면 시새움을 받는다. (『사기』〈추양전〉)

(17) 唯食忘憂. (『左傳』昭卄八 ○人生多憂苦, 唯一飯之頃可忘.)

오직 먹을 때만 근심을 잊는다. (『좌전』 소공 28년조 ○인생에 걱정과 괴로움이 많은데, 오직 한 끼 밥을 먹을 때만 잊을 수 있다.)

(18) 堯舜千鍾, 孔子百觚, 子路嗑嗑, 尙飮十榼. (『孔叢子』)

요와 순은 천 잔의 술을 마셨고, 공자는 백 잔을 마셨으며, 자로[43]는 말이 많으면서도 오히려 열통을 마셨다. (『공총자』[44])

(19) 同欲者相憎, 同憂者相親. (『戰國策』中山君 ○一物不可兩獲, 竝力庶幾皆免.)

욕심이 같은 자들은 서로 미워하고, 걱정이 같은 자들은 서로 친하

43 자로(子路) : B.C.542~B.C.480. 중국 춘추(春秋)시대 노(魯)나라 사람. 공자(孔子)의 제자. 성(姓)은 중(仲). 이름은 유(由). 자(字)는 자로 또는 계로(季路). 용감한 성격에 정사(政事)에 능하여 위(衛)나라에서 벼슬하였으나 후에 피살됨.

44 『공총자(孔叢子)』 : 중국 한대(漢代)의 공부(孔鮒) 지음. 공자(孔子) 및 그 일족(一族)의 언행(言行)을 적었음. 3권 21편.

다. (『전국책』 중산군 ○한 가지 사물을 둘이 얻을 수 없으면, 힘을 한 데 모음은 거의 모두 그만둔다.)

(20) 敵惠敵怨, 不在後嗣. (『左傳』 文六年 ○敵猶對也. 答恩不待子孫, 答怨不及子孫.)

은혜에 보답하고 원한을 갚음은 대를 잇는 자식에게 있지 않다. (『좌전』 문공 6년조 ○'적(敵)'은 '갚다'라는 뜻과 같다. 은혜에 보답함은 자손을 기다리지 않고, 원한을 갚음은 자손에게 미치지 않는다.)

(21) 淫亂之漸, 其變爲簒. (弑逆多起於淫亂.)

음란함은 천천히 나아가지만, 그것이 변하여 빼앗게 된다. (부모나 임금을 죽이는 일은 대부분 음란함에서 일어난다.)

(22) 狼子野心. (『左傳』 宣四年 ○種類本惡, 終無向人之心.)

이리 새끼의 야수(野獸) 같은 본성(本性). ⇒흉포(凶暴)한 사람은 길들이기 어려움의 비유. (『좌전』 선공 4년조 ○종류가 본디 나쁘면, 끝내 사람을 지향하는 마음이 없다.)

(23) 天下熙熙, 皆爲利來, 天下壤壤, 皆爲利往. (『史記』〈貨殖傳〉)

이 세상이 평화로우면 모두들 이익을 위해 몰려오고, 이 세상이 혼란하면 모두들 이익을 위해 몰려간다. (『사기』〈화식전〉)

(24) 利令智昏. (『史記』〈平原君傳〉 ○魚死於餌, 虎死於阱, 皆以貪也.)

이익에 관한 욕심은 사람의 지혜를 어둡게 한다.(『사기』〈평원군전〉 ○물고기는 먹이에 죽고, 범은 함정에 죽으니, 모두 탐욕 때문이다.) ⇒ 사리사욕(私利私慾)에 눈이 어두워진다는 뜻.

(25) 曲學多諺辨, 窮鄕多異說. (見聞不廣, 所言多不中.)

이치에 어긋나는 학문에는 속(俗)된 글이 많으며, 구석지고 으슥한 시골에는 기괴(奇怪)한 말이 많다. (보고 들어 깨닫고 얻은 지식이 넓지 않아서 말하는 것이 대부분 이치에 맞지 않는다.)

(26) 厚者不毁人以自益, 仁者不危人以要名. (『戰國策』)

인정이 두터운 자는 남을 헐뜯어 스스로 이롭게 하지 않고, 어진 자는 남을 위태롭게 하여 명예를 구하지 않는다. (『전국책』)

(27) 事者難成而易敗, 名者難立而易隳.

일이란 것은 이루기는 어렵지만 쉽게 실패하고, 명성이란 것은 세우기 어렵지만 쉽게 무너진다.

(28) 變古亂常, 不死則亡. (『史記』〈鼂錯傳〉 ○先王美法, 變之則民受其害, 必有天殃.)

옛것을 고치고 떳떳한 도리(道理)를 어지럽히면, 죽지 않으면 곧 멸망한다. (『사기』〈조착전〉 ○선왕[45]의 아름다운 법을 고치면, 백성이 그 해로움을 받고, 반드시 하늘의 재앙이 있다.)

(29) 古人爲室, 不成三瓦. (『史記』〈龜策傳〉云 物安可全, 天尙不全, 故世爲屋, 不成三瓦 而居之.)

옛 사람은 집을 지을 때, 기와 석 장을 얹지 않았다. (『사기』〈귀책전〉에 이르기를, 사물을 어떻게 완전하게 할 수 있겠는가? 하늘도 오히려 완전하지 못하기 때문에 세상에서 집을 짓는 데도 기와 석장을 덜 얹고 그곳에 살았다고 하였다.)

45 선왕(先王) : ①선대의 임금. ②예전의 성군(聖君).

8) ㅈ

(1) 尺有所短, 寸有所長.
(『史記』〈白起傳〉 ○智者有所不能, 愚者有所能當.)

자(尺)에도 짧은 바가 있고, 촌(寸)에도 긴 바가 있다. (『사기』〈백기전〉 ○지혜로운 자도 할 수 없는 바가 있고, 어리석은 자도 마땅히 할 수 있는 바가 있다.)

(2) 將飛者翼伏, 將奮者足跼, 將噬者爪縮, 將文者且朴.
(東語云 跼而后能跳.)

장차 날려는 것은 날개를 감추고, 장차 힘내려는 것은 다리를 구부리며, 장차 씹어 삼키려는 것은 손발톱을 오그리니, 장차 문채(文彩) 내려는 자는 또 바탕을 질박(質朴)하게 한다. (우리나라 속담에 이르기를 움츠린 뒤에야 잘 뛸 수 있다고 한다.)

(3) 嬰兒傷於飽, 貴臣傷於寵. (腹小而食多, 德薄而官濫.)

젖먹이는 배부름에 다치고, 고귀한 신하는 총애(寵愛)에 다친다. (뱃속은 작은데 많이 먹고, 덕이 적은데 벼슬이 지나친 것이다.)

(4) 廊廟之材, 非一木之枝, 帝王之功, 非一士之略.
(『漢書』 叔孫通)

조정(朝廷)의 재목은 한 나무의 가지가 아니며, 제왕의 공도 한 선비의 지략(智略)은 아니다. (『한서』 숙손통)

(5) 騏驥之衰, 駑馬先之, 孟賁之倦, 弱女勝之. (『戰國策』)

좋은 말도 약해지면, 둔한 말이 앞에 가고, 맹분[46]이 피곤하면, 약한 여자도 그를 이긴다. (『전국책』)

(6) 死者復生, 生者不愧.
(『史記』「趙世家」 ○人皆脩死, 作如是想可矣.)

죽은 사람이 다시 살아나더라도, 산 사람이 부끄럽지 않아야 한다. (『사기』「조세가」 ○사람은 모두 죽기 마련이지만, 이와 같은 생각을 지님이 옳을 것이다.)

(7) 論至道者, 不和於俗, 成大功者, 不謀於衆.
(『史記』〈商君傳〉)

지극한 도리를 논의하는 자는 세상과 어울리지 않고, 큰 공을 이루는 자는 뭇사람과 모의(謀議)하지 않는다. (『사기』〈상군전〉)

46 맹분(孟賁) : 중국 전국(戰國)시대 제(齊)나라의 역사(力士). 소뿔을 뽑을 만한 힘이 있어서 물속에서는 교룡(蛟龍)을 피하지 않았고, 육지에서는 외뿔소와 범 같은 맹수도 피하지 않았으며, 한번 성내면 소리가 울려 천지를 진동시켰음. 맹열(孟說).

(8) 前事不忘, 後事之師. (『史記』「秦二世本紀」)

지나간 일을 잊지 않는 것이 뒤에 올 일의 스승이 된다. (『사기』「진이세본기」)

(9) 智如禹湯, 不如常耕. (『齊民要術』)

지혜는 우임금이나 탕임금[47] 같지만, 밭 갈기는 늘 같지 않다. (『제민요술』[48])

(10) 室於怒, 市於色.
(『左傳』 昭二十 ○東諺云 受批鍾路, 流眄氷庫, 亦此意.)

집에서 성난 것을 저자에서 낯붉힌다. (『좌전』 소공 20년조 ○우리나라 속담에 이르기를 종로에서 뺨맞고, 빙고[49]에서 눈 흘긴다고 하였으니, 또한 이 뜻이다.)

47 우임금이나 탕임금 : '우임금'은 중국 하(夏)나라의 시조(始祖). '탕임금'은 중국 상(商)나라의 시조. 성탕(成湯). '상나라'는 반경(盤庚)이 옮긴 마지막 도읍(都邑)이 '은(殷)'이기 때문에, '은나라'라고도 함.

48 『제민요술(齊民要術)』 : 중국 북위(北魏)의 가사협(賈思勰) 지음. 농업・원예・토양・목축・잠상(蠶桑) 등에 대해 경험을 근거로 자세히 서술한 책. 10권 92편.

49 빙고(氷庫) : ①겨울에 떠낸 얼음을 보관해 두는 창고. 빙실(氷室). 장빙고(藏氷庫). 우리나라에는 신라시대에 석빙고(石氷庫) 및 조선시대에 동빙고(東氷庫)와 서빙고(西氷庫)가 있었음. ②예전에 국가에서 사용하는 얼음을 저장하고 지급하는 일을 맡아보던 관청.

(11) 屋漏於上, 知之在下. (爲民上者, 有汚穢之政, 下民必承而知之.)

집은 위에서 물이 새지만, 아래에 있으면 안다. (백성의 윗사람 된 자가 더러운 정치를 하면, 아래의 백성에게 반드시 이어져서 그것을 알게 된다.)

(12) 富不學奢, 貧不學儉. (續云 貴不期驕, 賤不期諂.)

재산이 많고 넉넉하면 배우지 않아도 사치하게 되고, 가난하면 배우지 않아도 검소하게 된다. (이어서 말하자면, 고귀(高貴)해져도 교만함을 기약하지 않고, 미천(微賤)해져도 아첨하지 않는다.)

(13) 才人無善配, 美女歸愚夫. (人世安排, 率多乖迕.)

재주 있는 사람은 좋은 짝이 없고, 아름다운 여자는 어리석은 남자에게 시집간다. (인간 세상은 알맞게 잘 나뉘어 배치되거나 조절되지만, 서로 어그러지는 비율도 많다.)

(14) 佐祭者嘗, 佐鬪者傷. (『國語』一本祭作饔. ○助善事者得福, 助惡事者得害.)

제사를 돕는 자는 음식을 맛보고, 싸움을 돕는 자는 몸을 다친다. (『국어』[50] 어떤 본(本)에는 '제(祭)'를 '옹(饔: 아침밥)'으로 쓰기도 하였다.

50 『국어(國語)』: 춘추(春秋)시대에 좌구명(左丘明)이 지은 책. 주(周)·노(魯)·제(齊)·진(晉)·정(鄭)·초(楚)·오(吳)·월(越) 8국(國)의 일을 기록한 역사

○착한 일을 돕는 자는 복을 얻고, 나쁜 일을 돕는 자는 해로움을 얻는다.)

(15) 欲投鼠而忌器. (『漢書』〈賈誼傳〉 ○所惡倚於所敬, 欲擊恐其竝中.)

쥐에게 돌을 던지려고 하지만, 그릇을 깰까봐 꺼린다. (『한서』〈가의전〉 ○나쁜 것이 공경할 것에 의지해 있으면, 치려고 해도 그것들이 함께 맞을까를 두려워한다.)

9) ㅊ

(1) 寧爲雞口, 無爲牛後. (『史記』〈蘇秦傳〉 ○後儒或作雞尸說非也. 且不叶韻.)

차라리 닭의 부리가 될지언정 소의 꼬리는 되지 말라. (『사기』〈소진전〉 ○후세(後世)의 유학자들은 가끔 '계시'[51]라는 설명을 만드는데, 아니다. 또 운(韻)도 맞지 않는다.)

책. 『춘추외전(春秋外傳)』. 21편.

51 계시(雞尸) : 정약용의 『이담속찬』에 따르면, "戰國策云 寧爲雞尸, 不爲牛從, 延篤注云 尸雞中主也, 從謂牛子也.[『전국책』에는 차라리 계시가 될지언정 우종은 되지 말라고 하였는데, 연독의 주(注)에 '시'는 닭 가운데 우두머리이고, '종'은 소의 새끼를 이른다고 하였다.]"라고 하였음.

(2) 雀夕瞽, 鴞晝盲. (明有時昏, 察察不可恃也.)

참새는 저녁이면 장님이고, 올빼미는 낮이면 장님이다. (밝음도 때때로 어두울 때가 있으니, 지나치게 꼼꼼하고 자세함도 믿을 수 없다.)

(3) 不索何獲. (『左傳』昭卄七 ○不爲胡成, 不求何獲, 亦此語.)

찾지도 않으면서 어떻게 얻겠는가? (『좌전』 소공 27년조 ○하지도 않고 어떻게 이루며, 구하지도 않고 어떻게 얻겠느냐는 것이 또한 이 말이다.)

(4) 千金買宅, 八百買鄰. (鄰惡則第宅雖美, 不可居也.)

천금으로 집을 사면, 8백금으론 이웃을 산다. (이웃이 나쁘면 큰집이 비록 아름답더라도 살 수가 없다.)

(5) 千金之裘, 非一狐之腋, 臺榭之榱, 非一木之枝. (『漢書』叔孫通)

천금의 갖옷은 한 마리 여우의 겨드랑이 털로 만들지 못하며, 높고 큰 누각(樓閣)이나 정자(亭子)의 서까래도 한 나무의 가지로만 짓지 못한다. (『한서』 숙손통)

(6) 千羊之皮, 不如一狐之腋, 千人之諾諾, 不如一士之諤諤. (『史記』〈商君傳〉)

천 마리 양의 가죽이 한 마리 여우의 겨드랑이 털만 못하고, 천 사람이 '예, 예' 하며 순종하는 것은 한 선비가 바른말하는 것만 못하다. (『사기』〈상군전〉)

(7) 千人所指, 無病而死. (『漢書』「王嘉傳」 ○爲衆所惡, 菑害自及之也.)

천 사람이 손가락질 하면, 병이 없더라도 죽는다. (『한서』〈왕가전〉 ○많은 사람이 미워하는 사람이 되면, 재앙과 폐해[52]가 저절로 그에게 미친다.)

(8) 越阡度陌, 互爲主客. (『文選注』 ○境移則勢換, 不可據今以輕人.)

천(阡)을 넘고 맥(陌)을 건너면,[53] 주인과 나그네가 바뀌게 된다. (『문선주』[54] ○땅의 경계(境界)가 옮겨지면 형세가 바뀌니, 지금에 근거해서

52 폐해(弊害) : 어떤 폐단(弊端)으로 인하여 생기는 해로움.

53 천(阡)을 넘고 맥(陌)을 건너면 : '천'은 동서(東西)로 난 밭두둑 길. '맥'은 남북(南北)으로 난 밭두둑 길. 합하여 '천맥'으로도 씀. '밭두둑길'은 논이나 밭의 경계. 또는 밭 사이의 작은 길.

54 『문선주(文選注)』 : 『문선』에 관한 현존(現存)하는 가장 오랜 주석본. 당대

다른 사람을 가벼이 여길 수 없다.)

(9) 無喪而慼, 憂必讎焉, 無戎而城, 讎必保焉.
(『左傳』 僖五年)

초상나지 않았는데도 슬퍼하면 반드시 우환(憂患)이 호응하고, 싸움이 없는데도 성을 쌓으면 반드시 적이 차지한다. (『좌전』 희공 5년조)

(10) 救寒無若重裘, 止謗莫若自修. (『三國志』「魏志」)

추위를 돕는 데는 두터운 갖옷만한 것이 없고, 헐뜯음을 그치는 데는 스스로 몸과 마음을 닦아 기르는 것만 한 것이 없다. (『삼국지』「위지」[55])

(唐代) 이선(李善 : ?~689) 지음. 『문선』은 양(梁)의 소명태자(昭明太子) 소통(蕭統)이 편찬한 시문집(詩文集). 진(秦) 이전부터 양대(梁代)까지의 대표적 시문 760편을 39종의 체재별로 분류·수록하였음. 『소명문선(昭明文選)』. 30권.

55 『삼국지(三國志)』「위지(魏志)」: 『삼국지』는 중국 서진(西晉)의 진수(陳壽)가 편찬한 삼국 시대의 사서(史書). 본기(本紀) 4권과 열전(列傳) 26권으로 구성되어 있음. 전체 65권. 그 중에서 위(魏)나라의 역사를 기록한 30권인 「위지」는 「촉지(蜀志)」, 「오지(吳志)」와 함께 『삼국지(三國志)』를 이루는데, 진수는 위나라를 정통(正統)으로 보았기 때문에 「위지」에만 본기를 두었음. 열전 마지막 권에 수록된 〈동이전(東夷傳)〉에는 그 당시 우리 민족의 역사적 사실과 생활상이 기록되어 있어 한국 고대사 연구에 중요한 문헌이 됨.

(11) 寸而度之, 至丈必差, 銖而稱之, 至石必過.
(『說苑』「談叢」)

치[寸][56]로 길이를 재면, 한 발[丈][57]에 이르러 반드시 차이나고, 수(銖)[58]로 무게를 달면, 석(石)[59]에 이르러 반드시 넘게 된다. (『설원』[60]「담총」)

10) ㅋ

(1) 千金之子, 坐不垂堂, 百金之子, 行不騎衡.
(『史記』〈袁盎傳〉)

큰 부잣집 자식은 위험한 마루 끝에 앉지 않고, 보통 부잣집 자식은 위험한 수레 난간에 걸터앉아 가지 않는다. (『사기』〈원앙전〉)

56 치[寸] : 길이의 단위. ①1자[尺]의 10분의 1. ②손가락 한 마디의 너비. '1자'는 30.3 센티미터[cm].

57 발[丈] : 길이의 단위. 두 팔을 벌렸을 때, 한쪽 손끝에서 다른 쪽 손끝까지의 길이. 길.

58 수(銖) : 무게의 단위. ①1냥(兩)의 24분의 1. ②기장 96알의 무게. ③조 144알의 무게. '1냥'은 37.5그램[gram].

59 석(石) : 무게의 단위. 120근(斤). '1근'은 600그램[gram].

60 『설원(說苑)』 : 중국 한대(漢代)의 유향(劉向) 지음. 순(舜)임금 때부터 한초(漢初)까지 세상에 알려지지 않았던 일들 중 사람들이 본받을 만한 일을 모아 편찬하였음. 20권.

11) ㅌ

(1) 見兎顧犬, 未爲晩也, 亡羊補牢, 未爲遲也.
(『戰國策』 ○楚襄王.)

토끼를 만나 사냥개를 돌아보면서 불러도 늦지 않으며, 양을 잃고 우리를 고쳐도 늦지 않는다. (『전국책』 ○초양왕)

12) ㅍ

(1) 匹夫無罪, 懷璧其罪. (『左傳』 桓十年)

평범한 사내라 죄가 없으나, 구슬을 지님은 죄가 된다. (『좌전』 환공 10년조) ⇒ 죄가 없는 사람도 분수에 맞지 않는 보옥(寶玉)을 지니면 재앙을 부르게 된다는 뜻

13) ㅎ

(1) 仰天而唾, 徒汚其面. (小人欲汚賢聖, 只自汚耳.)

하늘을 우러러 침을 뱉으면, 한갓 그 얼굴만 더럽힐 뿐이다. (소인이 현인과 성인61을 더럽히고자 한다면, 단지 스스로 더럽혀질 뿐이다.)

(2) 一夫不耕, 或受之飢, 一女不織, 或受之寒.
(『史記』「食貨志」)

한 사내가 밭 갈지 않으면 가끔 굶주림을 받고, 한 여자가 옷감을 짜지 않으면 가끔 추위를 받는다. (『사기』「화식지」)

(3) 一心可以事百君, 百心不可事一君. (『孔叢子』「詰墨」)

한 마음으로 백 명의 임금을 섬길 수 있어도, 백 마음으로는 한 명의 임금도 섬길 수 없다. (『공총자』「힐묵」편)

(4) 一淵不兩蛟. (兩雄不據一城.)

한 연못에 두 교룡62이 있지 않는다. (두 영웅은 한 성에 웅거(雄據)하지 않는다.)

(5) 嫠不恤其緯. (『左傳』昭卄四 ○織者常患緯少, 寡婦所當憂也. 國之將亡, 寡婦不暇憂其緯.)

61 현인(賢人)과 성인(聖人) : '현인'은 어질고 총명하여 성인 다음 가는 사람. 현자(賢者). '성인'은 지혜와 덕이 뛰어나 길이길이 우러러 받들어 본받을 만한 사람. 성자(聖者).

62 교룡(蛟龍) : 항상 깊은 못에 살고, 구름과 비를 일으키며, 홍수를 낸다고 하는 전설상 용(龍)의 일종.

홀어미가 그 베 짜는 북실[63]을 걱정하지 않는다. (『좌전』 소공 24년조 ○베 짜는 자는 북실에 대한 걱정이 늘 적으나, 홀어미는 마땅히 근심하는 것이다. 나라가 장차 망하려하면, 홀어미도 그 북실을 걱정할 겨를이 없다.) ⇒자기가 맡은 직분을 다하지 않음을 빗댄 말임.

(6) 力田不如逢年, 善仕不如遇合.

(『史記』〈佞幸傳〉○人力不及天貺.)

힘써 농사지어도 풍년을 만남만 못하고, 벼슬살이를 잘해도 서로 마음이 맞음만 못하다. (『사기』〈영행전〉 ○사람의 힘은 하늘이 내려주는 것만 못하다.)

(7) 陳力就列, 不能者止.

(『論語』「季氏」○衆共校力, 呈示其力, 其優劣自見.)

힘을 다하여 벼슬 반열(班列)에 나아가되, 할 수 없는 경우에는 그만둔다. (『논어』[64] 「계씨」편 ○많은 사람이 함께 힘을 견주며, 그 힘을 드러

63 북실 : 밑실. 베틀이나 재봉틀의 북에 감은 실. '북'은 ①베틀에서 날실의 틈으로 왔다 갔다 하면서 씨실을 푸는 기구. 베를 짜는 데 중요한 역할을 하고, 배 모양으로 생겼음. 방추(紡錘). 저축(杼柚). ②재봉틀에서 밑실을 감은 실톳을 넣어 두는 쇠로 만든 통.

64 『논어(論語)』: 4서(四書)의 하나. 공자(孔子)와 그의 제자 또는 당시 사람들과의 문답 및 제자들끼리의 문답 등을 공자 사후(死後)에 제자들이 모아서 엮은 유가(儒家)의 경전(經典). 원래는 공자가 살던 집의 벽에서 나온 고논어(古論語) 21편, 제(齊)에서 전해진 노논어(魯論語) 20편 등 3종이 있었으나, 현존하는 것은

내 보이면, 그 우열이 저절로 나타난다.)

⑻ 日中則移, 月滿則虧. (『史記』〈蔡澤傳〉)

해가 하늘 가운데 이르면 곧 기울기 시작하고, 달이 둥글게 차면 곧 이지러지기 시작한다. (『사기』〈채택전〉)

⑼ 白頭如新, 傾蓋如故. (『史記』〈鄒陽傳〉 ○志睽則偕老而愈疏, 意合則新逢而已密.)

흰머리가 되도록 사귀었어도 새로 만난 것 같고, 우연히 만나 수레의 일산(日傘)을 기울이고 이야기해도 오랜 벗과 같다. (『사기』〈추양전〉 ○뜻이 어그러지면 함께 늙으면서도 더욱 멀어지고, 뜻이 맞으면 새로 만나더라도 이미 친밀하게 느껴진다.)

노논어뿐임.

습유 拾遺[1] 3

(1) 芉種描乎, 彫匏庶割. (譏細瑣無實用.)

간(芉)[2]의 씨에 그리고, 박[匏]이 거의 갈라지도록 아로새긴다. (자질구레하면 실제로 쓸 데가 없음을 충고하였다.) ⇒ 담배씨로 뒤웅박[3]을 판다.

(2) 不託揷箸, 斷斷無慮. (言其完全也.)

꽂은 젓가락에 의지하지 않고, 절대로 생각하지도 않는다. (그 완전하다는 말이다.) ⇒ 범벅에 꽂은 수저라. / 범벅에 꽂은 저(箸) 염(念)에 없다. (완전하다고 자랑하지만, 오히려 불안하기 짝이 없음을 빗댄 말이다.)

1 습유(拾遺) : 빠진 글을 뒤에 보충함.

2 간(芉) : ①율무. ②괴간(蒯芉). 풀이름.

3 뒤웅박 : 박을 쪼개지 않고, 꼭지 근처에 주먹만 한 구멍을 뚫고 속을 파내어 만든 바가지.

(3) 犬牛白活, 有誰存察. (言之無頭緖者, 人不肯省認也.)

개나 소의 발괄[白活][4]을 어느 누가 살펴봄이 있겠는가? (말의 두서(차례)가 없는 사람은 다른 사람이 살펴 알아듣기를 즐기지 않는다.) ⇒ 개 · 소 발괄 누가 알까?

(4) 其覺始矣, 老妄旋至. (戒歲月蹉跎, 事業無成.)

그 깨닫기 시작하자 노망이 금세 이른다. (세월을 헛되이 보내면, 일을 이루지 못함을 경계하였다.)

(5) 獐毛曰長, 幾許其長. (喩不肖者之眩能也.)

노루 꼬리털이 길다고 말하는데, 그 얼마나 길까? (불초[5]한 자의 어두운 재능을 비유하였다.)

(6) 爾病瘥否, 藥債宜報. (言人之爲己者, 不遑兼愛.)

네 병이 낫든 안 낫든 마땅히 약 값이나 갚아라. (사람으로서 자기만 위하는 자는 모든 사람을 똑같이 사랑할 겨를이 없다는 말이다.)

4 발괄[白活] : 개인의 억울한 하소연을 담아 글이나 말로 관아(官衙)에 하소연하는 것. 또는 자기편을 들어 달라고 남에게 부탁하거나 하소연하는 말. 소지.

5 불초(不肖) : 어버이의 덕망(德望)이나 유업(遺業)을 이을 만한 자질이나 능력이 없는 사람. 또는 못나고 어리석은 사람.

(7) 饘粥雖解, 咸在鼎內. (言實無大損.)

된 죽과 묽은 죽이 비록 풀어지더라도 모두 솥 안에 있다. (실제로 큰 손해는 없다는 말이다.)

(8) 鐵冶家世, 食刀乏些.
(猶梓人能于文度規矩, 而其床闕足, 不能理也.)

대장장이 집안에 식칼이 녹슨다. (목수의 우두머리는 그림쇠[6]로 재서 꾸미는 데 능하지만, 그의 상다리가 빠져도 다스릴 수 없음과 같다.)

(9) 蟾之角抵, 疇勝疇底. (名利相爭, 亦類是也.)

두꺼비의 각저[7] 누가 이길까? 누가 질까? (명예와 이익을 서로 다툼이 또한 이와 비슷하다.)

(10) 腹飽豆粕, 粔籹厭嚼. (言宿飽者, 頓無食念.)

두박[8]에 배부르면, 거여[9]도 먹기 싫어한다. (숙포[10]한 자는 끼니때에도

6 그림쇠 : 지름이나 선의 거리를 재는 도구. 일종의 자.

7 각저(角抵 · 角觝) : 씨름과 비슷한 고대의 기예. 각사(角紗).

8 두박(豆粕) : 콩에서 기름을 짜고 남은 찌꺼기. 콩깻묵.

9 거여(粔籹) : 유밀과(油蜜果)의 일종. 밀가루 · 꿀 · 참기름 · 강즙 · 막걸리를 한데 반죽하여 네모나게 썰어서 겉만 노랗게 지진 것. 중배끼. 중계(中桂).

먹을 생각이 없다는 말이다.) ⇒ 콩비지에 부른 배가 연약과(軟藥菓)도 싫다 한다.

(11) 據地習泅, 更有何憂. (貞固足以幹事, 卽此意.)

땅을 짚고 헤엄을 익히는데, 다시 무슨 근심이 있으랴? ("정도를 굳게 지키면 모든 일을 제대로 처리할 수가 있다."라 함이 곧 이 뜻이다.) ⇒ 땅 짚고 헤엄치기.

(12) 炰餠之水, 烹袴尤美. (喩因事乘便, 費省而有益.)

떡 익힌 물에 바지를 삶으면 더욱 아름답다. (일을 따라서 편리함을 헤아리면, 비용이 줄어들고 이로움이 있음을 비유하였다.) ⇒ 떡 삶은 물에 중의(中衣) 데치기.

(13) 摘置玉貫, 亘蝕或憚. (言分所固有者, 不致有失.)

떼어 둔 옥관[11] 좀먹는 데 이를까 늘 꺼린다. (분수에 본래부터 지니고 있는 것은 잃어버리는 데 이르지 않는다는 말이다.) ⇒ 떼어 둔 당상(堂上) 좀 먹으랴?

10 숙포(宿飽) : 전날 많이 먹어서 다음날 아침까지 배부름.

11 옥관(玉貫) : 옥관자(玉貫子). 조선시대에 옥을 재료로 하여 망건의 당줄을 꿰게 만들어 달던 작은 고리. 왕·왕족과 당상관(堂上官)이 사용하였음.

(14) 醜女月夜, 載笠奚迓. (言不善持身者, 事事舛錯.)

못생긴 여자가 달밤에 삿갓 쓰고 어찌 마중하는가? (몸가짐이 좋지 못한 자는 일마다 뜻밖의 실수를 한다는 말이다.) ⇒ 못난 색시 달밤에 삿갓 쓰고 나선다. / 예쁘지 않은 며느리가 삿갓 쓰고 으스름달밤에 나선다.

(15) 羹啜泥鰍, 噫發騰虯. (喻才卑倨傲者.)

미꾸라지 국 먹고, 트림하기는 용트림[12]한다. (재주는 낮으면서 건방지고 거만한 자를 비유하였다.)

(16) 撥長食之, 爾馬奚馳. (言勞者, 偏多勞也.)

발장[13]이 그것을 먹고, 어찌 이같이 말에게 달리라고 하는가? (힘쓰는 자만 치우치게 수고를 더한다는 말이다.) ⇒ 재주는 곰이 넘고, 돈은 되놈(호인(胡人) · 주인)이 받는다.

(17) 不順之巫, 嚇人虛無. (言無能者, 率多譸張.)

순조롭지 못한 무당이 허무하게 사람을 놀라게 한다. (능력 없는 자가 대개 터무니없는 말로 남을 속인다는 말이다.) ⇒ 선무당이 사람 속인다.

12 용트림 : 사람이 거드름을 피우려고 일부러 크게 힘을 들여 하는 트림.

13 발장(撥長) : 예전에 각 역참(驛站)에 속하여 중요한 공문서를 교대로 변방에 급히 전하던 군졸들의 우두머리를 이르던 말.

(18) 哭娼之淚, 豈有霑目. (此言無情者, 不得盡其辭者, 亦此意.)

어여쁜 이 죽은 눈물에 어찌 눈가 젖겠는가? (이는 '참된 마음이 없는 자가 그 거짓말을 다할 수 없게 한다.'는 것이 또한 이 뜻이라는 말이다.) ⇒ 시앗(남편의 첩) 죽은 눈물이 눈 가쟁이(가랑이) 적시랴?

(19) 唯彼狗足, 蹄鐵奚錫. (譏事之不稱其實也.)

오직 저 개 발에 편자가 어찌 주석[14]이겠는가? (일이 그 실제에 걸맞지 않음을 충고하였다.) ⇒ 개 발에 주석 편자.

(20) 慣熟之斧, 乃傷厥跗. (言不戒之失.)

익숙한 도끼에 그 발등 다친다. (주의하고 살피지 않은 실수라는 말이다.) ⇒ 믿는 도끼에 발등 찍힌다.

(21) 嚇于鼈者, 尙驚鼎盖. (八公山草木, 皆以爲晉兵, 亦此意.)

자라에 놀란 자가 오히려 솥뚜껑에도 놀란다. ('팔공산 풀과 나무를 모두 진나라 군사로 여겼다.'[15]라는 것이 또한 이 뜻이다.) ⇒ 자라 보고 놀란

14 주석(朱錫) : 금속 원소의 하나. 은백색 금속광택을 지니고, 전연성(展延性)이 풍부함. 식기 · 도금 · 양철의 재료 등으로 쓰고, 석박(錫箔 : 납지(鑞紙) · 은종이)으로 씀. 원소기호는 'Sn'임.

15 팔공산 풀과 나무를 모두 진나라 군사로 여겼다[八公山草木, 皆以爲晉兵.] :

가슴 소댕 보고 놀란다.

(22) 睡餘爬錯, 正領之脚. (言朦昧有誤也.)

잠 깬 뒤에 잘못하여 정령[16]의 다리를 긁는다. (사리에 어둡고 어리석어 실수가 있다는 말이다.) ⇒잠결에 남의 다리 긁는다.

(23) 效彼肥壯, 傔人膨脹. (譏貧寒者, 欲效富貴者之侈靡.)

저 살찌고 힘센 자를 본받아 고용된 사람도 살찐다. (가난하고 쓸쓸한 자가 재산이 넉넉하고 지위가 높은 자의 분수에 넘치는 사치를 본받으려함을 충고하였다.) ⇒살찐 놈 따라 붓는다.

(24) 傳漏之鼓, 尙或蹲舞. (言癡騃者, 沾沾自喜.)

전루[17] 북에 오히려 춤춘다. (어리석은 자가 뽐내고 우쭐거리며 스스로

중국 동진(東晉) 때에 진왕(秦王) 부견(苻堅)이 동진을 침입하였다가 패하여 달아날 때, 너무나 놀라고 두려운 나머지 팔공산의 풀과 나무를 멀리서 바라보고는 이것을 모두 진나라 병사로 오인한 데서 유래한 말임. 팔공산초목. 초목개병(草木皆兵). 출전은 『통감절요(通鑑節要)』 권29.

16 정령(正領) : 갑오개혁(甲午改革) 이후에 대한제국에서 정한 무관(武官) 계급의 하나. 영관(領官)의 맨 위임.

17 전루(傳漏) : 조선시대에 도성 안에서 경점군사(更點軍士)들이 북이나 징을 쳐서 밤 시각을 알리던 일.

흐뭇해한다는 말이다.)

(25) 豆中之飯, 亶在盛限. (言器雖小, 而容多.)

접시의 밥도 진실로 채우는 데 한계가 있다. (그릇이 비록 작더라도 (담기에 따라) 많이 담을 수 있다는 말이다.) ⇒ 접시 밥도 담을 탓이다.

(26) 無饘猫鼻, 無畀鼠腮. (言缾罌缶俱空也.)

진한 죽은 고양이 코만큼도 없고, 줄 것은 쥐 뺨만큼도 없다. (곡식 단지와 장군18이 모두 비었다는 말이다.) ⇒ 괴 죽 쑤어 줄 것 없고, 생쥐 볼 가심할 것 없다.

(27) 饌廚之下, 得匙何者. (猶楚人失之, 楚人得之, 其得失小無功能.)

찬장 밑에서 누가 숟가락을 얻겠는가? (초나라 사람이 잃어버린 것은 초나라 사람이 얻듯이, 그 얻고 잃음의 작용이 조금도 없음을 비유하였다.) ⇒ 살강(찬장) 밑 헤쳐 숟가락 얻었다.

(28) 淸豉鼠矢, 不辨彼比. (譏不揀好惡, 輕擧妄動者.)

18 장군 : 술 · 간장 · 물 따위를 담는 그릇. 중국 진(秦)의 사람들은 장단을 맞추는 타악기로도 썼음.

청국장인지 쥐똥인지 이것저것 분별하지 않는다. (좋고 나쁨을 가리지 않고, 경솔하여 생각 없이 망령되게 행동하는 자를 충고하였다.) ⇒ 된장인지 쥐똥인지 모르고 덤빈다.

(29) 葛之覃兮, 必有限兮. (言凡皆有究竟.)

칡덩굴이 뻗어감이여! 반드시 한계가 있도다! (대체로 모든 것에는 끝이 있다는 말이다.)

(30) 鼻涕不流, 其福自優. (喻不勞而得.)

콧물도 흘리지 않고, 그 복이 저절로 넉넉하다. (힘쓰지 않고 얻음을 비유하였다.)

(31) 枵然穴室, 丈木無窒. (言貧家之情狀也.)

텅 빈 동굴 속 방에 긴 나무막대 머무를 곳 없다. (가난한 집의 있는 그대로의 상태라는 말이다.) ⇒ 휑한 빈 집에 서발막대[19] 거칠 것 없다.

19 서발막대 : 매우 긴 나무나 나뭇가지의 긴 도막을 강조하여 이르는 말.

제2부

물명 편

1. 유정류 有情類
2. 무정류 無情類
3. 부동류 不動類
4. 부정류 不靜類

俗談物名

유정류 有情類 1

1) 우충 羽蟲

'유정류(有情類)'란 동물(動物)을 의미(意味)한다. 즉, 감정(感情: 느낌)을 지닌 종류(種類)를 말한다. 그 가운데 '우충(羽蟲)'은 '새'인 조류(鳥類)를 일컫는다.

전설(傳說)상의 붉은 요조(妖鳥)인 〈기창(奇鶬)〉은 오리처럼 생겼는데, 머리가 아홉 개라서 구두조(九頭鳥)라고도 하고, '귀거조(鬼車鳥)'라고도 한다. 『물명고』에 따르면, "머리가 아홉 개인 불길한 새이다. 목이 열 개인데 머리는 아홉 개이니, 목 하나에는 머리가 없다. 늘 핏방울을 떨구는데, 밤에 날면서 울다가 불을 보면 땅에 떨어뜨리니, 핏방울이 사람 사는 집에 떨어지면, 그 주인에게 곡(哭)이 있게 된다."[1]라고 하였다.

1 奇鶬 九頭逆鳥也. 十脰九首 一脰無首. 常滴血 夜飛作鳴 見火則墮地 血滴人家 主有哭.

핏방울을 떨군다는 “적혈(滴血)”은 고대(古代)에 혈육(血肉) 관계를 판별하던 방법이다. 혈육 간이면 산 사람의 경우, 두 사람의 핏방울을 물속에 떨어뜨렸을 때, 서로 엉기고, 검시(檢屍)의 경우에는, 산 사람의 피를 죽은 사람의 뼈에 떨어뜨리면 스며들어간다고 한다. 한편, “곡(哭)”은 상사(喪事) 등으로 사람의 죽음을 슬퍼해 큰 소리로 우는 것을 의미한다.

〈로자(鸕鷀)〉는 ‘가마우지’인데, 털빛이 검고 까마귀와 비슷하나 더 크다. 잠수해서 긴 부리로 물고기를 잘 잡으므로 어부들이 길러서 물고기를 잡는 데 쓴다. 다른 이름은 ‘오귀(烏鬼)’이다. 『물명고』에 따르면, “‘익(鷁)’과 비슷한데, 작고 검은색이며, 긴 부리는 조금 구부러졌으니, “가마우지”이다. ‘금(鵭)’ 음은 의(意), ‘수로아’, ‘수관’, ‘의(鷧)’ 어(於)와 계(計)의 반절(反切)과 같다. 〈촉수화(蜀水花)〉는 가마우지의 똥이다.”[2]라고 하였다.

“익(鷁)”은 다른 이름이 ‘익조(鷁鳥)’인데, 물새의 일종이다. 해오라기 비슷하나 크며, 깃은 흰색이고 바람에 잘 견딘다. “금(鵭)”은 ‘도요새’처럼 ‘부리가 굽은 새’라는 의미를 가진 한자로서 『한어대자전(漢語大字典)』에도 발음기호 “[qin]”과 반절법 “巨金切”이라고 하여 그 음(音)이 ‘금’임을 명확히 밝히고 있다. 따라서 바로 뒤에 이 글자의 음(音)이 ‘의(意)’라고 밝힌 것은 오기(誤記)인 듯하며, 오히려 뒤의 “鷧”와 “於計切” 사이에 “音意”라고 표기하는 것이 합당하다. ‘어(於)와 계(計)의 반절(反切)’이란 『이아주소(爾雅注疏)』에서 “의(鷧)에 대하여

2 鸕鷀 似鷁 而小色黑 長喙微曲 가마오리. 鵭 音意 水老鴉 水鸛 鷧 於計切 仝. 蜀水花 鸕鷀屎.

곽박(郭璞)은 의(懿)와 예(翳)로 음(音)이 두 가지이고, 『자림(字林)』에는 영(英)과 이(莅)의 반절이라 하였다.[鷾 郭懿翳二音 字林英莅反.]"라고 하였으므로 '어(於)'와 '계(計)'의 반절인 '예'도 '鷾'의 또 다른 음(音)이 맞다. '반절'은 두 한자(漢字)의 음을 반씩 따서 한 음을 얻는 방법이다. 예컨대, '동(東)'자의 음을 '덕홍절(德紅切)'로 표시하는 따위로서. '반어(反語)', '반음(反音)', '번절(翻切)'이라고도 한다. 명(明)대 이시진(李時珍, 1518-1593)의 『본초강목(本草綱目)』에 따르면, "촉수화(蜀水花)"는 가마우지가 물가의 돌 위에 누는 똥인데, 자줏빛이고 꽃같이 생겼다. 이것을 긁어서 돼지기름에 개어 바르는데, 주근깨·김·사마귀·주사비(酒渣鼻: 딸기코)와 얼굴에 생긴 흠집과 탕화창흔(湯火瘡痕: 불에 데서 생긴 흠집)을 없애고, 정창(疔瘡)을 낫게 한다. 또한 어린이의 감질(疳疾)과 거위가 있는데 이것을 가루 내어 돼지 간에 묻혀 먹으면 효과가 있다. 한편, 촉수화가 '제(鵜: 사다새)'의 똥이라는 설도 있다.

〈백앵무(白鸚鵡)〉는 『물명고』에 따르면, "서양에서 나오는데, '설의녀'와 같다. 조사해보건대, 당태종(唐太宗) 연간에 임읍(林邑)에서 5색 앵무(鸚鵡)를 바쳤다 하였고, 또 만진(萬震)은 『남주지』에서 말하기를 앵무(鸚鵡)에는 세 종류가 있는데, 어떤 것은 희고, 어떤 것은 푸르며, 어떤 것은 5색이다. 교주(交州)로부터 그 남쪽에는 다 있는데, 흰색과 5색인 것들은 성품이 더욱 슬기롭고 총명하다고 하였다."[3]는 기록이

3 白鸚鵡 出西洋 雪衣女 仝. 按唐太宗年間 林邑獻五色鸚鵡 又萬震 南州志曰 鸚鵡有三種 或白 或青 或五色. 交州以南盡有之 白及五色者 性尤慧解.

있다.

"**설의녀**(雪衣女)"는 '흰 앵무새'를 의미하고, '설의낭(雪衣娘)'이라고도 한다. 또한 '설의'는 흰색의 깃털이나 흰색인 새의 범칭으로 '학', '흰 앵무새', '흰 비둘기', '백로(白鷺)' 등을 가리키며, 흰 옷을 의미하기도 한다. "**당태종**(唐太宗) **연간**(年間)"이란, 626~649년이고, '당태종'은 당나라의 2대 임금이다. 고조(高祖)의 차자(次子)로서 성은 이(李)이며, 이름은 세민(世民)이다. 수(隋)나라 말년(末年)에 고조를 도와 사방을 정복하였고, 중국을 통일해 선정을 베풀었다. 재위(在位) 기간은 23년이다. 당(唐)의 오긍(吳兢, 670-749)이 편찬했다고 전하는 당태종의 언행록인 『정관정요(貞觀政要)』「공부(貢賦)」 제33(第三十三)에 따르면, "**임읍**(林邑)**에서 5색 앵무**(鸚鵡)**를 바쳤다**[林邑獻五色鸚鵡]"는 것은 "정관 연간에 임읍국에서 공물로 흰 앵무새를 바쳤는데, 성품은 말솜씨가 좋고 슬기로웠으며, 응답하기를 더욱 잘 하였고, 자주 충고와 냉정한 말을 하였다. 태종이 이를 불쌍히 여겨 그 사신(使臣)에게 돌려주게 하고, 숲과 못이 있는 곳에 놓아주게 하였다.[貞觀中 林邑國貢白鸚鵡 性辯慧 尤善應答 屢有苦寒之言. 太宗愍之 付其使 令還出於林藪.]"라는 일이다. '임읍(林邑)'은 진(秦)의 임읍현(林邑縣) 지역이자 한(漢)의 일남군(日南郡) 상림현(象林縣) 지역에 있던 나라의 이름이다. 『**남주지**(南州志)』는 『남주이물지(南州異物志)』라고도 하는데, 중국 삼국시대 오(吳)의 사람 만진(萬震)이 남조(南朝)의 여러 나라에서 행하였던 남해 교역에 관해 기록한 책이다. "**교주**(交州)"는 중국의 옛 행정구역이며, 후한(後漢) 13주 중 한 지역이다. 현재의 베트남 북부와 중부, 중국 광서성(廣西省) 장족(壯族) 자치구 일대이다. 경우에 따라서는 현재의 광동성(廣東省) 일대와 해남성(海南省)도

포함하는데, 중심지는 현재 베트남 홍강 삼각주의 북녕성(北寧省)인 용편(龍編)이다.

〈두견(杜鵑)〉은 『물명고』에 따르면, “남쪽 지방에서 나온다. ‘요(鷂)’와 같은데 참흑색이며, 주둥이는 붉고 작은 볏이 있으며, 봄여름 밤부터 아침에 이르기까지 우는데, 울음소리가 매우 슬프다. 이로 말미암아 살펴보건대, 우리나라에서 이른바 ‘정소야(鼎小也)’라는 새와 딱 들어맞지만, 설명한 사람들이 아니라고 생각한 것은 어째서인가? ‘두우’, ‘자규(子巂)’ 음(音)은 ‘규(規)’, ‘자귀’, ‘최귀(소쩍새 · 두견)’, ‘원조’, ‘주연’, ‘양작’, ‘촉백’, ‘망제’, ‘주주’와 같다.”[4]라고 하였다.

“**두견**(杜鵑)”은 두견이과의 새이다. 뻐꾸기와 같으나 몸이 작다. 촉(蜀) 망제(望帝)의 죽은 넋이 화(化)하여 이 새가 되었다는 전설이 있다. ‘두견새’, ‘두백(杜魄)’, ‘자규(子規)’라고도 한다. 또는 진달래과(科)의 낙엽 활엽 관목인 ‘두견화(杜鵑花)’를 일컫기도 한다. “**참흑색**(慘黑色)”의 ‘참(慘)’은 어둡다는 뜻으로 ‘黲(참: 감파른색)’과 통하여 ‘엷은 청흑색’을 가리킨다. 따라서 ‘참흑’은 ‘감파른 검은색’을 의미한다. “**정소야**(鼎小也)”는 새의 울음소리를 훈차(訓借)한 것으로 ‘솥이 작네.’라는 의미이다. 권필(權韠, 1569-1612)의 시 〈사금언(四禽言)〉과 장유(張維, 1587-1638)의 시 〈정소(鼎小)〉 등에서 용례를 찾아볼 수 있다. ‘정소’는 우리말 의성어 ‘솥적(소쩍)’에 해당하며, ‘솟작(적)다식’인 ‘소쩍새’를

4 杜鵑 出南方. 如鷂而色慘黑 赤口有小冠 春夏夜啼達朝 聲甚哀. 以此觀之正合我東所謂 鼎小也鳥 而說者以爲非也者 何也? 杜宇 子巂 音規 秭歸 催歸 怨鳥 周燕 陽雀 蜀魄 望帝 周〃 仝.

가리킨다. “**두우**(杜宇)”는 촉(蜀) 망제(望帝)의 이름이다. 죽은 후에 그의 혼이 두견새가 되었다 하여 ‘두견새’의 다른 이름으로 쓴다. “**촉백**(蜀魄)”도 ‘두견새’의 다른 이름이다. 역시 전국(戰國) 때 촉(蜀)의 망제(望帝) 두우(杜宇)가 죽어 그 넋이 변해 되었다는 새이다. ‘촉조(蜀鳥)’, ‘촉혼(蜀魂)’이라고도 한다. “**망제**(望帝)”는 ‘두견’의 다른 이름이다. 전국(戰國) 때 촉왕(蜀王) 두우(杜宇)가 ‘망제’라 칭제(稱帝)하고, 촉의 수재(水災)를 다스리는 공을 세웠는데, 얼마 되지 않아 양위(讓位)하고 서산(西山)에 은거하였을 때, 때마침 두견이 울어대자 백성들이 그의 혼이 화한 것이라고 믿었다는 고사(故事)에서 유래하였다.

〈작(雀)〉은 『물명고』에 따르면, “참새이니, ‘미작’, ‘빈작’, ‘가빈’과 같다. 작소(雀蘇)는 수컷 ‘참새’의 똥이니, ‘백정향’, ‘청단’과 같다.”5라고 하였다.

“**빈작**(賓雀)”은 ‘참새’이고, ‘가작(家雀)’, ‘빈작(賓爵)’이라고도 한다. “**가빈**(嘉賓)”도 ‘참새’의 다른 이름인데, 손님처럼 언제나 인가(人家)에 모여 사는 데서 온 말이다. 또는 귀(貴)한 손님이나 반가운 손님을 의미한다. ‘가객(佳客)’, ‘가빈(佳賓)’이라고도 한다. 광해군(光海君) 2년인 1610년에 허준(許浚, 1539~1615)이 지은 『동의보감』 「탕액(湯液)」편 권1 금부(禽部)에 따르면, “**수컷 참새의 똥**[雄雀屎]”이란 것은 성질은 따뜻하고 눈병을 치료한다. 옹절(癰癤), 현벽(痃癖), 산가(疝瘕), 기괴(氣塊), 복량(伏梁)에도 쓴다. ○일명 ‘백정향(白丁香)’이라고도 하는

5 雀 좀새 尾雀 賓雀 嘉賓 仝. 雀蘇 雄雀屎 白丁香 靑丹 仝.

데, 양끝이 뾰족한 것을 '웅작시'라고 한다. ○음력 섣달의 작시(雀屎)를 민간에서는 '청단(青丹)'이라고 하며, 약으로 쓴다. ○쓰는 방법은 보드랍게 가루 내어 감초를 달인 물[甘草湯]에 하룻밤 담가 두었다가 약한 불기운에 말려서 쓴다.

〈정위(精衛)〉는 『물명고』에 따르면, "작은 새인데, 늘 서산의 나무와 돌을 물어다가 동쪽에 있는 바다를 메운다. 세상에서는 이르기를 염제의 딸이 바다에 빠져 변한 것이라고 한다."[6]라고 하였다.

"서산(西山)"은 서쪽의 산인데, 인신(引伸)하여, 해가 지는 곳을 의미한다. 또는 '수양산(首陽山)'이다. 지금의 산서성(山西省)에 있는데, 은(殷) 말기에 백이(伯夷)·숙제(叔齊)가 숨어 살았다는 곳이다. 또는 '서암산(西巖山)'이다. 복건성(福建省)에 있는데, 송(宋)의 진덕수(眞德秀)가 서산정사(西山精舍)를 세우고 강학(講學)하였던 곳이다. 또는 복건성에 있는 산이다. 북송(北宋)대 유학자(儒學者)인 주희(朱熹)의 제자 채원정(蔡元定)이 공부하였던 곳이다. 또는 북경시(北京市) 서쪽 교외(郊外)에 있는 여러 산의 총칭(總稱)이기도 하다. "**염제**(炎帝)"는 전설에 나오는 중국 고대의 제왕인 신농씨(神農氏)이다. 화덕(火德)으로써 나라를 세웠다하여 일컫는다. 또는 여름과 남방(南方)을 맡은 신(神)이다. "**염제의 딸이 바다에 빠져 변한 것이라고 한다**[炎帝女溺海所化]"는 것은 '정위전해(精衛填海)' 또는 '정위함석(精衛啣石)'이라고도

6 精衛 小鳥 常銜西山木石 以塡東海. 俗謂炎帝女溺海所化.

한다. 힘은 미약하나마 의지가 굳음의 비유이다. 즉, 동해(東海)에 빠져죽은 염제(炎帝)의 딸 여와(女娃)의 원혼(冤魂)이 정위(精衛)라는 새로 변하여 서산(西山)의 목석(木石)을 물어다가 동해를 메우려고 하였다는 전설이 있다.

2) 수족 獸族

'수족(獸族)'은 네 발을 갖고, 전신(全身)에 털이 있는 포유류(哺乳類) 동물의 총칭이다. 이는 다시 털이 난 동물인 '모충(毛蟲)'과 비늘 · 등딱지 · 깃 · 털 따위가 없어 살이 그대로 드러나 보이는 동물인 '라충(蠃蟲)'으로 나눌 수 있다. '라충(蠃蟲)'은 '라충(裸蟲)'이라고도 한다.

〈록(鹿)〉은 『물명고』에 따르면, "사슴이니, '반룡', '이니(사슴)'와 같다. 록용(鹿茸)은 5월에 뿔이 떨어져 나가고 새로 생겨난 것이다. 록각교(鹿角膠)는 뿔을 고아서 만든 아교이니, '백교', '황명교'와 같다. 록각상(鹿角霜)은 아교의 찌꺼기를 찧어서 얻는 가루이다. 반룡연(斑龍宴)은 살아있는 사슴의 피를 마시는 것을 일컫는다."[7]라고 하였다.

"**록용**(鹿茸)"은 사슴의 새로 돋은 연한 뿔을 잘라서 말린 것인데, 피를 보충하고 심장을 강하게 하기 때문에 보약(補藥)으로 쓴다. "록

7 鹿 ᄉᆞ슴 斑龍 伊尼 仝. 鹿茸 五月角解 而新生者. 鹿角膠 煎角爲膠 白膠 黃明膠 仝. 鹿角霜 以膠之滓 擣取末. 斑龍宴 飮生鹿血之稱.

각교(鹿角膠)"는 녹각(鹿角)을 풀같이 끈끈해질 정도로 고아서 만든 한약이다. 딱딱하게 굳은 뒤 활석(滑石) 따위와 함께 볶아 환(丸)으로 만들기도 한다. 보혈(補血)·지혈(止血)·안태(安胎) 등을 위해 사용하고, 요통·임질 따위의 치료에도 쓴다. '록각'은 약재로 쓰는 사슴의 뿔이다. "**록각상**(鹿角霜)"은 딱딱하게 굳은 녹각교(鹿角膠)를 말린 뒤 부숴서 만든 가루약인데, 약효(藥效)는 녹각교와 거의 같다.

〈해치(獬豸)〉는 『물명고』에 따르면, "'신양'이니, '사슴'이 아니며, 뿔은 한 개이다. 『이물지』에 동북쪽 거친 땅에 짐승이 있는데, 해치라고 이름 부르니, 뿔은 한 개이며, 성품이 충성스럽고 정직하여 사람들의 다툼을 보면 정직하지 않은 사람을 뿔로 떠받으며, 사람들의 논의를 들으면 정직하지 않은 사람을 깨문다고 하였다."[8]라고 기록하였다.

"**해치**(獬豸)"의 '豸'자(字)는 『한어대자전』과 『한한대자전』 등에 따르면, 음(音)이 '치'이지만, 『대한한사전』 등에는 '태'라고 하였다. '해치'는 '해태'의 본딧말이고, 전설상의 짐승 이름이다. 시비(是非)와 선악을 판단하여 안다고 하는 상상속의 신수(神獸)인데, 사자와 비슷하나 머리에 뿔이 있으며, 부정한 사람을 보면 그 뿔로 들이받는다고 한다. 다른 이름은 '해타(海駝)'이다. 한편, 『**이물지**(異物志)』는 동한(東漢)대(25~220)에 양부(楊孚)가 지은 지리서(地理書)이다.

8 獬豸 神羊 非鹿 一角. 異物志 東北荒中有獸 名獬豸 一角 性忠直 見人鬪則觸不直者 聞人論 則咋不直者.

〈랑패(狼狽)〉는 『물명고』에 따르면, "'패(狽)'가 앞다리는 짧고, '랑(狼)'은 뒷다리가 짧으며, '패'가 음식이 있는 곳을 알아서 '랑'이 '패'를 등에 업고 돌아다니는데, 혹시 서로 잃어버린다면, 실패함이 더 이상 심하기 이를 데 없다. 이것과 '궐토'의 일은 서로 비슷할 따름이다. ○〈궐토(蟨兔)〉는 다른 이름으로 '궐서'인데, 거란의 땅에 산다. 앞발은 한 치[寸] 남짓이고, 뒷발은 세 자[尺]라서 원래 뛰게 되면 넘어질 듯하거나 땅에 엎어진다. 그러므로 늘 '공공거허'를 위해 '감초'를 물어뜯어 주고, 만약 사람들을 만나면, '공공거허'가 반드시 등에 업고 달아난다. 〈공공(蛩蛩)〉은 '말'과 비슷하다. 〈거허(駏驉)〉는 '당나귀'와 비슷하고, '공공'과 아울러 북쪽 지방에서 나온다."[9]라고 하였다.

"**랑패**(狼狽)"는 계획한 일이 뜻대로 되지 않거나 바라던 일이 어그러진다는 의미의 어휘(語彙)이다. '랑'과 '패'는 모두 전설상의 짐승으로, '랑'은 뒷다리가 매우 짧고, '패'는 앞다리가 매우 짧아서 다닐 때는 항상 '패'가 '랑'의 등에 업혀서 '랑'의 앞다리, '패'의 뒷다리인 네발로 다녀야 하기 때문에 둘이 서로 떨어져서는 움직일 수 없다. 따라서 당황하여 어찌할 줄 모른다거나 사정이 매우 곤란함의 비유로 쓴다. '패(狽)'는 짐승 이름인데, 두 앞다리는 매우 짧고, 두 뒷다리가 길어 '랑(狼)'을 타고 다니며, '랑' 없이는 서서 걷지 못한다. 인신(引伸)하여, 당황해 허둥거린다는 의미를 담고 있다. "**궐토**(蟨兔)"는 '궐(蟨)'

9 狼狽 狽足前短 狼足後短 狽知食所在 狼負之而行 若或相失 則敗莫甚焉. 此與蟨兔之事相類耳. ○蟨兔 一名蟨鼠 生契丹地. 前足寸餘 後足三尺 旣跳則蹶然仆地. 故常爲蛩〃駏驉 齧甘草 若見人 則蛩〃駏驉 必負以走. 蛩〃 似馬. 駏驉 似驢 並出北方.

또는 '궐서(蟨鼠)'라고도 한다. 전설상의 짐승이름으로서 '토끼' 같이 생기고, 앞발은 짧으며, 뒷발이 길어 달릴 수 없다. 항상 '공공(蛩蛩)'과 함께 다니며, '감초(甘草)'를 찾아주고, 위험할 때에는 그의 등에 업혀 달아난다. "**거란**(契丹)"은 '글안'이라고도 하는데, 옛 민족 이름이다. 몽골 지방에서 유목(遊牧)하던 부족으로 10세기(世紀) 초(初)에 나라를 세워 '요(遼)'라 하였는데, 금(金)에 멸망당하였다. "**감초**(甘草)"는 콩과의 다년초(多年草: 여러해살이풀)이다. 여름에 나비 모양의 노란 꽃이 피며, 뿌리는 노랗고 달다. 중화(中和) · 감미(甘味) · 해독(解毒) 등에 약재로 쓴다. 또는 십자화과의 이년생(二年生: 두해살이)풀인 '냉이[薺]'의 다른 이름이다.

〈등안(騰豻)〉은 『물명고』에 따르면, "조경에서 나오고, '후(猴: 원숭이)'와 비슷하며, 수염 길이가 한 자[尺] 남짓인데, 늘 고개를 흔들면서 손으로 수염을 쓸어 깨끗이 한다. '야간'과 같다."10라고 하였다.

"**등안**(騰豻)"의 '안(豻)'은 『한어대자전』과 『한한대자전』 등에 따르면, 음(音)이 '안[五旰切]'이지만, 『대한한사전』과 『물명고』의 이본(異本) 등에는 '간[丘顔切]' 또는 '한'이라고 하였다. '등안'은 '등시(騰豺)'의 다른 이름인데, 청(淸)대 이조원(李調元)의 『남월필기(南越筆記)』 권9에 다음과 같은 설명이 있다. "등시라는 것은 고요의 서쪽 75리(里)인 등안령에서 산다. 모습은 원숭이와 비슷하고, 머리가 정사각형이며, 머리털 길이는 한 발[丈]쯤 되는데, 그 얼굴을 덮고 있어서 보고

10 騰豻 出肇慶 類猴 鬚長尺餘 常搖頭 以手捜之. 野干 仝.

자 하는 것이 있으면, 번번이 고개를 흔들어 두 손으로 머리털을 헤친다. 매우 빠르게 나무에 오르기 때문에 붙인 이름이다.[騰豺者 生高要西七十五里騰豻岭. 狀類沐猴 頭正方 髮長丈許 覆其面 欲有所視 輒搖頭 以兩手披之. 上樹甚捷 故以名.]"라는 것이다. "**조경**(肇慶)"은 중국 광동성(廣東省) 서부에 있는 도시인 '자오칭'이다. 다른 이름은 '고요(高要)'이다. "**야간**(野干)"은 이리·여우와 비슷하게 생긴 짐승의 이름이다. 색깔은 청황색(靑黃色: 푸른빛을 띤 누른색)인데, 개와 비슷하고 떼를 지어 다니며 밤에 우는 소리가 이리와 같다. 불전(佛典)에도 등장하는 야수(野獸)인데, 교활한 짐승으로 묘사된다. 중국에서는 여우와 비슷한 정체불명의 짐승으로 취급 받지만, 일본에서는 여우의 다른 이름으로 쓰이는 경우가 많다. 다른 이름은 '사간(射干)'이다.

〈수달(水獺)〉은 『물명고』에 따르면, "강과 호수에 있는데, 다리가 짧고, 몸은 좁으면서 납작하며, 색깔은 자백과 같다. 물고기를 잡아 제사를 지내니, "슈달피"이고, '수구(수달·물개)'와 같다."[11]라고 하였다.

"**수달**(水獺)"은 족제비과의 짐승으로서 족제비 비슷한데, 몸이 길고, 꼬리가 굵고 길며, 사지는 짧다. 발가락 사이에 물갈퀴가 발달해 수중 생활에 적합하다. 물가나 늪가에 굴을 파고 살며, 물고기·개구리·게 따위를 잡아먹는다. "**자백**(紫帛)"은 중국 전국시대(戰國時代)

11 水獺 江湖有 足短身褊 色若紫帛. 捕魚設祭 슈달피 水狗 仝.

제(齊)나라에서 나던 자줏빛 비단이다. 세상에서 귀하게 여기던 것이었으며, 본래 낡은 흰 비단을 염색해 만들었다. **"물고기를 잡아 제사를 지내니**[捕魚設祭]"라는 것은 수달이 물고기 등의 사냥감을 잡아다가 물가나 바위 위에 차례로 늘어놓는 습성이 있는데, 사람의 눈에는 그것이 마치 제물을 차리고 제사를 지내는 것처럼 보였던 데서 기인(起因)한다. 따라서 동양에서는 옛날부터 수달은 먹이를 잡으면 제사를 지내는 동물로 알려져 왔다. 특히, 24절기(二十四節氣) 중 입춘(立春) 후 15일 정도 지난 양력 2월 19일경이 우수(雨水)인데, 우리 조상들은 이때가 되면 수달이 물고기를 잡아 제사를 지낸다고 생각하였다. 여기서 유래한 표현이 '달제(獺祭)' 또는 '달제어(獺祭魚)'이다. 이는 수달이 잡은 물고기를 늘어놓아 제사지내는 것처럼 한다는 뜻으로, 인신(引伸)하여, 글을 쓰는 사람이 시문(詩文)을 지을 때에 많은 참고 서적과 자료들을 열람하느라고 좌우에 어수선하게 늘어놓고 있는 것을 비유한다. **"슈달피"**는 '수달(水獺)'의 우리 옛말이다. '슈달', '슈다릐', '수달피'라고도 한다.

'쥐[鼠]'와 관련하여 『물명고』에 따르면, "〈혜서(鼷鼠: 생쥐)〉는 쥐 중에 가장 작은 놈으로 '감구'인데, 그것이 갉아먹게 되는 것들은 깨닫지도 못하고 죽음에 이르니, '감구서(입이 단 쥐)', '정구(생쥐)'와 같다. ○〈석서(鼫鼠)〉는 땅굴이나 나무 구멍에 사는데, 모양은 쥐보다 크고, 머리는 토끼와 비슷하며, 꼬리털은 푸르스름한 누런색이다. 사람처럼 설 수 있어서 (두 앞발을 목 위에서 엇걸어 발을 구르며) 춤추고, 잘 울며, 조와 콩을 좋아하여 잘 먹으니, '분서(두더지와 비슷한 쥐의 일종)'와 더불어 밭에 함께 해로움이 된다."[12]고 하였다.

"**감구**(甘口)"는 단것이나 단맛을 좋아함을 의미하고, 또는 그런 사람을 가리키기도 한다. 아울러 술·된장·간장 등 단맛이 나는 것을 가리킨다. 인신(引伸)하여 감언(甘言)을 비유한다. 즉, 사람의 마음에 들도록 말하는 능숙하고 달콤한 말을 의미한다. "**그것이 갉아먹게 되는 것들은 깨닫지도 못하고 죽음에 이르니**[爲其所食者 不覺至死]"라는 것과 관련하여 『본초강목』 권51 〈혜서(鼷鼠)〉 항목에 "……사람을 갉아먹어도 아프지 않기 때문에 '감구'라고 말한다. …… 사람과 소나 말 등을 갉아먹으면, 피부의 상처가 큰 부스럼이 되는데, 죽음에 이르러도 깨닫지 못한다.[……嚙人不痛 故曰甘口. …… 食人及牛馬等 皮膚成瘡 至死不覺.]"라고 하였다. "**감구서**(甘口鼠)"는 '입이 단 쥐'이다. 사람이 모르게 사람을 파먹는데, 특히 아직 아물지 않은 갓난아이의 숨구멍을 갉아 먹으면 그 아이는 죽게 된다. 또한 닭과 오리 소의 뿔 등을 갉아먹기도 한다. "**석서**(鼫鼠)"는 농작물을 해지는 쥐의 일종이다. 다람쥐과의 짐승으로서. 다람쥐와 같은 동물인데, 빛깔은 황갈색(黃褐色)이다. 꼬리 끝이 희고, 배는 회황색이며, 볼에 먹이를 저장할 수 있는 협낭(頰囊)이 있다. 만주(滿洲) 특산(特產)으로, 곡식(穀食)을 해친다. 또는 '루고(螻蛄)'로서 '하늘밥도둑(땅강아지)'을 가리키기도 한다.

〈편복(蝙蝠)〉은 『물명고』 따르면, "쥐와 비슷한데, 육시를 지녔으

12 鼷鼠 鼠最小者 甘口 爲其所食者 不覺至死 甘口鼠 鼱鼩 仝. ○鼫鼠 居土穴樹孔 形大於鼠 頭似兎 尾毛青黃. 人立而舞 善鳴 好食粟豆 與鼢鼠 俱爲田害.

니, "박쥐"이고, '복익(伏翼: 박쥐)', '복익(服翼: 박쥐)', '야연(박쥐 · 쏙독새)', '첨서', '직묵(박쥐)', '비서(박쥐 · 날다람쥐)'와 같다. 〈야명사(夜明砂)〉는 박쥐의 똥이니, '서법', '석간', '흑사성'과 같다. 〈문예안(蚊蚋眼: 모기 눈알)〉은 박쥐 똥을 물속에 넣어 흔들어서 그 모래처럼 생긴 자잘한 알맹이를 얻는 것이다."13라고 하였다.

"**야명사**(夜明砂)"는 모래와 같은 작은 알갱이로 되어있는 박쥐의 배설물이다. 밤에 빛나며 약으로 쓴다. 시력 회복, 야맹증에 특효가 있고, 태워서 모기를 쫓는 데 쓴다. 또한 『동의보감』에 따르면, 눈을 밝아지게 하고, 내장과 외장을 치료하며, 볶아서 복용하면 나력(瘰癧)을 치료한다.

〈화서(火鼠)〉는 『물명고』에 따르면, "기박국의 화산 속에서 나오고, 색깔은 희며, 그 털을 얻어 직물(織物)을 만드는데, 불속에 들어가도 타지 않는다. 〈화한포(火澣布)〉는 ('화서'의) 그 직물로 옷을 만들어 때로 더러워지면, 불속에 던져 넣었다가 꺼내서 흔들어 터는데, 흔들어 털어서 때를 없애기 때문에 '화한(불로 빨래함)'이라고 한다."14라고 하였다.

"**화서**(火鼠)"는 전설에 나오는 '쥐'이다. 털로 화완포(火浣布)를 만들 수 있다고 한다. "**화완포**"는 석면(石綿)으로 만든 불에 타지 않는 직

13 蝙蝠 似鼠 而有肉翅 ᄇᆞᆰ쥐 伏翼 服翼 夜燕 簷鼠 蠟蠌 飛鼠 仝. 夜明砂 蝙蝠屎 鼠法 石肝 黑砂星 仝. 蚊蚋眼 水淘鼠法 取其砂者.

14 火鼠 出耆薄國火山中 色白 取其毛作布 入火不焚. 火澣布 其布作服 以染垢 則投之火中 取出抖擻 〃 〃以去垢曰 火澣.

물인데, 고대에는 석면의 성질에 대하여 잘 알지 못하였기 때문에 나무껍질 또는 화서의 탈로 짠 것이라고 하였다. 다른 이름은 '화취(火毳)'이다. "**기박국**(耆薄國)**의 화산**(火山)"에서 '화산'은 '화염산(火醶山)', '염화산(炎火山)'이라고도 한다. 중국의 고대 지리서인 『산해경(山海經)』 「대황서경(大荒西經)」에 "서해의 남쪽, 유사의 언저리, 적수의 뒤편, 흑수의 앞쪽에 큰 산이 있는데, 이름을 곤륜구라고 한다. 신-사람의 얼굴에 호랑이의 몸인데, 꼬리에 무늬가 있으며, 모두 희다-이 있어 여기에 산다. 산 아래에는 약수연이 둘러싸고 있으며, 그 바깥에는 염화산이 있어 물건을 던지면 곧 타버린다. 어떤 사람이 머리꾸미개를 꽂고 호랑이 이빨에 표범의 꼬리를 하고 동굴에 사는데, 이름을 서왕모라고 한다. 이 산에는 온갖 것이 다 있다.[西海之南 流沙之濱 赤水之後 黑水之前 有大山 名曰 昆侖之丘. 有神-人面虎身 有文有尾 皆白-處之. 其下有弱水之淵環之 其外有炎火之山 投物輒然. 有人 戴勝 虎齒 有豹尾 穴處 名曰 西王母 此山萬物盡有.]"라고 하였다. 이와 관련해 곽박(郭璞)은 '염화지산(炎火之山)'에 대한 주(註)에서 "지금 부남에서 동쪽으로 1만 리를 가면 기박국이 있고, 다시 동쪽으로 5천 리쯤 가면 화산국이 있는데, 그곳의 산은 비록 장맛비가 내려도 불이 늘 타오르고 있다. 불 속에는 흰 쥐가 있어 때때로 산 주위에 나와 먹을 것을 찾아다니는데, 사람들이 그것을 잡아 그 털로 옷감을 만든다. 요즘의 화완포가 이것이다. (염화산)은 바로 이와 같은 종류의 산이다.[今去扶南東萬里 有耆薄國 東復五千里許 有火山國 其山雖霖雨 火常然. 火中有白鼠 時出山邊求食 人捕得之 以毛作布. 今之火澣布是也. 卽此山之類.]"라고 하였다. 또한 『신이경(神異經)』 「남황경(南荒經)」에는 "남황 바깥에 화산이 있는데, 그 산중에는 나무가 전혀 나지 않는다. 밤낮으로 불길이 타오르고, 폭풍이 몰아쳐도 맹렬하지 못하며, 사나운 폭우에도 꺼지지 않는다."라고 하였다. 1979년에 현장법사(玄奘法師)의 구도(求道) 여행길을 답사한 일본 학자 스가와라 아츠시[菅原篤]가 쓴 『서유기의 발자취를 따라서』(앙기봉 역)에는 이 화염산을 현재 중국 신장성(新疆省) 위구르 자치구 투르판[吐魯番] 분지(남북 60km, 동서 120km, 면적 약 7,200㎢)의 사막 지대 북쪽에 위치한 표고 800m 가량의 바위산이라고 하였다. 이 산 남쪽은 약 20km에 걸쳐 수직으로 깎아지른 암벽으로 형성된 붉은 바위산이며, 지면 온도는 60℃, 그늘은 45℃, 습도는 11%, 풍속 1의 메마른 분지에 거대한 촛불의 불길이 수평으로 길게 퍼져나간 형태라고 묘사하였다.

3) 수족 水族

'수족(水族)'은 물속에 사는 동물의 총칭이다. 이는 다시 비늘이 있는 동물인 어류(魚類)와 파충류(爬蟲類)를 이르는 '린충(鱗蟲)'과 딱정벌레류인 초시류(鞘翅類)에 속하는 곤충의 총칭인 '개충(介蟲)'으로 나눌 수 있다. '개충(介蟲)'에는 딱정벌레 · 풍뎅이 따위가 속한다.

〈초왕(楚王)〉은 『물명고』에 따르면, "속담에 이르기를 초(楚)나라 왕이 (물에 빠져 죽은) 굴원에게까지 다다른 그물이기 때문에 "조왕이"라고 한다. 〈구(笱)〉는 "통발"이다."[15]라고 하였다.

"**굴원**(屈原, B.C.340?~B.C.278)"은 전국(戰國)시대 초(楚)의 대부(大夫)이다. 자는 원(原), 또는 영균(靈均)이고, 이름은 평(平)이다. 회왕(懷王)의 신임을 받았으나, 참소(讒訴)로 인하여 강남(江南)으로 유배되어 멱라수(汨羅水)에 투신자살(投身自殺)하였다. 그의 작품에는 〈이소(離騷)〉·〈구가(九歌)〉·〈구장(九章)〉·〈천문(天問)〉·〈원유(遠遊)〉·〈복거(卜居)〉·〈어부(漁父)〉 등이 있으며, 그 중 〈이소〉는 경(經)으로 불리어질 만큼 유명하다. 굴원이 멱라수에 투신하였다는 소식을 들은 백성들은 굴원의 시신을 찾기 위해 일제히 멱라수로 달려 나와 배를 띄우고 그물을 드리웠다. 아울러 물고기들이 굴원의 시신에 입을 대지 못하도록 강에 대나무 잎으로 싼 주먹밥인 '쫑즈[粽子]'를 던졌다. 이날이 기원전 278년 음력 5월 5일이고, 이때부터 매년 단오절인 5월 5일마다 굴원을 기리기 위해 강에 배를 띄우고, 쫑즈를 만드는 풍습이 시작되었다. "**조왕이**"는 '조앙이'라고도 하는데, '쟁이'의 옛말로서 물고기를 잡는 그물의 하나이다. 원뿔 모양으로 위에 몇 발의 벼리가 있고, 아래에는 쇠나 납으로 된 추가 달려 있어서 벼리를 잡고 물에 던지면, 고깔 모양으로 넓게 쫙 퍼지면서 가라앉는다. 그물이 바닥에 닿은 후 천천히 벼리를 당겨서 그물 속에 든 물고기를 건져 올린다. 다른 이름은 '쟁이그물'이다. "**통발**"은 가는 댓조각이나 싸리를 엮어서 통처럼 만든 고기잡이 도구의 하나이다. 아가리에 작은 발을 달아 날카로운 끝이 가운데로 몰리게 하여 한번 들어간 물고기는 거슬러 나오지 못하게 하고, 뒤쪽 끝은 마음대로 묶고 풀게 되어 있어 안에

15 楚王以極屈原之網 조왕이. 笱 통발.

든 물고기를 꺼낼 수 있다. 다른 이름은 '어전(漁筌)'이다.

〈룡(龍)〉은 『물명고』에 따르면, "룡이니, '괴물', '신물(신선(神仙)·신령스러운 물건)', '완연'과 같다. 〈삼정구사(三停九似)〉는 룡을 그리는 사람들이 이 명칭을 지니고 있다. ○〈룡생구자(龍生九子)〉인데, 제각기 좋아하는 바가 있다. 첫째 〈비희(贔屭)〉는 모습이 '귀(龜: 거북)'와 비슷하고, 무거운 것 짊어지기를 좋아하니, 지금 돌로 만든 비(碑) 아래의 귀부(거북 모양의 빗돌받침)이다. 둘째 〈리문(螭吻)〉은 모습이 짐승과 비슷한데, 먼 곳 바라보기를 좋아하니, 지금 지붕 위의 짐승 머리이다. 셋째 〈포뢰(蒲牢)〉는 모습이 '룡(龍)'과 비슷한데, 큰소리로 울부짖기를 좋아하니, 지금 종(鍾) 위에 고리로 만들어 매단다. 넷째 〈폐안(狴犴)〉은 '범'과 비슷하고 위엄(威嚴)이 있으니, 감옥의 문에 세운다. 다섯째 〈도철(饕餮)〉은 먹고 마시기를 좋아하니, 솥뚜껑에 세운다. 여섯째 〈공복(蚣蝮)〉은 천성이 물을 좋아하니, 다리 기둥에 세운다. 일곱째 〈애재(睚眦)〉는 천성이 죽임을 좋아하니, 도환에 세운다. 여덟째 〈금예(金猊)〉는 '사자'와 비슷한데, 연기와 불을 좋아하니, 향로에 세운다. 아홉째 〈초도(椒圖)〉는 모습이 라방과 비슷한데, 천성은 닫는 것을 좋아하니, 대문의 포(鋪)에 세운다. 음(音)이 또 〈금오(金吾)〉인 것이 있는데, 모습은 미인과 비슷하고, 머리와 꼬리는 물고기 비슷하며, 두 날개가 있기 때문에 돌아다니면서 경계하는 데 쓴다."[16]라

16 龍 룡 怪物 神物 蜿蜒 仝. 三停九似 畵龍家有此称. 龍生九子 各有所好. 一 贔屭 形似龜 好負重 今石碑下龜趺. 二 螭吻 形似獸 好望 今屋上獸頭. 三 蒲牢 形似龍 好呌吼 今鍾上紐. 四 狴犴 似虎有威 立獄門. 五 饕餮 好飮食

고 하였다.

“**완연**(蜿蜒)”은 용·뱀 따위가 구불거리며 기어가는 모양이다. 인신(引伸)하여 구불구불한 모양을 가리킨다. “**삼정구사**(三停九似)”는 용의 도상적 특징이 시대에 따라 조금씩 달리 표현되다가 송(宋)대에 와서 거의 정형화되었는데, 이것이 이른바 ‘삼정구사설(三停九似說)’이다. ‘삼정’은 용이 머리부터 어깨까지, 어깨에서 허리까지, 허리에서 꼬리까지 세 부분으로 구성된 것을 말하고, ‘구사’는 용이 사슴 뿔[角似鹿], 낙타 머리[頭似駝], 토끼 눈[眼似兎], 뱀 목[項似蛇], 이무기 배[腹似蜃], 잉어 비늘[鱗似鯉], 매 발톱[爪似鷹], 범 발바닥[掌似虎], 소 귀[耳似牛]를 각각 닮은 것을 말하는 것이다. “**룡생구자**(龍生九子)”는 같은 부모에게서 태어난 형제라도 가지각색임의 비유이다. 용이 새끼 아홉 마리를 낳았으나, 생김새와 성격이 각양각색이었다는 전설에서 유래한다. “**비희**(贔屭·贔屓)”는 바다에 사는 큰 거북인 ‘휴귀(蠵龜)’의 다른 이름이다. 인신(引伸)하여 용맹스럽고 힘이 있는 모양. 또는 힘을 내는 모양. 또는 크고도 무거운 모양을 의미한다. “**포뢰**(蒲牢)”는 전설에 나오는 바다짐승의 이름이다. 포뢰는 ‘고래’를 두려워하여 고래가 습격하면, 큰소리로 울기 때문에 종소리를 크게 하려 할 때, 종(鍾)에 포뢰를 새긴다. 인신(引伸)하여, 종의 다른 이름이다. “**폐안**(狴犴)”은 옛날 전설 속에 나오는 사나운 괴수(怪獸)의 이름이다. 감옥 문에 그리거나, 돌이나 금속으로 만들어 붙이거나 세웠기

立鼎盖. 六 蚣蝮 性好水 立橋柱. 七 睚眦 性好殺 立刀環. 八 金猊 似獅 好烟火 立香爐. 九 椒圖 形似螺蚌 性好閉 立門鋪. 音又有金吾 形似美人 首尾似魚 有兩翼 故用警巡.

때문에 감옥(監獄)을 의미하기도 한다. “**도철**(饕餮)”은 전설상의 탐욕스럽고 잔학한 괴물의 일종인데, 탐욕스럽고 잔학한 사람을 비유하기도 한다. 인신(引伸)하여 탐욕스럽고 잔인함의 비유. 또는 탐욕스럽게 먹음을 비유한다. 아울러 요순(堯舜) 때 4흉(四凶) 중 하나의 이름이기도 하다. “**애재**(睚眦)”는 인신(引伸)하여 화난 눈초리나 부릅뜬 눈. 또는 눈을 부라리고 흘겨보는 것을 의미한다. 아울러 사소한 원한이나 원망을 뜻하기도 한다. “**도환**(刀環)”은 칼자루 끝의 고리이다. 한편, 고향으로 돌아감의 은어(隱語)이기도 한데, ‘환(環)’과 ‘환(還)’의 음(音)이 같은 데서 온 말이다. “**향로**(香爐)”는 향을 피우는 데 쓰는 기구이다. 금속이나 도자기로 만들며, 제사나 불공 때 또는 옷에 향을 쐬기 위하여 쓴다. “**라방**(螺蚌)”은 소라와 조개 같은 패각(貝殼)이 있는 연체동물(軟體動物)의 범칭이다. “**포**(鋪)”는 포수(鋪首)인데, 문고리를 다는 데 붙이는 짐승의 얼굴을 한 쇠붙이의 장식이다. “**금오**(金吾)”는 중국 한(漢)대 천자의 호위병(護衛兵)이다. 즉, 대궐 문을 지켜서 비상사태를 막는 일을 맡아보는 벼슬을 이르던 말이다. 다른 이름은 ‘집금오(執金吾)’이다. 조선시대에는 임금의 명에 의해 죄인을 다스리는 일을 맡아보던 관청을 이르던 말이다. 1414년(태종14)에 의용순위사(義勇巡衛司)를 고친 것으로, 왕족의 범죄나 반역죄, 사헌부가 논핵한 사건, 조정 신하들의 죄 등을 다루었다. ‘왕부(王府)’, ‘의금부(義禁府)’라고도 한다. 한편, 의장용(儀仗用) 동제(銅製) 방망이를 의미하기도 한다.

〈사의(蛇醫)〉는 『물명고』에 따르면, “풀이 무성한 늪지대 사이에 살고, 모양은 ‘언정’을 닮았는데 길다. ‘뱀’은 상처를 입으면, 풀을 머금었다가 그것을 펴서 바르며, 물에 들어가서 물고기와 더불어 교미

(交尾)하기도 한다."[17]라고 하였다.

"**사의**(蛇醫)"는 영원(蠑螈)의 다른 이름이다. '도마뱀붙이', '사사(蛇師)'라고도 한다. 인신(引伸)하여 뱀에 물린 환자를 전문적으로 치료하는 의사(醫師)를 의미한다. "**뱀은 상처를 입으면, 풀을 머금었다가 그것을 펴서 바르며**[蛇有傷 則啣草敷之]"라는 것은 옛날에 피부병 걸린 뱀이 있었는데, 어느 날 '소리쟁이' 옆에 가서 막 비비더니 피부병이 없어졌고, 따라서 인간도 이 풀이 피부병에 좋은 줄 알고 소리쟁이를 먹기 시작하였다는 민담(民譚)이 있다. 또한 산불이 나 상처를 입은 뱀이 소리쟁이에 몸을 비벼 치유(治癒)하였다는 일화(逸話)도 있다. '소리쟁이'는 마디풀과의 여러해살이풀로서 습지에서 주로 자라고, 어린잎은 나물로 먹으며, 뿌리는 약재로 사용한다. 강력한 항균·항염증 작용을 하여 예로부터 부스럼·종기·습진 등의 피부질환이나 황달·토혈·타박상 등에 널리 사용하였다. 또한 뱀이나 동물에 물렸을 때 소염제로 쓰기 때문에 '뱀풀'이라고도 부른다.

〈하돈(河豘)〉은 『물명고』에 따르면, "모양이 '과두(올챙이)'와 같은데, 큰 놈은 한 자[尺] 남짓이고, 비늘이 없으며 아가미도 없고, 성나면 배가 불룩해지니, "복(복어)"이다. '후이(복어)', '호이(복어)', '규어(복어)', '진어(복어)', '취두어(복어)', '기포어(복어)'와 같다. 〈서자유(西子乳)〉는 복어 뱃속의 하얀 것이다."[18]라고 하였다.

17 蛇醫 生草澤間 形類蝘蜓而長. 蛇有傷 則啣草敷之 入水與魚合.

18 河豘 狀如科斗 大者尺餘 無鈴無腮 怒則腹脹 복. 鯸鮧 鰗鮧 鯢魚 嗔魚 吹肚魚 氣包魚 仝. 西子乳 河豘腹中白.

“**서자유**(西子乳)”는 ‘서시유(西施乳)’라고도 하는데, 수컷 복어의 뱃속에 있는 하얀 이리(수컷의 정액 덩어리)이다. 『본초강목』에 따르면, 이것은 복어의 흰 알로서 본래 독이 없고, 맛이 뛰어나게 좋아서 이를 생선 뱃속에 넣고 실로 묶어서 약한 불로 1~2시간 삶아 익혀 식용하는데, 이 국은 비록 차가워지더라도 비리지 않고 맛이 더욱 좋다고 하였다. 그러나 복어의 알에는 원래 독이 들어있으므로 여기에서 알에 독이 없다고 한 것은 오류(誤謬)인 듯하다. 또한 ‘서자’는 중국 춘추시대 월(越)나라의 미인 ‘서시’인데, 복어의 알이 맛은 좋지만 독이 들어 있고, 복어 껍질과 점막 사이의 살이 서시의 젖가슴처럼 부드럽고 희다는 의미에서 ‘서시유’라는 말이 생겼다고 한 것도 역시 오류인 듯하다. 아울러 복어나 복어탕을 의미하는데, 이는 복어탕 국물의 뽀얀 우윳빛 때문에 이른다.

〈오적어(烏賊魚)〉는 『물명고』에 따르면, “몸통이 둥글고 비늘이 없으며, 꼬리가 없고 수염이 있는데, 대여섯 개의 딸린 수염(같은 다리)에는 셀 수 없이 많은 구멍이 있어서 그 구멍을 사물에 붙이고 빤다. ‘까마귀’를 꾀어서 잡아먹을 수 있으니, “오징어”이고, ‘오즉(오징어)’, ‘람어(오징어)’, ‘묵어(오징어)’와 같다. 〈해표초(海螵蛸)〉는 ‘오징어’의 뼈이다.”19라고 하였다.

본문의 ‘**수염**[鬚]’은 촉완(觸腕)이다. 즉, 오징어의 다리 10개 중에 다른 것보다 긴 2개의 다리이다. 나머지 8개는 약 10cm 정도로서 보

19 烏賊魚 圓身無鱗 無尾有鬚 五六沿鬚 有無數竅 以其竅着物咂之. 能誘烏食之 오증어 烏鰂 纜魚 墨魚 仝. 海螵蛸 烏賊魚骨.

통 다리이고, 촉완은 먹이를 잡을 때 사용하는 일종의 촉수이다. 촉완은 마치 카멜레온의 혀처럼 멀리서 다가오는 먹잇감을 순식간에 낚아채는 것으로 쭉 뻗으면 약 20cm 정도까지 늘어난다. 오징어는 대체로 바닥을 누비며 먹잇감을 찾지만, 필요하면 부력을 이용하여 수면 가까이까지 올라오기도 하는데, '오적어(烏賊魚)'라는 명칭은 이와 관련이 있고, 여기에는 두 가지 유래담이 있다. 첫째, 정약전(丁若銓, 1758~1816)의 『자산어보(玆山魚譜)』에 인용된 『남월지(南越志)』나 서유구(徐有口, 1764~1845)의 『전어지(佃漁志)』 등에 따르면, 오징어는 그 성질이 까마귀를 즐겨 먹어서 매일 물 위에 죽은 척하고 떠 있는데, 날아가던 까마귀[烏]가 이것을 보고 수면의 오징어를 낚아채기 위해 쪼면, 그 까마귀를 촉완으로 감아 잡아가지고 물속으로 들어가 먹기 때문에 오적(烏賊)이라고 이름 지었으며, 이는 '까마귀를 해치는 도적'이란 의미라는 유래 설화가 있다. 둘째, 중국 북송(北宋)대 문인 소식(蘇軾, 1037~1101)의 우언(寓言) 〈이어설(二魚說)〉 중 하나인 〈오적어설(烏賊魚說)〉에 따르면, 바다의 물고기 중에 '오적어'라 이름 불리는 것이 물을 뿜을 때면 물새들은 해안에서 노닐고, 오적어는 다른 동물들이 자기를 엿보는 것이 두려우면 먹물을 뿜어 스스로를 숨기려 하는데, 물새들이 이를 이상히 여기다가 그것이 물고기인 줄 알고 낚아챈다고 하였다. 소식은 이 이야기를 통해 결국 헛되이 스스로를 가려서 온전하게 된 줄 알고, 자취를 없애 의심을 막았다고 여기지만, 엿보는 자에게 알려진 줄을 모르는 슬픈 상황이라고 하였다. 따라서 이때 '오(烏)'는 까마귀의 빛깔처럼 까만 먹물을 가리키고, '적(賊)'은 먹물 때문에 결국 천적에 의해 해침을 당한다는 의미를 지니고 있다.

"**해표초**(海螵蛸)"는 '오징어'의 뼈를 한방에서 이르는 말이다. 인산칼슘, 탄산칼슘 등의 성분이 있는데, 가루를 내어 눈병이나 지혈(止血) 따위에 쓴다.

〈토육(土肉: 조개류의 연체동물 또는 진흙)〉은 『물명고』에 따르면, "바다 속에 살고 검은색이며, 길이는 네댓 치[寸]이고, 배는 있지만 입이 없을 뿐이며, 작은 부스럼 같은 것이 몸통에 두루 퍼져있어서 마치 '고과'와 같으니, "뮈"이고, '해삼', '해남자(해삼)', '흑충(해삼)'과 같다. 〈니(泥)〉는 예로부터 지금에 이르기까지 대대로 이어 전하는 벌레 이름인 듯 보이니, 술을 마시면 취하기 때문에 이백의 시(詩)에 '취사니' 라고 이른 바가 있는데, 우리나라 세속에서는 마침내 '해삼'에 해당되지만, 의거할 바는 없다."20라고 하였다.

"**고과**(苦瓜)"는 '여주'이다. 어린 열매는 식용(食用)한다. '금여지(錦荔枝)', '나포도(癩葡萄)'라고도 한다. 또는 쓴 오이를 의미하기도 한다. "**뮈**"는 해삼(海蔘 · 海參)이다. 극피동물(棘皮動物)의 한 가지로서 '해서(海鼠)'라고도 한다. "**니**(泥)"는 벌레의 이름이다. 남해(南海)에 산다는 전설상의 뼈 없는 벌레인데, 물속에 있을 때에는 활발히 움직이지만, 물이 없으면 진흙처럼 흐물흐물해진다고 하여 사람이 술에 몹시 취한 상태의 비유로 쓴다. "**이백**(李白, 701~762)"은 성당(盛唐) 때의 시인이다. 자(字)는 태백(太白)이고, 호(號)는 청련거사(靑蓮居士) · 주선옹(酒仙翁)이다. 두보(杜甫)와 함께 이두(李杜)로 병칭되며, 저서에 『이태

20 土肉 生海中色黑 長四五寸 有腹無口耳 遍身癗 如苦瓜 뮈 海蔘 海男子 黑蟲 仝. 泥 古來相傳似蟲名 得酒則醉 故李白詩有云 醉似泥 東俗遂以海蔘 當之 無据.

백시(李太白詩)』 30권이 있다. “**취사니**(醉似泥)”는 몸을 가누지 못할 정도로 몹시 취한 모양을 의미한다. 취여니(醉如泥)라고도 한다. 이는 다음과 같은 이백의 시 〈양양가(襄陽歌)〉 중 6행의 일부 구절에서 유래하였다. “……傍人借問笑何事(옆 사람이 무슨 일로 웃느냐고 물어보니) / 笑殺山公醉似泥(산간(山簡)이 곤죽으로 취함을 비웃는다네.) / 鸕鷀杓鸚鵡杯(가마우지 모양의 구기! 앵무새 모양의 술잔!) / 百年三萬六千日(백 년의 삼만 육천 일 동안) / 一日須傾三百杯(하루에 모름지기 삼백 잔을 기울여야 하리라.)……”가 바로 그것이다.

〈귀(龜)〉는 『물명고』에 따르면, “껍데기를 태워 (그 균열로 길흉을) 점치는 가축이니, “남생이”이고, ‘현의독우(거북)’, ‘현령성모’, ‘원서’, ‘청강사자(거북)’, ‘동현선생(거북)’, ‘록의여자’, ‘옥령부자’, ‘현부(거북)’와 같다. 〈장륙(藏六)〉은 ‘거북’이 머리 · 꼬리 · 네 발을 모두 스스로 숨길 수 있기 때문에 거북을 말할 때 장륙이라고 쓰기도 한다. 〈청순(靑純)〉은 노(魯)나라 보귀(고대에 길흉을 점치는 데 쓰던 거북)의 이름이다. 〈구루(句僂)〉는 초(楚)나라 보귀의 이름이다. 〈채(蔡)〉는 장씨의 보귀 이름이다. 〈대귀(大龜)〉는 주(周)나라 보귀의 이름이다.”[21]라고 하였다.

“**남생이**”는 남생이과의 일종이다. 냇가나 연못에 서식하며, 남생이과의 거북류 중에서 비교적 작다. 등껍질의 길이는 20~25cn 정도이

21 龜 鑽卜之畜 남셩이 玄衣督郵 玄靈聖母 元緒 淸江使者 洞玄先生 綠衣女子 玉靈夫子 玄夫 仝. 藏六 龜之頭尾四足並能自藏 故曰 龜 藏六用. 靑純 魯寶龜名. 句僂 楚寶龜名. 蔡 藏氏寶龜名. 大龜 周寶龜名.

고 짙은 갈색이며, 갑판의 가장자리에는 노란색의 가로 줄무늬가 있다. 네 발에는 각각 다섯 개의 발가락이 있고 그 사이에 물갈퀴가 있으며, 다리는 넓은 비늘로 덮여 있다. 민물에서 풀, 물고기, 갑각류 등을 잡아먹는다. 6~8월에 모래 속에 구멍을 파고 한배에 4~6개의 알을 낳는다. 우리나라 · 중국 · 일본 · 타이완 등에 분포한다. '석귀(石龜)', '수귀(水龜)', '진귀(秦龜)'라고도 한다. "**장륙**(藏六)"은 '거북'의 다른 이름이다. 위험을 느끼면, 머리 · 꼬리 · 네 발의 여섯 부분을 귀갑(龜甲) 속에 감추는 데서 생긴 말이다. "**구루**(句僂)"는 점치는 거북의 이름이다. 좌구명(左丘明, B.C.770~B.C.476)이 지은 『춘추좌씨전(春秋左氏傳)』「소공(昭公)」 25년 조(條)에 따르면, 노(魯)나라 대부(大夫)인 장회(藏會)가 장소백(藏昭伯)의 거북을 훔쳐 늘 점을 치면서 점괘가 흉하면 이를 버리고, 길하면 꼭 그대로 따라 하였다는 기록이 있다. 나중에 장소백이 죽자 장회가 그 뒤를 이어 지위를 계승하였고, '구루는 나를 속이지 않았다'면서 기뻐하는데, 여기에 점치는 거북의 이름인 '구루'가 나오며, 이는 산 이름에서 유래하였다는 설이 전해진다. "**초**(楚)**나라**"는 중국 전국(戰國)시대 7웅(七雄)의 하나이다. 도읍은 영(郢)이고, 후에 진(秦)에 의해 멸망하였다. "**채**(蔡)"는 옛날에 점을 칠 때 쓰던 큰 거북이다. 한(漢)대 반고(班固)의 『한서(漢書)』「식화지(食貨志)」에 따르면, 옛날 천자가 즉위할 때, '원귀(元龜)'라는 큰 거북으로 점을 쳤는데, 그 이름을 '채(蔡)'라 한다고 하였다. 또한 『논어(論語)』「공야장(公冶長)」에서 공자(孔子)는 장문중(藏文仲)이 '채'를 간직하고 있다고 하였는데, 이 문구에 대한 자세한 전말(顚末)은 공자의 언행을 여러 제자들이 보고 듣고 기록하여 전해오는 『공자가어(孔子家語)』에 상세하다. 즉, 공자는 제자 칠조빙(漆雕憑)에게 '장문중과 장무중(藏武

仲)과 유자용(孺子容)을 섬겼으니, 그 세 대부 중에 누가 제일 어질더냐?'고 물었고, 칠조빙은 '장씨의 집에 '채'라고 하는 점치는 거북이 있는데, 문중은 3년에 한 번씩 점을 치고, 무중은 3년에 두 번씩 점을 치며, 유자용은 3년에 세 번씩 점을 친다'고 하였다. 그 주(註)에 따르면, '채'라는 이름은 그 거북이 나오는 지역이 바로 채(蔡)나라 지방이기 때문에 붙여진 것이다. "**주**(周)**나라**(B.C.1006?~B.C.256.)"는 무왕(武王)이 상(商)을 멸망시키고 세운 나라이다.

〈살모사(殺母蛇)〉는 『물명고』에 따르면, "짧고 작으며, 자잘하면서 흰 점이 있고, 그 어미의 배를 가르고 태어나니, "까치독사(살무사)"이다. 〈복사(蝮蛇: 살무사)〉는 마치 흙과 같이 검은 갈색인데, 흰 얼룩점이 있고 아래턱이 흰색이며 주둥이가 뾰족하고, 독이 제일 맹렬하니, 이것이 '살모'라는 것과 더불어 서로 잘 들어맞는다. 또 한(韓)의 시(詩)에서 말하기를 '살무사'는 창자와 간을 찢는다고 하였으니, 오직 '살무사'를 '살모'라 함이 분명할 뿐일 것이다. 다만 '살무사'가 깨물었던 풀잎은 또한 사람을 다치게 할 수 있다. 〈완(蚖: 살무사)〉은 흙색이고 몸통이 짧으며 무늬가 없으니, 아마도 지금의 "까투리독사"인 듯한데, 대개 '복(蝮)'과 '살모'의 무리에서는 나타나지 않는다. 〈량두사(兩頭蛇)〉는 크기가 마치 손가락과 같고, 한쪽 머리에는 입과 눈이 없는데, 두 머리가 함께 나아갈 수는 있다. 어떤 사람이 말하기를 한쪽 머리에 입과 눈이 없으니, 바로 늙은 '인(蚓: 지렁이)'이 변한 것이라고 하였지만, 만약 머리가 둘 달린 뱀이라면, 두 개의 머리임이 분명할 테니, '지수사'와 같고, '월왕약발'과 같다."[22]라고 하였다.

"**살모사**(殺母蛇)"는 '살무사'이다. 살무사과의 뱀인데, 흔히 쇠살무사·까치살무사와 함께 살무사과를 통틀어 이르기도 한다. 몸의 길이는 70cm 정도이며, 엷은 회색이다. 등 쪽에 검은 회색의 둥근 무늬가 20쌍 정도 있고, 배 쪽은 흰색에 검은 얼룩무늬가 흩어져 있다. 온몸이 비늘로 싸여 있고, 머리는 납작한 세모 모양인데, 정수리에 큰 비늘이 있다. 목이 가늘고 독니가 있다. 난태생으로 5~12마리의 새끼를 초여름에 낳는데, 쥐·개구리·작은 뱀 따위를 잡아먹는다. 산의 풀밭에 살며, 한국·중국 등에 분포한다. '남도살무사', '독사(毒蛇)', '독사뱀', '복사(蝮蛇)', '섬사(蟾蛇)'라고도 한다. "**한**(韓)**의 시**(詩)"라는 것은 한유(韓愈, 768~824)의 시(詩)인 〈맹동야실자(孟東野失子)〉를 가리킨다. '한유'의 자는 퇴지(退之)이고, 시호(諡號)는 문(文)이다. 당(唐)의 등주(鄧州) 남양(南陽) 사람이다. 당송팔대가(唐宋八大家)의 한 사람이며, 형부시랑(刑部侍郎)·이부시랑(吏部侍郎) 등을 지냈다. 6경(六經)과 제자백가(諸子百家)에 통달하였다. 유종원(柳宗元)과 함께 병려문(騈儷文)을 반대하며 고문 부흥에 힘썼다. 그의 글을 문인(門人) 이한(李漢)이 편집한 『창려선생집(昌黎先生集)』 50권이 있다. 『한창려집(韓昌黎集)』 권4(卷四)에 따르면, 〈맹동야실자〉의 '동야'는 한유와 절친하였던 당(唐)대 시인 맹교(孟郊)의 자(字)인데, 맹교가 자식을 잃고 슬픔에 젖어 있자 한유가 그를 위로하기 위해 지은 시이다. 그 시의 서문(序文)에도 "동야가 연달아 세 아들을 낳았으나, 며칠이 못 되

22 殺母蛇 短小 細白点 剖其母腹而出 가티독사. 蝮蛇 黃黑色如土 白斑白頷尖口 毒最烈 此與殺母者相合. 又韓詩曰 蝮蛇裂腸與肝 則是蝮蛇爲殺母明矣. 但蝮蛇所囓之艸葉 亦能傷人. 蚖 土色短身無文 疑今가톨이독샤 盖不出蝮與殺母之類也. 兩頭蛇 大如指 一頭無口目 兩頭並能行. 或曰 一頭無口目 乃老蚓所化 若兩頭蛇 則兩頭分明 枳首蛇 仝 越王約髮 仝.

어 잃곤 하였으므로 늙어 가면서 후손이 없는 것을 생각하고는 슬퍼하였다."고 하였다. 이어지는 번역문과 관련한 그 시의 일부를 옮기면, 다음과 같다. "……鷙梟啄母胸(사나운 올빼미는 어미 가슴 쪼아) / 母死子始翻(어미 죽어야 새끼가 날기 시작하고) / 蝮蛇生子時(살무사는 새끼 낳을 때) / 坼裂腸與肝(창자와 간 터지고 찢어진다네.)……"에서 유래하였다. "**까투리독사**"는 '가토릐비암', '까투리뱀', '까치살모사', '칠점백이', '칠보사(七步蛇)', '칠점사(七点蛇)'라고도 한다. 이 뱀에 물리면 일곱 걸음을 걷기 전에 죽는다 하여 '칠보사', '칠점사'라는 속명이 붙여졌다. 산의 정상 부근인 약 8부 능선에 살고, 힘이 세며, 몸집이 큰 것이 특징인데, 특히 우리나라의 것이 같은 종(種) 중에서 세계 어느 뱀보다 몸집이 크다. 뱀의 독은 보통 신경독과 응혈독으로 분류되는데, 이 뱀은 신경독을 지니고 있다. 이 뱀은 약효가 뛰어나고, 특히 끓이면 연한 아카시아 향기가 난다. "**량두사**(兩頭蛇)"는 머리가 둘 있는 뱀이다. 전설에 따르면, 이 뱀을 보는 사람은 반드시 죽는다고 한다. "**지수사**(枳首蛇)"는 양두사(兩頭蛇)이다. 즉, 머리가 둘인 뱀이다. 중국이나 일본에 있다고 전해지는 쌍두사(雙頭蛇)의 일종이다. 길이는 30cm 정도이고, 새끼손가락 굵기이며, 몸통의 양 끝에 머리 모양이 있다. 『본초강목』에 따르면, 한쪽 머리는 아무리 봐도 가짜 같고, 눈이나 입의 형태도 애매하지만, 앞뒤 양방향으로 자유롭게 나아갈 수 있다. 비늘이 있지만, 지렁이와 비슷한 면도 있고, 장마 뒤에 종종 모습을 보였다고 한다. 일본에서도 에도[江戶]시대에 길이가 1m나 되는 지수사를 잡은 선원이 있었다고 한다. "**월왕약발**(越王約髮)"은 '월왕사(越王蛇)', '양두인사(兩頭儿蛇)'라고도 하며, 머리가 둘 달린 뱀의 다른 이름이다.

〈즉군자(卽君子)〉는 『물명고』에 따르면, "모양이 '소라'와 같은데, 속은 마치 돌과 같은 것으로 가득 찼고, 크기는 '콩'과 비슷하다. 식초 속에 놓아두면, 암컷과 수컷이 서로 따르다가 잠깐 사이에 문득 합하고, 곧 '밤'과 같은 알을 낳는다. ○양승암은 '석연'을 갖추어서 식초에서 옮겨 다니게 한다고 하였는데, 그렇다면 '석연'도 또한 '즉군자'와 더불어 같은 것인가?"[23]라고 하였다.

"**양승암**(楊升庵)"은 양용수(楊用修)라고도 하는데, 양신(楊愼, 1488~1559)이다. 명(明)대 사천(四川) 사람이고, '용수'는 그의 자(字)이며, '승암'은 호(號)이다. 벼슬은 한림수찬(翰林修撰)과 경연관을 지냈다. 저서가 많은데, 그중 『단연록(丹鉛錄)』은 가장 널리 알려진 『단연잡록(丹鉛雜錄)』·『속록(續錄)』·『여록(餘錄)』 등을 제자 양좌(梁佐)가 한데 모은 것이다. "**석연**(石燕)"은 단단하고 무거운 광물성 생약(生藥)의 일종이다. 중국 호남성(湖南省)·사천성(四川省) 등지에서 산출되는 석연자과(石燕子科)의 화궁석연(華弓石燕)과 가까운 고대 동물의 화석(化石)을 약용할 때 부르는 이름이다. 편평한 신장(腎臟) 모양으로 길이는 2~4cm이고, 표면은 청갈색 또는 갈토색(褐土色)이며, 단면은 청갈색 또는 청회색(靑灰色)이고, 백색 돌을 분쇄하여 모아둔 집합체처럼 보이기도 한다. 양쪽 면 중앙이 볼록 튀어나왔고, 돌과 같이 단단하여 쉽게 부서지지 않으며, 볶으면 표면에 백색 광택이 나는 얇은 막이 생긴다. 민간에서는 청흑회색이면서 질이 단단하고, 잡색이 섞이지 않은 화석을 상품으로 여기는데, 이를 볶아 분쇄하고, 수비(水

23 卽君子 狀如螺 中實如石 大似豆. 置醋中 雌雄相逐 逡巡便合 卽下卵如栗. ○楊升庵 說石燕 以醋遊 然則石燕 亦與卽君子同耶?

飛)하여 약용한다. 이수(利水)·제습열(除濕熱)·퇴목예(退目翳)·소염(消炎) 등의 효능이 있어서 가루약·물약·알약 등으로 만들어 소변불리(小便不利)·요로결석(尿路結石)·요혈(尿血)·임질(淋疾)·치루(痔漏)·장염(腸炎)·목예를 다스리는 데 쓴다. 또는 모양이 '제비' 비슷하고, 무늬가 있는 돌을 의미하기도 한다. 한편, 이는 동굴 속에 살고, '박쥐' 비슷한 새의 이름이기도 하다.

4) 곤충 昆蟲

'곤충(昆蟲)'은 벌레의 통칭이다.

〈금잠(金蚕)〉은 『물명고』에 따르면, "금(金)과 더불어 같은 장소에서 사는데, 매우 독한 독(毒)이 있어서 그 병을 얻으면, '고(蠱)'와 비슷하다. 어떤 사람은 말하기를 '고충'이 사람 고기를 먹으면, 금(金) 똥을 싸고, 별도로 '금잠'이 있지 않다고 하였다. 어떤 사람은 말하기를 '금잠'이 사람 사는 집에 들어가 틈새 속에 숨으면, '고슴도치'가 찾을 수 있어서 입으로 물어 끄집어낸다고 하였다."[24]라고 하였다.

"**금잠**(金蠶)"은 전설상 금색의 누에이다. 남방(南方)에서 기르는데, 촉(蜀)나라 비단을 먹여 그 똥을 받아 음식에 넣으면 그 독으로 사람이 죽을 수 있다. 금잠은 기르는 사람에게 재물이 생기게 하여 갑자

24 金蚕 與金同處 有大毒 得其病似蠱. 或曰 蠱蟲食人 則糞金 非別有金蚕. 或曰 金蚕入人室藏隙中 則蝟能覓之啣出.

기 부자가 되게 하지만, 그 누에를 내보내기는 매우 어려워서 물이나 불이나 칼로도 죽일 수 없다. 금잠을 많은 금이나 은과 섞어서 여러 갈래로 난 길모퉁이에 던지면, 사람들이 혹 그 금이나 은을 주워갈 때에 금잠이 묻어가게 되는데, 이렇게 하는 것을 보고 '금빛누에를 떠넘긴다'고 한다. 인신(引伸)하여 금속(金屬)으로 주조(鑄造)한 누에를 의미한다. "**고**(蠱)"는 전설상 사람이 기른다고 하는 독충의 이름이다. 주로 남을 해치려는 굿·주술 따위에 쓰이는 벌레이다. "**고충**(蠱蟲)"은 회충과의 기생충이다. 몸길이는 15~30cm로 환절(環節)이 없는 지렁이 모양이고, 암컷이 수컷보다 약간 길다. 암컷은 하루에 20만 개 이상의 알을 낳는데, 대변과 함께 몸 밖으로 나온 알은 성숙란이 되어 야채·물 등을 통하여 인체에 들어가 소장에서 발육(發育)한다. 한편, 인공(人工)으로 기른다는 전설상의 독충 이름이나 곡식 벌레의 나방을 가리키기도 한다.

〈당낭(蟷蠰)〉은 『물명고』에 따르면, "연가시이니, '당랑(螳蜋: 버마재비)', '도랑', '거부(버마재비)', '지부', '식우(뽕나무에 달린 사마귀알집)', '불과(버마재비)', '석낭', '흘굉(버마재비)', '모(蛑)', '막학(버마재비)', '기부(버마재비)', '천마'와 같다. 〈직견낭(織絹娘)〉은 『본경』에서 또한 '버마재비'의 다른 이름이라고 여겼지만, 그러나 아마도 '초충'의 이름일 것이니, 그 모양을 따르면 가깝지만 잘못이다."[25]라고 하였다.

"**당낭**(蟷蠰)"의 '蠰'은 『한어대자전』과 『한한대자전』 및 『대한한사

25 蟷蠰 연가싀 螳蜋 刀蜋 拒斧 持斧 蝕疣 不過 石娘 齕肱 蛑 莫貈 蚚父 天馬 仝. 織絹娘 本經 亦以爲螳蜋別名 然恐是草蟲之稱 因其形近而誤.

전』에 따르면, 뜻과 음(音)이 세 가지이다. 첫째, '당랑(螳螂: 버마재비)'을 뜻할 때에는 '낭[奴當切]'이고, 둘째, '상우(桑牛: 뽕나무하늘소)'를 뜻할 때에는 '상[式亮切]'이며, 셋째, '양계(蠰谿: 책맹(蚱蜢)·벼메뚜기)'를 뜻할 때에는 '양[如兩切]'이다. 이어지는 내용상 이 항목은 '버마재비'에 대한 설명이므로 여기에서의 음(音)은 '낭'이 적절하다. '당낭(蟷蠰)'은 '당랑(螗蜋)'의 다른 이름이다. '버마재비', '사마귀'라고도 하는데, 사마귀과의 곤충이다. 알은 회황색(灰黃色)이고, 뽕나무에 달려 있는 알둥지는 '상표소(桑螵蛸)'라 하여 약재로 쓴다. 다른 이름은 '당랑(螳螂)', '당랑(蟷螂)'이다. 이 항목은 그 내용상 '버마재비'에 대한 설명이므로 원문의 '연가싀(연가시)'는 기록상의 오류이며, 바로 이어지는 항목인 '사사(絲蛇)' 항목의 내용에 우리말 고어(古語) 표기로 기재되는 것이 올바르다. **"연가시"**는 유선형동물문 칠선충목에 속하는 연가시류를 이르는 말이다. 가느다란 철사 모양을 한 동물로서, 유생(幼生)은 메뚜기나 사마귀 따위의 곤충에 기생하고, 성체(成體)는 민물 속에서 독립생활을 한다. 우리나라 여러 지역에서 볼 수 있다. **"지부**(持斧)"는 버마재비, 사마귀를 의미한다. 인신(引伸)하여 법의 집행(執行)을 의미한다. 또는 어사(御使) 등 황제(皇帝)가 파견(派遣)한 법을 집행하는 관리를 뜻한다. **"직견낭**(織絹娘)"은 '당랑(蟷螂: 버마재비)'의 다른 이름이다. 명(明)대 장자열(張自烈)이 짓고, 청(淸)대 요문영(寥文英)이 자휘(字彙)의 형식을 따라 새로 편집(編輯)·간행(刊行)한 『정자통(正字通)』에 따르면, 날개 밑의 붉은 깃이 마치 치마처럼 보이기 때문에 세속에서 '직견낭'이라 부른다고 하였다. **"초충**(草蟲)"은 베짱이. 또는 메뚜기이다. 풀밭에 사는 벌레인 풀벌레를 뜻하기도 한다. 아울러 『시경(詩經)』 「소남(召南)」의 편명(篇名)이기도 하다. 즉, 대부(大夫)

의 처가 예절로써 자신을 잡도리함을 읊은 시인데, 일설에는 대부의 처가 계절의 변화를 보고, 부역나간 지아비를 생각하며 읊은 시라고도 한다. 인신(引伸)하여 풀과 벌레를 그린 그림을 의미한다.

〈루의(螻蟻)〉는 『물명고』에 따르면, "개미이니, '구(蚼)', '현구', '의양(작은 개미)'이다. 〈의왕(蟻王)〉은 "스승 개미"이다."[26]라고 하였다.

"**구**(蚼)"는 '구양(蚼蟓)', '비부(蚍蜉)'라고도 한다. '왕개미'로서 개미의 일종이다. 한편, 사람을 잡아먹는다는 전설상의 짐승인 구견(蚼犬)을 의미하기도 하며, 농작물을 갉아 먹는 해충의 이름인 '구저(蚼蛆)'를 의미하기도 한다. "**의왕**(蟻王)"은 중국 당(唐)대 이공좌(李公佐)가 지은 〈남가태수전(南柯太守傳)〉 중 대괴안국(大槐安國) 고사(故事)에 등장하는 개미의 왕이다. 〈남가태수전〉은 남가일몽(南柯一夢)을 줄거리로 한 소설이고, 〈남가기(南柯記)〉라고도 한다. 1권이며, '남가일몽'은 꿈과 같이 한때의 헛된 부귀(富貴)나 허무한 꿈을 비유한다. 당(唐)나라의 순우분(淳于棼)이 괴안국(槐安國)에 이르러 임금의 딸을 아내로 맞고, 남가군(南柯郡)의 태수(太守)가 되어 20년간 영화를 누렸는데, 깨어 보니 자기 집 회화나무의 남쪽 가지 밑에서 낮잠을 자다가 꾼 꿈이었다는 고사(故事)이다. 다른 이름은 '남가몽(南柯夢)', '괴안몽(槐安夢)'이다.

〈지주(鼅鼄)〉는 『물명고』에 따르면, "'망충(거미)'이니, "거미"이다.

26 螻蟻 가얌이 蚼 玄駒 蟻蛘. 蟻王 스승가얌이.

‘주무(거미)’, ‘절무(거미)’ ‘절(蚍)’의 음(音)은 ‘굴(屈)’, ‘철무(거미)’, ‘촉유(거미)’, ‘독여’ ‘독(毒)’의 음(音)은 ‘대(大)’, ‘차추(거미)’ 음(音)은 ‘추(秋)’, ‘두공’과 같다. 〈절당(蛭蟷)〉은 땅에 굴을 파서 집을 만들고, 굴의 입구를 거미줄로 덮는다. ○장안의 어린아이들은 풀을 가지고 땅의 구멍을 찔러대면서 말하기를 ‘전당(땅거미)’이 밖으로 나온다고 하며, 낚시질하여 작은 붉은색 벌레를 꺼내는데, 등이 마치 ‘낙타’의 등에 솟은 육봉(肉峰)과 같기 때문에 이르기를 ‘낙타’를 낚았다고 한다. ‘철탕(땅거미)’, ‘토지주’, ‘전당충’, ‘질모’와 같다.”27라고 하였다.

“**절당**(蛭蟷)”은 ‘땅거미’이다. 땅거미과 거미의 일종인데, 몸은 흑갈색이고, 땅속에 집을 짓고 산다. “**장안의 어린아이들은**[長安小兒] ~**때문에 이르기를 ‘낙타’를 낚았다고 한다**[故謂之釣駱駝]”라는 것의 출전(出典)은 유숭원(劉崇遠)의 『금화자(金華子)』이다. ‘유숭원’은 5대(五代) 남당(南唐)의 하남(河南) 사람인데, 당(唐)나라 말기에 황소(黃巢)의 난을 피해서 양자강을 건너 남쪽으로 옮겨 살았다. 이씨(李氏)를 섬겨 문림랑(文林郎)・대리사직(大理司直)이 되었다. 진(晉)대 사람으로 금화산(金華山) 석실(石室)에서 은거하다가 도인이 되었다는 황초평(黃初平)의 사람됨을 일찍이 사모하여 스스로 호(號)를 금화자(金華子)라 하였고, 저서 또한 그 이름을 얻었다. 『**금화자**』는 원본이 오래전에 없어졌는데, 『사고(四庫)』의 것은 『영락대전(永樂大典)』의 기록으로부터 나온 것이다. 모두 60여 항목이고, 모두 당나라 말기 조

27 鼅鼄 網蟲 거믜. 蛛蝥 蚍蜉 蚍音屈 蝃蝥 蠾蝓 毒餘 毒音大 次蟗 音秋 杜公 仝. 蛭蟷 穴土爲窠 網覆穴口. ○長安小兒 以草刺地穴曰 顚當出來 釣出小赤蟲 背若駝峯 故謂之釣駱駝. 蛈蝪 土蜘蛛 顚當蟲 跌母 仝.

정과 민간의 고사(故事)이며, 사이에 문학과 신괴(神怪) 관련 기록이 포함되어 있다. 정사(正史)와 더불어 서로 참고하고 증명하기에 충분하다. 전체 2권이다. 한편, **"장안**(長安)"은 도성(都城)의 이름으로서 지금의 섬서성(陝西省) 서안시(西安市)의 서북쪽에 위치하고 있다. 한(漢)·수(隋)·당(唐)의 도읍지였다. "토지주(土蜘蛛)"는 '땅거미'인데, 인신(引伸)하여 토착인. 또는 본토박이나 지방 건달. 또는 무뢰한(無賴漢)을 뜻한다.

〈지룡(地龍)〉은 『물명고』에 따르면, "지렁이이니, '구인', '춘인(지렁이)', '근인(螼蚓·지렁이)', '견천(지렁이)', '원선(지렁이 또는 구불구불 서린 모양)', '곡선(曲蟺·지렁이)', '토선(지렁이)', '토룡', '한헌(지렁이)', '부인(지렁이)', '곡선(曲蟮·지렁이)', '인무(지렁이)', '명체(지렁이)', '가녀'와 같다. 예나 지금이나 모두 '지렁이'가 긴 소리로 울 수 있다고 생각하기 때문에 '가녀'라는 이름을 지녔다. 그러나 「월령」에 '루괵'이 울고 '지렁이'가 나온다고 하였으니, 여기에서 우는 놈이 지렁이가 아님을 볼 수 있다. 그러므로 속담에도 말하기를 '루고'는 울어서 단장을 할 수 있지만, '지렁이'는 이에 노래한다는 이름만 있다고 한다. 〈천인답(千人踏)〉은 길바닥에서 밟혀 죽은 놈이다. 〈륙일니(六一泥)〉는 지렁이가 땅에서 파낸 진흙이다."[28]라고 하였다.

28 地龍 디룡이 蚯蚓 朐腮 螼螾 堅蚕 蛩蟺 曲蟺 土蟺 土龍 寒蠊 附蚓 曲蟮 引無 鳴砌 歌女 仝. 古今皆以爲蚓能長鳴 故有歌女之稱. 然月令螻蟈鳴蚯蚓出 此可見鳴者之非蚯蚓也. 故諺曰 螻蛄叫得斷腸 曲蟮乃有歌名也. 千人踏 路上踏殺者. 六一泥 蚓壤之泥.

“**가녀**(歌女)”는 ‘지렁이’의 다른 이름인데, 노래 부르는 것을 업으로 하는 여자를 의미하기도 한다. 「**월령**(月令)」은 『예기(禮記)』의 편 이름이다. 12개월 동안의 절후와 그에 따르는 정령(政令)과 농사일을 적은 내용이다. 또는 1년 12개월의 시절에 따라 펴는 정령(政令). 또는 그 정령을 적은 표를 뜻한다. 한편, ‘월령의(月令醫)’를 의미하기도 한다. 즉, 조선시대에 전의감(典醫監)과 혜민서(惠民署) 소속의 당번 의사이다. “**루괵**(螻蟈)”의 ‘蟈’은 『한어대자전』과 『한한대자전』 등에 따르면, 음(音)이 ‘괵[古獲切]’이지만, 『대한한사전』 등에는 ‘국’이라고 하였다. ‘루괵’은 ‘참개구리’이다. 양서류(兩棲類)에 속하는 개구리의 일종이다. 또는 몸집이 작고 발이 길며 몸빛이 푸른 청개구리를 뜻하기도 한다. 또는 ‘루고(螻蛄)’이다. 다른 이름은 ‘하늘밥도둑’, ‘땅강아지’이다. 『본초강목』의 ‘루고’ 항목에 따르면, 구종석(寇宗奭)이 “이 벌레는 입하 뒤에 밤이 이르면 우는데, 울음소리가 ‘지렁이’와 같으니, 「월령」에서 ‘루괵’이 운다고 한 것도 이것일 것이다.[此蟲立夏後至夜則鳴 聲如蚯蚓 月令螻蟈鳴者是矣.]”라고 하였다. “**구종석**”은 북송(北宋) 말기의 사람으로서 1119년에 의서(醫書)인 『본초연의(本草衍義)』 20권을 지었다. “**단장**(斷腸)”은 창자가 끊어짐을 뜻한다. 몹시 그리워하거나 슬퍼함의 형용이다. 진(晉)의 환온(桓溫)이 삼협(三峽)을 지날 때 종자(從者)가 원숭이 새끼를 붙잡았는데, 어미 원숭이가 울부짖으며 100여 리(里)를 따라오다가 죽자, 그 배를 갈라 보니 창자가 마디마디 끊어져 있었다는 고사(故事)에서 유래한다. “**천인답**(千人踏)”은 길을 가던 사람이 밟아서 죽은 지렁이이다. 이것을 불에 구워 가루를 내서 약으로 쓴다. “**륙일니**(六一泥)”는 지렁이의 똥이다. 이질(痢疾)의 만성열(慢性熱)이나 단독열(丹毒熱) 따위에 약으로 쓴다.

〈삼시충(三尸蟲)〉은 『물명고』에 따르면, "사람의 뇌수 속에 있고, 다른 이름으로 '팽질', '팽교', '팽거'인데, 어떤 사람은 이르기를 상시를 '청고'라 하고, 중시를 '백고'라 하며, 하시를 '혈고'라 하였다. 항상 음력 매월 15일과 그믐날마다 하느님에게 사람들의 잘못이나 허물을 아뢴다. 만약 사람들에게 욕심이 많으면, '삼시'가 뇌수를 좀먹어 다 없애지만, 맑고 깨끗하며 도(道)를 닦으면 '시충'은 사라져 없어진다. ○〈회충(蛕蟲)〉은 음(音)이 '위(委)'이고, 세상에서는 '회(蛔)'자로 쓰기도 하는데, 사람 밥통 속의 벌레이고, 모양은 '지렁이'와 비슷하니, "거위(회충)"이며, '회(蛸: 거위·회충)'와 같다. 〈석회(石蛕)〉는 오래 머물러서 덩어리를 이룬 것이다. 〈인중룡(人中龍)〉은 토해 내서 나온 놈이다."[29]라고 하였다.

"**삼시충**(三尸蟲)"은 '삼시(三尸)'라고도 한다. 도가(道家)에서 말하기를, 사람의 몸 안에 있으면서 앙화(殃禍)를 입힌다는 무형(無形)의 세 마리 벌레이다. 이것이 경신(庚申)날 밤에 잠든 사람의 몸에서 빠져나와 하늘로 올라가서 그 사람의 잘못을 몰래 천제(天帝)에게 고한다. 한편, 모두 비장(脾臟)에 살고 있다는 설도 있고, 여러 가지로 사람에게 해롭기 때문에 장생불사(長生不死)를 위해서는 삼시를 반드시 없애 버려야 한다고 하였다. '수경신(守庚申)'의 풍습도 여기에서 나왔는데, 60일마다 오는 경신일 밤에 자지 않고 지켜서 삼시가 상제에게 보고

29 三尸蟲 在人腦髓中 一名 彭質 一名 彭矯 一名 彭琚 或云 上尸曰 淸姑 中尸曰 白姑 下尸曰 血姑. 常以月望晦日 白人過失於上帝. 人若多慾 則三尸蝕盡腦髓 淸淨修道 則尸蟲消滅. ○蛕蟲 音委 俗作蛔字 人胃中蟲 形似蚯蚓 거위 蛸 仝. 石蛕 久而成積者. 人中龍 吐出者.

하지 못하도록 하려는 것이었다. 원래는 형체가 없는 것으로 여겨졌으나, 후에는 형태를 갖춘 것으로 표현되기도 하였다. “**뇌수**(腦髓)”는 두개골(頭蓋骨) 속에 보호되어 있고, 중추 신경계(中樞神經系)의 대부분을 차지하며, 특정한 다수의 신경 세포가 집합하여 온몸의 신경을 지배하고 있는 부분이다. 대뇌(大腦), 간뇌(間腦), 소뇌(小腦), 중뇌(中腦), 뇌교(腦橋), 연수(延髓)로 이루어져 있다. 다른 이름은 ‘뇌(腦)’, ‘두뇌(頭腦)’, ‘수뇌(髓腦)’, ‘뇌자(腦子)’, ‘머릿골’이다. “**상시**(上尸)”는 ‘팽거(彭琚)’ 또는 ‘청고(淸姑)’, ‘청복(淸服)’이라고 불리며, 눈썹 위의 상단전(上丹田)에 있으면서 머리를 번잡하게 하고 욕심을 많게 한다. “**중시**(中尸)”는 ‘팽질(彭質)’ 또는 ‘백고(白姑)’, ‘백복(白服)’이라고 불리며, 심장 위의 중단전(中丹田)에 있으면서 음식을 탐하고 원기부족·건망증에 걸리게 한다. “**하시**(下尸)”는 ‘팽교(彭矯)’ 또는 ‘혈고(血姑)’, ‘적구(赤口)’라고 하며, 배꼽 밑의 하단전(下丹田)에 있으면서 색욕에 빠지게 한다. “**회충**(蛕蟲)”은 『동의보감』에 따르면, 길이가 한 자[尺] 정도이고, 심장을 뚫어서 사람을 죽게 한다. 다른 이름은 ‘식충(食蟲)’이다. “인중룡(人中龍)”은 뛰어나거나 비범한 인재를 뜻한다. 즉, 재주가 비상한 사람이나 출중한 인물의 비유나 인격이 고매한 인물이다. 한편, 이는 진(晉)대 돈황(敦煌) 사람인 송섬(宋纖)을 가리킨다. 자(字)는 영애(令艾)이고, 시호(諡號)는 현허선생(玄虛先生)이다. 은사(隱士)로서 일찍이 주군(州郡)의 부름에 전혀 응하지 않고, 주천(酒泉)의 남산(南山)에 은거하면서 수천 명의 제자들에게 학문을 가르쳤는데, 한번은 주천태수(太守) 마급(馬岌)이 그를 만나보려고 찾아갔으나, 그가 굳이 거절하고 만나주지 않으므로 마급이 그를 ‘인중지룡(人中之龍: 사람 가운데 용)’이라고 감탄하면서 시(詩)를 지어 석벽(石壁)에 새겼으니, 그 시에 "붉은 낭떠러지는 백 길이요, 푸른 절벽은 만 길이나 되는데, 기이한 수목들이 울창하여, 등림처럼 무성하구나. 옥 같은 사람이 여기에 있으니, 오직 나라의 보배인데, 집은 가까우나 사람이 머니, 실로 내 마음을 애타게 하네.[丹崖百丈 青壁萬尋 奇木蓊鬱 蔚若鄧林. 其人如玉 維國之琛 室邇人遐 實勞我心.]"라고 『진서(晉書)』 권(卷)94에 전한다. 또는 명(明)대 임청(臨淸) 사람인 왕대년(汪大年)을 가리킨다. 자(字)는 미앙(未央)이다. 공생(貢生). 진계유(陳繼儒), 범경문(范景文)과 함께 교의(交誼)가 매우 깊었고, 같은 시기에 명성을 나란히 하였다. 임금이 내려주는 물건이나 금과 비단 등을 받지 않았고, 서실(書室)을 '명가당(茗柯堂)'이라고 하였다. 저서에 『유휴(類鵂)』, 『명가당연부집(茗柯堂然否集)』 등이 있다.

〈섬서(蟾蜍)〉는 『물명고』에 따르면, "두드러기 같은 것이 온몸에 두루 퍼져 있으니, "두꺼비"이다. ○'섬서(蟾蜍)'와 〈하마(蝦蟆)〉는 예로부터 혼설이다. 『본경』에서는 물속 '흑와(黑蛙: 개구리)'의 모양이 '섬서'와 비슷한 놈이기 때문에 '하마'라고 하였다. 그러나 대개 '하마'는 이러한 종류를 두루 묶어서 부르는 이름이다. 그러므로 '섬(蟾)' 또한 '라하마'라고 부르는 것이다. 〈하마(蝦蟇)〉는 또한 '마(蟆)'자로 쓰기도 하는데, "물개구리"이니, '석당'과 같고, '합반설'과 같다."30고 하였다.

30 蟾蜍 遍身痦瘰 두텁이. ○蟾蜍蝦蟆 自古混說. 本經 以水中黑蛙形似蟾蜍者爲蝦蟆. 然盖蝦蟆爲此類之摠名. 故蟾亦曰 癩蝦蟆. 蝦蟇 亦作蟆 물개고리 石撞 仝 蛤反舌 仝.

“**석당**(石撞)”은 깊은 골짜기나 바위굴에 사는 ‘대하마(大蝦蟆)’의 이름이다. 중국 송(宋)대 장세남(張世南)이 지은 『유환기문(游宦紀聞)』에 따르면, 그가 살던 지금의 강서성(江西省) 덕흥현(德興縣)에는 3개 주(州)의 경계를 두르며, 넓이가 수백 리(里)에 이르는 모산(毛山)이 있는데, 매년 여름 사이에 산 주변에 사는 사람들이 밤에 횃불을 가지고, 깊은 골짜기나 바위굴로 들어가 대하마를 잡았다. 마을 사람들은 이를 ‘석당’이라고 이름 부르며, 귀중하게 여겼다고 하였다.

무정류 無情類 2

1) 풀草

'무정류(無情類)'는 식물(植物)이다. 즉, 감정이나 지각(知覺)이 없는 종류를 일컫는다. '풀[草]'은 초본(草本) 식물을 통틀어 이르는 말이다. 땅 위의 줄기가 나무와 같은 목질(木質)을 이루지 못하여 줄기가 연하다. 산이나 들, 논과 밭, 길가 등에 저절로 자라며, 대개 한 해를 지내고 죽는다.

〈곡(穀)〉은 『물명고』에 따르면, "풀 열매 중에서 사람이 얻어 양식으로 삼는 것이다. 〈5곡(五穀)〉은 '도(稻: 벼)', '서(黍: 찰기장 또는 기장 또는 찹쌀)', '직(稷: 메기장 또는 피 또는 조[粟] 또는 수수[高粱])', '숙(菽: 콩)', '맥(麥: 보리)'이다. 〈구곡(九穀)〉은 '서(黍)', '직(稷)', '도(稻)', '량(粱)', '삼두', '이맥(대맥(大麥)인 보리와 소맥(小麥)인 밀)'이다."[1]라고 하였다.

1 穀 草實之人取爲粮者. 五穀 稻黍稷菽麥. 九穀 黍稷稻粱三豆二麥.

"**5곡**(五穀)"은 다섯 가지 곡식이다. 즉, 벼 · 찰기장 · 메기장 · 콩 · 보리이다. 그런데 문헌마다 일치되지 않고 여러 가지 설이 있다. 『주례(周禮)』에 따르면, 벼 · 기장 · 피 · 콩 · 보리이고, 『예기』에서는 삼[麻] · 기장 · 피 · 콩 · 보리이며, 『관자(管子)』에서는 벼 · 기장 · 차조 · 콩 · 보리이다. 국립국어원 『표준국어대사전』에 따르면, 다섯 가지 중요한 곡식, 즉 쌀 · 기장 · 조 · 콩 · 보리나 또는 곡식을 통틀어 일컫는 말로 되어 있고, 각종 다른 문헌에서는 삼 · 기장 · 피 · 콩 · 보리, 혹은 벼 · 기장 · 조 · 콩 · 보리로 되어 있다. 인신(引伸)하여 곡식의 총칭이다. "**구곡**(九穀)"은 쌀 · 보리 · 콩 · 팥 · 조 · 수수 · 옥수수 · 밀 · 참깨의 아홉 가지 곡식이다. 조선시대에 임금의 친경전(親耕田)인 적전(籍田)에서 재배한 곡식을 이른다. 인신(引伸)하여 곡물(穀物)의 총칭이다. "**량**(粱)"은 '기장'이다. '조(좁쌀)'보다 알이 굵은 곡식의 일종이다. 또는 먹을 수 있게 정미(精米)한 곡식인 '쓿은쌀'이다. "**삼두**(三豆)"는 흑두(黑豆: 검은콩), 녹두(綠豆), 적소두(赤小豆: 붉은팥)이다.

〈고봉(菰葑: 줄풀의 뿌리)〉은 『물명고』에 따르면, "고근(菰根)이 서로 얽혀서 오래되면 가지런히 자라나 물위에 떠오르는 것이니, 동파가 쳐서 깊게 하였다는 것이 이것이다. 강남에 봉전이라 일컫는 것이 있는데, 나무를 마치 문짝 모양으로 얽어매서 흙을 실어 쌓고 채소를 재배한다고 근래에 들었으니, 물위에 떠있기 때문에 모양이 비슷하고 이름도 같다."[2]라고 하였다.

2 菰葑 菰根相結久 則並生 浮於水上者 東坡所浚是也. 近聞江南有称葑田者 縛木如扉形 載土種菜 浮之水上 故形似 而同名也.

"**고근**(菰根)"은 줄풀의 뿌리인데, 위장병이나 소갈(消渴), 화상을 입었을 때 약으로 쓴다. "**동파가 쳐서 깊게 하였다는 것**[東坡所浚]"은 동파가 서호(西湖)의 줄풀과 우물을 쳐서 깊게 하였다는 의미이다. '동파'는 소식(蘇軾, 1036~1101)의 호(號)인 동파거사(東坡居士)의 별칭이다. 그는 조정의 정치를 비방하는 내용의 시를 썼다는 죄로 황주로 유배를 갔었는데, 이 때 농사짓던 땅을 동쪽 언덕이라는 뜻의 '동파'로 이름 짓고, 스스로 호를 삼았다. 자(字)는 자첨(子瞻) 또는 화중(和仲)이다. 사천성(四川省) 미산현(眉山縣) 사람이며, 중국 북송(北宋)대의 시인·산문작가·예술가·정치가이다. 아버지 순(洵), 동생 철(轍)과 함께 '삼소(三蘇)'라 불린다. 또한 당(唐)대의 한유(韓愈)·유종원(柳宗元), 송(宋)대의 구양수(歐陽修)·증공(曾鞏)·왕안석(王安石) 등과 함께 뛰어난 8명의 산문가(散文家)를 일컫는 당송8대가(唐宋八大家)에 속하기도 한다. 저서에 『역전(易傳)』·『서전(書傳)』·『논어설(論語說)』·『구지필기(仇池筆記)』·『동파지림(東坡志林)』 등이 있다. 소동파는 30대와 50대 두 차례에 걸쳐 절강성(浙江省) 항주(杭州)에서 관리를 지냈는데, 당시 서호는 물위에 줄풀의 뿌리가 모이고, 그 위에 흙이 쌓이면, 그곳에 농작물을 심는 봉전(葑田)이 반이나 되어 비가 많이 내리는 계절이라도 물을 모아 둘 수 없었고, 가뭄에는 호수물이 말랐다. 따라서 그는 서호(西湖) 수리시설(水利施設)의 중요성을 깨닫고, 서호의 준설작업(浚渫作業)을 시작하였다. 또한 당(唐)대의 이필(李泌)이 만든 6정(六井)이 상당 부분 파괴되어 메워진 것을 살펴보고, 보수공사를 진행하여 백성들의 식수난을 해결하였다. 한편, 그는 해남성(海南省) 중화(中和)에서 3년간 살았는데, 당시 현지의 백성들은 하천의 물을 마셨고, 그 물이 깨끗하지 못해 많은 질병을 앓고 있었다. 소동파는 깨끗한 식용수를 얻기 위해 앞장서서 그가 살던 집인 도랑암(桃榔庵) 옆에 우물을 팠고, 현지인들은 소동파에 대한 고마움을 표시하고자 그 우물에 '동파정(東坡井)'이라는 이름을 붙여주었다. 7m 깊이의 이 우물은 지금까지 보존되고 있으며, 이 우물물을 마시면, 과거에 급제한다고 해서 예로부터 선비들이 너도나도 이 우물을 찾았다는 이야기도 전해진다. 이와 관련하여 송(宋)대 시인 소주(蘇籀)의 시 〈급동파소준정일수(汲東坡所浚井一首)〉가 있다. "**봉전**(葑田)"은 호수나 못에 줄풀의 뿌리가 모이고 쌓여서 진흙이 되고, 물이 말라 농작물을 가꿀 수 있게 된 논밭이다. 또는 늪과 못에 말뚝을 박고, 진흙과 줄풀을 편 후, 곡식을 심어 물위에 띄운 논밭이다.

〈괴(蒯)〉는 『물명고』에 따르면, "신발을 만드는 데 쓰지만, 옛 사람들은 대부분 간구로 그것을 충당하였다. 그러나 『좌전』에 '간괴를 버리지 말라'고 하였으며, 그 말의 뜻을 자세히 헤아려보면, 륵초(한삼덩굴 · 기령풀)의 종류에 맞는 듯하다. 〈륵초(勒艸)〉는 "그르영(륵초)"이고, '구미근초(머리새 · 억새의 일종 또는 강아지풀)'와 같다."[3]라고 하였다.

"**괴**(蒯)"는 '기름새', '기름사초(莎草)'라고 하는데, 사초과의 여러해살이풀이다. 줄기의 섬유로 자리 따위를 만든다. 또는 '누런색 띠'인 '황모(黃茅)'를 의미하기도 한다. "**간구**(菅屨)"는 사초로 삼은 신발인데, 상주(喪主)가 초상 때 신었다. "**간괴를 버리지 말라**[無棄菅蒯]"는 것은 『춘추씨좌전』「성공(成公)」 9년 11월조(條)에, 거(莒)나라가

3 蒯 用以爲屨 古人多以菅屨當之 然左傳 無棄菅蒯 詳其語意 似是勒艸之類. 勒艸 그르영 狗尾根草 仝.

방비를 마련하지 않고 있다가 초(楚)나라에 망한 일과 일시(逸詩)가 수록되어 있는데, '무기간괴'는 그 일시 중 2행에 해당한다. 그 시는 "雖有絲麻(비록 명주실과 삼실이 있다고 하더라도) / 無棄菅蒯(간괴를 버리지 말라) / 雖有姬姜(비록 큰 나라의 미녀가 있다고 하더라도) / 無棄蕉萃(여위고 파리한 추녀를 버리지 말라) / 凡百君子(무릇 어떤 사람이든 인재가 부족하면) / 莫不代匱(대신 쓰이지 못하는 일이 없나니)"이다. 여기에서 '명주실[絲]'과 '삼실[麻]'은 좋은 옷감을 만드는 실로 뛰어난 재주를 가진 사람을 비유하고, '간괴'는 띠풀의 한 종류로서 끈을 만드는 데 쓰이며, 인신하여 미천한 사람이나 보잘 것 없는 사물의 비유로 쓰이는 한편, 짚신이나 초혜(草鞋)를 의미하기도 한다. 따라서 이 시는 거나라의 방비가 소홀하였음을 지적하고, 유비무환의 자세를 강조한 말이지만, '무기간괴'를 통해 뛰어난 물건이나 사람이 있다고 하더라도 모자라거나 미천한 사람을 함부로 버리지 않는 자세가 바람직하다는 말로 쓰이게 되었다. 또한 '간괴'는 적재적소에 인재를 등용한다는 의미도 지니게 되었다.

〈로실(蘆實)〉은 『물명고』에 따르면, "노실인데, 크기가 커서 술그릇을 만들 수 있다."[4]라고 하였다.

"**로실**(蘆實)"은 '범고채[蘆]'의 열매인데, 『문헌비고(文獻備考)』〈울릉도사실(鬱陵島事實)〉 항목에 따르면, "……땅은 사방이 백 리쯤 되고, 시호(柴胡) · 고본(藁本) · 석남(石楠) · 등초(藤草) · 각종 향나무와 범

4 蘆實 노실 大可爲杯尊.

고채[蘆]가 산출되며, 아름드리 대[竹]가 많고, 범고채 열매[蘆實]와 복숭아씨 중 큰 것은 술잔이나 되를 만들 만하다……[地方百里 産柴胡藁本石楠藤草諸香木蘆 竹多合抱者 蘆實桃核 大可爲杯升]"라고 하였다. 이와 같은 기록은 1808년에 서영보(徐榮輔)·심상규(沈象奎) 등이 왕명에 의해 조선 왕조의 재정과 군정에 관한 내용을 집약하여 찬진(撰進)한 책인 『만기요람(萬機要覽)』「군정편(軍政篇)」4 〈동해(東海)〉 항목과 조선 후기 문신인 이유원(李裕元)의 문집으로서 조선과 중국의 사물에 대하여 고증한 내용을 담아 1871년에 펴낸 책인 『임하필기(林下筆記)』 제13권 「문헌지장편(文獻指掌編)」 〈울릉도(鬱陵島)〉 항목과 이규경(李圭景)의 『오주연문장전산고(五洲衍文長箋散稿)』「경사편(經史篇)」 〈울릉도사실변증설(鬱陵島事實辨證說)〉등에도 수록되어 있다.

〈관음죽(觀音竹)〉은 『물명고』에 따르면, "점성국에서 나오는데, '등나무'와 같으면서 길이는 한 발[丈] 남짓이고, 빛깔은 마치 쇠와 같으며, 한 치[寸]마다 마디가 두세 개다."[5]라고 하였다.

"**관음죽**(觀音竹)"은 야자과의 상록 관목이다. 중국 남부 원산으로 관상용으로 재배한다. 줄기는 곧게 자라 가지가 갈라지지 않고, 높이는 1~2m이며, 잎은 겹잎이고 광택이 있으며 딱딱하다. 초여름에 작은 담황색 꽃이 듬성듬성 핀다. "**점성국**(占城國)"은 1~2세기경 인도차이나 반도에 건국되었던 참파[Champa]국의 중국식 이름이다. 『명사(明史)』 권324 「외국열전(外國列傳)」5에 따르면, "점성국은 남해 중

5 觀音竹 出占城國 如藤長丈餘 色如鐵 每寸二三節.

에 있는데, 광동(廣東) 감주(贛州)에서 순풍으로 하루를 항해하면 도달할 수 있고, 복건(福建) 복주(福州)에서는 서남쪽으로 10일을 항해하면 도달할 수 있다. 진(秦)대에는 임읍(林邑), 한(漢)대에는 상림현(象林縣)이었는데, 후한 말 구련(區連)이 이 지역에 거점을 두고 처음으로 임읍왕이라고 칭하였다. 당(唐)대에 점불로(占不勞) 혹은 점파(占婆)라고 칭하였으며, 왕은 점성에 거주하였다. 명 태조 홍무2년(1369)에 조공하여 왔다."라고 하였다.

〈야호마(野胡麻)〉는 『물명고』에 따르면, "범의깨(들깨의 일종)이다. 꽃은 '목면'과 비슷하고, 잎은 '충위'와 같으며, 씨방(꽃송이)은 '경실'과 비슷하다. 지금 세상 사람들은 이르기를 '호마'라고 하는데, 아마도 옛날의 '아마(亞麻)'인 듯하다. 대개 도가의 수명을 연장하는 음식에도 그것이 없고 비교할 것도 없다. 돌은 기세가 강하지만 '종유석(鐘乳石)'이 있고, 버섯은 독을 지녔지만 '령지(靈芝)'가 있다. 풀에는 '황정'이 있고, 나무에는 '복령'이 있는데, 어찌 홀로 사람들이 늘 먹는 곡식만 빠졌겠는가? 다만 사람들의 마음은 기이함만 좋아하기 때문에 가까이에 있는 도(道)를 먼 곳에서 찾으니, '거승'이 '흑지마(黑芝麻)'라고 함을 믿지 않고, 반드시 산의 어린나무나 들풀의 열매에서 찾으며, 그것을 마땅하게 여긴다. 자첨씨가 진실로 이미 설명하여 1천 년 전에 깨뜨렸는데, 요즈음 사람들은 끝내 그 자료도 내놓지 못하면서 '거승'이 저절로 생겨나서 자란다는 어지럽게 흩어진 수많은 설명을 힘써 주장한다. "범의깨"로 결론을 내리니, 비록 그 열매를 '아마(鴉麻)'라고 하는지 그렇지 않은지는 아직 잘 모르겠지만, 만약 '아마(鴉麻)'라고 하더라도 옛 사람들은 단지 얻어서 등(燈)에 불만 켰을 뿐이다.

〈아마(鵶麻)〉는 줄기와 이삭이 '익모초'와 비슷한데, 기름을 짜내어 등(燈)에 불을 켜고, 또한 '호마'라고 일컬으며, '벽슬'과 같다."[6]라고 하였다.

"**목면**(木綿 · 木棉)"은 목화(木花)이다. 아욱과의 한해살이풀로서 씨에 붙은 흰 섬유는 솜이나 실의 원료가 되고, 씨는 기름을 짜며, 줄기의 질긴 섬유는 끈이나 종이를 만든다. 또는 낙엽 교목의 이름이다. 잎이 나오기 전에 붉은 꽃이 피는데, 씨의 표피에 흰 섬유가 있어 방석이나 베개를 장식하는 데 쓴다. 인신(引伸)하여 '무명'이다. 즉, 솜을 자아 만든 무명실로 짠 피륙이다. 다른 이름은 '면포(綿布)'이다. "**충위**(茺蔚)"는 '익모초(益母草)'이다. 꿀풀과의 두해살이풀로서 잎과 줄기는 강장제 · 이뇨제 · 더위 먹은 데 등에 약재로 쓴다. 다른 이름은 '야천마(野天麻)'이다. "**경실**(苘實)"은 '어저귀'이다. 아욱과의 한해살이풀로서 줄기 높이는 1.5m 정도이고, 잎은 어긋나며, 둥근 모양으로 가장자리에 둔한 톱니가 있다. 8~9월에 노란 5판화(五瓣花)가 줄기 끝의 잎겨드랑이에서 피고, 열매는 삭과(蒴果)를 맺는다. 줄기로 로프[rope]와 마대를 만들고, 씨는 한약재로 쓴다. 인도가 원산지로 한국 · 일본 · 중국 등에 분포한다. '경마(苘麻 · 蘔麻)', '백마(白麻)', '청마(青麻)'

6 野胡麻 범의깨. 花似木綿 葉如茺蔚 房似茵實. 今人謂之胡麻 疑古之亞麻也. 盖道家延年之餌 無類無之. 石之悍也 而有乳焉 菌之毒也 而有芝焉. 艸有黃精 木有茯苓 何獨人所常啖之穀 而闕如乎? 徒以人情好奇 道邇求遠 不信巨勝之爲黑芝麻 而必求山苗野艸之實 而當之. 子瞻氏固已說 破於千載之前 近人果不出其料 力主巨勝自生之說藉〃. 以범의깨定論 雖未知其的爲鵶麻與否 而若鵶麻 則古人只取 以点灯而已. 鵶麻 莖穗似茺蔚 搾油点灯 亦稱胡麻 壁蝨 仝.

라고도 한다. '경실(莔實)'의 '莔'은 백합과의 여러해살이풀인 '패모(貝母)'를 의미할 때에는 음(音)이 '맹[武庚切]'이지만, '어저귀'를 의미할 때에는 '경[犬迥切]'이다. "**아마**(亞麻)"는 아마과의 한해살이풀이다. 높이는 1m 정도이고, 잎은 어긋나며 선 모양이다. 5~7월에 푸른 자주색 꽃이 취산(聚繖) 화서로 피고, 열매는 둥근 모양의 삭과(蒴果)인데, 황갈색 씨 열 개가 들어 있다. 껍질의 섬유로는 리넨[linen] 따위의 피륙을 짜고, 씨는 '아마인(亞麻仁)'이라고 하여 기름을 짜며, 당뇨병과 장 질환 등에 약재로도 쓴다. 중앙아시아 원산으로 유사 이전부터 이집트와 소아시아에서 섬유 식물로 재배하였고, 세계 각지에서 재배한다. '린트[lint]', '양삼'이라고도 한다. "**돌은 기세가 강하지만 종유석**(鐘乳石)**이 있고**[石之悍也 而有乳焉]"라는 것은 『본초강목』의 '종유석' 항목에 따르면, "대체로 돌로 된 약은 차거나 덥거나 모두 독이 있으니, 마땅히 잘 짐작하여 바르게 써야한다. 『내경』에 돌로 된 약은 기세가 강하므로 오래 먹을 수 없다고 분명히 말하였다[凡石藥冷熱皆有毒 正宜斟酌. 內經曰 石藥之氣悍 不可久服明矣]."라고 하였다. 돌의 이러한 성미(性味)에 반(反)해, 석회암 동굴의 천장에 달려 있는 돌고드름인 '종유석'은 맛이 달고 성질이 따뜻하여 폐를 튼튼하게 하고, 양기(陽氣)를 도우며, 젖이 잘 나오게 한다. "**령지**(靈芝)"는 불로초(不老草)과의 버섯이다. 산속의 썩은 나무 밑동에서 나고, 전체가 코르크[cork]질로 되어 있어 적갈색 또는 자갈색 윤기가 흐른다. 높이는 10cm 정도이고, 장식용으로도 쓰지만, 주로 말려서 약용한다. 옛날에는 상서(祥瑞)의 상징으로 여겨 '복초'라고 불렀다. 특히 신선가(神仙家)의 책 중에 하나인 『황제잡자지균(黃帝雜子芝菌)』에 따르면, '지균'은 몸에 좋은 버섯을 가려서 먹는 방법인데, 예로부터 '영지'나

'자지(紫芝)' 같은 버섯을 먹으면 불로장생을 할 수 있다고 하였다. **"풀에는 '황정'이 있고, 나무에는 '복령'이 있는데**[艸有黃精 木有茯苓]"라는 것은 '황정'과 '복령'은 신선설(神仙說)에 함께 등장하는데, 곡식을 먹지 않고, 음수(飮水)와 식기(食氣)를 위주로 하는 '벽곡(辟穀)'의 보조약품으로 백출(白朮) · 산약(山藥: 마) · 황정 · 거승(巨勝: 흑임자) · 복령 · 영지 등을 복용한다고 하였다. '복령'은 소나무를 벤 뒤, 5~6년이 지나서 흙속에 있는 솔뿌리에 생기는 버섯의 일종이다. '백복령'과 '적복령'이 있으며, 진정제 · 이뇨제 등의 약재로 쓴다. **"흑지마**(黑芝麻)"는 '흑임자(黑荏子)'이다. 이는 '검은 깨'를 한방에서 이르는 말이다. 영양을 돕고, 대변을 부드럽게 한다. 또는 '검은 참깨'라고도 한다. **"자첨씨가 진실로 이미 설명하여**[子瞻氏固已說]"라는 것의 '자첨'은 중국 북송(北宋)대의 문인(文人)인 소식(蘇軾)의 자(字)이다. 소식은 '오마(烏麻)'를 사용하여 자신의 여러 가지 병환(病患)을 치료하였다. 특히 1095년에 그가 혜주(惠州)로 귀양 갔을 때 치창(痔瘡)에 걸렸는데, 통증(痛症)과 변혈(便血) 및 가려움증을 수반하였고, 걸어 다니기도 불편하였으며, 앉아 있을 수도 없었다. 그는 이 병의 원인을 체내(體內)의 소충(小蟲)들이 항문을 갉아먹기 때문이라고 생각하여 일상적 음식을 끊고, 빵(面餠)과 복령(茯苓)과 오마를 몇 개월 동안 복용하여 결국 자신의 치창을 치유하였다. '오마'는 '지마(芝麻)' 또는 '호마(胡麻)'라 칭(稱)하고, 식용(食用)에 좋은 '백지마(白芝麻: 흰 참깨)'와 약용(藥用)에 좋은 '흑지마(黑芝麻)'로 구분한다.

〈운(芸)〉은 『물명고』에 따르면, "노란 꽃이 피고, 잎은 '콩'이나 '숙(蓿)'과 같은데, 이것은 아마도 '훈(薰)'과 더불어 같은 종류인 듯하며,

'우운', '권(權: 풀이름 · 황화)', '황화(국화)'와 같다. '훈(薰)'과 '운(芸)'은 이미 같은 종류로 결정이 났지만, 옛말에 '해엽운향'에는 무늬가 있다고 하였고, '시호'의 다른 이름을 '지훈'과 '운호'라고 하니, '운(芸)'은 아마도 같은 종류이면서 '부추' 같은 잎을 지닌 것인 듯하다."7라고 하였다.

"**운**(芸)"은 '운향(芸香)'이다. 향초(香草)의 이름으로서 운향과의 여러해살이풀이다. 지중해(地中海) 연안 또는 남부 유럽이 원산지이고, 높이는 20~60cm 정도이며, 6~7월에 황색의 꽃이 핀다. 한편, '궁궁이'를 의미하기도 한다. 향초의 이름으로서 산형과의 여러해살이풀이다. 높이는 1.5~2m이고, 잎은 깃 모양으로 깊게 갈라진다. 초가을에 희고 작은 꽃이 우산 모양으로 피고, 날개가 달린 납작한 타원형의 열매를 맺는다. 어린잎은 식용하고, 뿌리는 한약재로 쓴다. 산이나 골짜기에서 자라는데, 한국 · 일본 등에 분포한다. '궁궁', '운초(芸草)', '운향(芸香)', '천궁이'라고도 한다. "**숙**(蓿)"은 '목숙(苜蓿)', '거여목'이다. 콩과의 두해살이풀인데, 봄에 노란 꽃이 피고, 세 장의 작은 잎으로 된 겹잎에 용수철 모양의 열매가 열린다. 주로 거름이나 목초(牧草)로 쓰이는 유럽 원산의 귀화 식물로, 우리나라 여러 곳에 야생한다. '개자리', '게목', '광풍채(光風菜)', '금지초(金枝草)', '목률(木栗)', '목숙(苜蓿)', '클로버[clover]'라고도 한다. 한편, '말[馬]'이 좋아하기 때문에 '목숙'은 '말'의 다른 이름으로 쓰기도 한다. "**훈**(薰)"은 향기가 나는 풀인 향초의 이름이다. '혜초(蕙草)', '혜란(蕙蘭)'이라고도

7 芸 黃花 葉如菽蓿 此恐與薰一類 牛芸 權 黃華 仝. 薰與芸 旣決爲一類 而古語有薤葉芸香之文 柴胡別名爲地薰 及芸蒿 則芸恐有一種韭葉者.

한다. "**우운**(牛芸)"은 '황국(黃菊)', '황화(皇華)'라고도 하니, 누른 꽃잎이 피는 국화(菊花)이다. "**해엽운향**(薤葉芸香)"은 산다과(山茶科)의 소교목(小喬木)이다. 금황색(金黃色) 꽃이 피는데, 꽃술이 특별히 무성하고, 또한 '리예금화차(离蕊金花茶)'라 부르며, 민간에서는 '황야차자(黃野茶子)'라고 부른다. 중국 남부의 귀주성(貴州省) 전역에 거주하면서 주로 서남부 남반강(南盤江) 유역에 살고 있는 소수민족인 포의족(布依族)의 전통 의약품이다. 또한 『삼국지연의(三國志演義)』 중 「칠종칠금(七縱七擒)」 편에 따르면, 남만(南蠻) 정벌에 나섰던 제갈량(諸葛亮)이 산신(山神)을 만나 '해엽운향'을 구해서 장독(瘴毒) 등 풍토병에 걸린 병사들을 치료하였고, 안락천(安樂泉)이라는 샘물로 병사들의 피부병과 장독(瘴毒) 등을 해독하였다는 고사(故事)가 전한다.

〈곽향(藿香)〉은 『물명고』에 따르면, "몇 종류가 있는데, 지금 사람들은 줄기와 잎이 '쑥'과 같은 것을 따로 '곽만'이라 하고, 잎이 '고(菰: 줄)'라는 것과 같은 것을 '황곽(미역)'이라 하지만, 그러나 대부분 잘못된 것이다. '두루파향(兜婁婆香)', '다마라발향', '발달라향'과 같다. 〈박하곽향(薄荷藿香)〉은 잎이 '박하'와 같은 것이다. 〈자소곽향(紫蘇藿香)〉은 잎이 '차조기'와 같은 것이다. ○옛말에 잎은 '곽향'이라 하고, 꽃은 '계설'이라 하며, 뿌리는 '전단'이라 하고, 마디(대)는 '침향'이라 하며, 진액은 '훈륙'이라고 한다는 설명이 있다. 사물에 대하여 널리 아는 전문가들도 대개 좁고 융통성 없는 견문의 관습이 이와 같이 많은 듯하여 한층 심하게 어이없어 우스우니, 분별할 사람들이 부족할 뿐이다."[8]라고 하였다.

"**두루파향**(兜婁婆香)"과 "**다마라발향**(多摩羅跋香)"과 "**발달라향**(鉢

怛羅香)"은 모두 범어(梵語)로서 불경(佛經) 소재 '곽향'의 다른 이름인데, 『본초강목』에 따르면, '두루파향'은 『능엄경(楞嚴經)』 소재(所在)이고, '다마라발향'은 『법화경(法華經)』 소재이며, '발달라향'은 『금광명경(金光明經)』 소재이다. "**계설**(鷄舌)"은 계설향(鷄舌香)으로서 향의 이름이다. 협죽도과의 상록 교목인 '정향나무'의 꽃봉오리를 말린 약재이다. 복통·구토·설사 따위에 쓰고, 상서(尙書)가 임금에게 일을 아뢸 때 이 향을 머금었다. 다른 이름은 '정향(丁香)'이다. "**전단**(旃枏·旃檀)"은 향나무의 이름으로서 '단향목(檀香木)'이다. 인신(引伸)하여 뛰어난 재덕(才德) 또는 훌륭한 시문(詩文) 등의 비유로 사용한다. "**침향**(沈香)"은 '침향나무'이다. 팥꽃나무과의 상록 교목으로서 높이는 20m 정도이고, 지름은 2m 이상 자란다. 잎은 어긋나고 두꺼우며, 긴 타원형으로 끝이 꼬리처럼 길다. 꽃은 희고, 목재에 함유된 수지(樹脂)는 맛이 맵고 쓰며 성질은 따뜻한데, 심복통(心腹痛)과 적취(積聚), 음식이 체하여 토하고 설사하는 곽란(癨亂) 등에 약재로 쓰거나 향료로 쓴다. 인도와 동남아시아 등에 널리 분포한다. 다른 이름은 '가라(伽羅)'이다. "**훈륙**(薰陸)"은 훈륙향(薰陸香)이다. 향료의 이름으로서 인도나 페르시아 등지에서 산출되는 나뭇진이다. 딱딱하게 굳어 있고, 쓴맛이 있는데, 약재나 향료로 쓴다. 다른 이름은 '유향(乳香)'이다. 한편, 나뭇진의 화석(化石)을 의미하기도 한다. 호박(琥珀)과 비슷

8 藿香 有數種 今人以莖葉如艾爲別藿蔓 葉如茋者爲黃藿 然多僞者. 兜婁婆香 多摩羅跋香 鉢怛羅香 仝. 薄荷藿香 葉如薄荷者. 紫蘇藿香 葉如紫蘇者. ○古語有葉爲藿香 花爲鷄舌 根爲旃枏 節爲沈香 膠爲薰陸之說. 博物家例多如此固陋之習然 尤極可笑 不足辨者爾.

하나 숙신산[succinic酸]을 함유하지 않으며, 가루로 만들어 향료로 쓴다. “**설명이 있다**”는 것의 이상 옛말의 내용은 ‘단(檀)’에 대한 설명인데, 정약용(丁若鏞)의 『여유당전서(與猶堂全書)』 제24권 「아언각비(雅言覺非)」 중 ‘단(檀)’ 항목에서는 “그러므로 『유양잡조』에 이르기를 한 나무에 다섯 가지 향이 있는데, 뿌리에는 전단, 마디에는 침향, 꽃에는 계설, 잎에는 곽향, 진액에는 훈육 향이 있다고 하였으니, ‘단’의 진한 향기가 이와 같다[故酉陽雜俎云 一木五香 根曰栴檀 節曰沈香 花曰雞舌 葉曰藿香 膠曰薰陸 檀之香烈如是也.].”라고 하였다. “**단**(檀)”은 단향목(檀香木)으로서 전단(栴檀)이라고도 하며, 자단(紫檀)·백단(白檀) 등 향나무의 총칭이다. 『**유양잡조**(酉陽雜俎)』는 중국 당(唐)대 단성식(段成式)이 지은 수필집이다. 신선·부처·사람·귀신에 관한 일에서부터 동물·식물·음식·사묘(寺廟) 등에 이르기까지 괴사이문(怪事異聞)을 여러 항목으로 나누어 수필 형식으로 기록하였다. 정편 20권, 속집 10권으로 구성되어 있다.

〈면화(綿花: 목화)〉는 『물명고』에 따르면, “‘면(棉)’이라고 씀이 마땅하다. 나무 열매의 솜은 천을 짤 수 없지만, 우리나라 풍속에 대부분 ‘목면’의 천은 아마도 본래 나무 열매에서 뽑아낸 듯하기 때문에 여기에 분별해 둔다. 그 열매는 뒤쪽의 나무 부분에 보인다. ○양무제가 ‘목면’으로 검은 장막을 만들었다고 하였으며, 사조는 『석문』에서 한 달에 세 번만 김을 매주면, (익은 열매의 껍질이) 네 조각으로 찢어지고 터져 나오는 꽃(솜)이라고 하였으니, 마땅히 그것이다.”[9]라고 하였다.

“**양무제**(梁武帝, 464~549)”는 성(姓)이 소(蕭)이고, 이름은 연(衍)이며, 자(字)는 숙달(叔達)이다. 남제(南齊)의 옹주자사(雍州刺史)로 있다가 칭제(稱帝)하고, 나라 이름을 양(梁)이라 하였다. 문학・서법(書法)・악률(樂律)에 뛰어났으며, 불교를 독실(篤實)히 믿어 세 번이나 출가하였고, 도처(到處)에 사찰을 세웠다. **"양무제가 '목면'으로 검은 장막을 만들었다**[梁武帝有木綿皀帳]"는 것에 대하여 이익(李瀷)의 『성호사설(星湖僿說)』과 허전(許傳)의 『성재집(性齋集)』에 따르면, 『통감(通鑑)』에 "양무제 대동 11년에 처음 목면으로 검은 장막을 만들었으니, 이것은 틀림없이 외이(여진족)가 바친 것이다[梁武帝大同十一年始有木綿皁帳 則此必外夷所貢也.]."라는 기사에서 유래한다. 『**통감**(通鑑)』은 중국 송(宋)대 사마광(司馬光)이 영종(英宗)의 명으로 편찬한 중국의 편년체(編年體) 역사서인 『자치통감(資治通鑑)』이다. 기원전 403년 주나라 위열왕(威烈王)으로부터 960년 후주(後周)의 세종에 이르기까지 1,362년간의 역사를 1년씩 묶어서 편찬한 것이다. 처음에는 『통지(通志)』라고 일컬었는데, 치세(治世)에 도움이 되고 위정(爲政)의 귀감(龜鑑)이 된다고 하여 이와 같은 이름을 하사(下賜)하였다. 모두 294권이다. "**사조**(史炤)는 『**석문**(釋文)』"에서 '사조'는 중국 송(宋)대 미산(眉山) 사람인데, 자(字)는 자희(子熙)이다. 소동파(蘇東坡) 형제의 스승이고, 고문(古文)에 능하였다. 『석문』은 사조의 저술인 『통감석문(通鑑釋文)』 30권을 뜻한다.

〈간장(艮醬: 햇간장)〉은 『물명고』에 따르면, "우리나라 풍속에 청장

9 綿花 當作棉. 且木實之絮 不可績布 而東俗 多疑木綿之布 本出於木實 故於此辨之. 其實 則見下木部. ○梁武帝有木綿皀帳 史炤 釋文 以一月三蕣 四裂綻出之花 當之.

(햇간장 · 진하지 않은 간장)을 일컬어 '간장'이라고 한다. 〈향시(香豉: 콩을 발효시킨 약재)〉는 법제한 '메주'이니, "약전국"이다. 〈악령식(樂靈殖)〉은 두신의 이름이다."[10]라고 하였다.

"**법제**(法製)"는 일차로 가공한 한약재를 다시 정해진 방법대로 가공하고 처리하는 일을 일컫는다. 약의 성질을 조금 다르게 가공하여 한약재의 질과 치료 효능을 높이고, 보관 · 조제를 하는 데 편리하게 하는 것이다. '수치(修治)'라고도 한다. "**약전국**"은 콩을 삶아 쪄서 소금과 생강 따위를 넣고, 방 안 온도에서 3일 동안 발효시켜 만든 약이다. 상한(傷寒) · 두통 · 학질 따위에 쓴다. 다른 이름은 '두시(豆豉)'이다. "**두신**(豆神)"은 풍속에 '손 없는 날'에서 '손'이란 '손님'의 줄인 말로 악귀(惡鬼)나 악신(惡神)을 의미하는데, '두신'을 '손님'이라고 말한다. 원래 '손'은 날짜에 따라 동서남북 사방으로 옮겨 다니면서 심술을 부려 사람의 일을 방해하고, 손해를 입히며, 훼방을 놓는다고 한다. '손 없는 날'은 궁핍한 시절에 손님이 오는 것을 부담스러워하였기 때문에 이를 고민한다는 데서 유래하였고, 이것이 두렵다는 것도 멀리 있으면 좋겠다는 의미에서 유래한 것으로 볼 수 있다.

〈자궐(紫蕨)〉은 『물명고』에 따르면, "'고사리'의 종류는 매우 많은데, 그 중 가장 살지고, 자주색 싹이며, 네 계절 시들지 않는 것을 '미양'이라고 하니, "ᄉᆞ졀고비(고비의 한 품종)"이고, '미궐', '월이(고비 또는 고사리)', '자기(꿩고비)', '미양'과 같다."[11]라고 하였다.

10 艮醬 東俗呼淸醬爲艮醬. 香豉 法製之豉 약쳥국. 樂靈殖 豆神名.

11 紫蕨 蕨類甚多 其最肥 紫芽 而四時不凋者爲迷陽 ᄉᆞ졀고비 迷蕨 月爾 紫萁

"**자궐**(紫蕨)"은 '꿩고비'이다. 고비과의 여러해살이 양치식물인데, 줄기는 높이가 30~60cm이고, 뿌리줄기가 짧으면서 굵다. 잎은 뭉쳐나고 겹잎이며, 곧게 서고 잎자루가 길다. 어린잎은 식용하고, 습지에서 자라는데, 전라도와 경상도를 제외한 우리나라 각지에 분포한다. 또는 '고사리'를 의미한다. "**미양**(迷陽)"은 '미친 척한다'는 뜻이다. 또는 그런 사람을 의미한다. 일설에는 산과 들에 자라는 형극(荊棘: 가시나무)의 가시이다. 『장자(莊子)』 제4편 「인간세(人間世)」에 따르면, "공자께서 초나라로 가시는데, 초나라의 미친 사람 접여가 객사(客舍) 문 앞에서 노닐면서 노래하였다. …… 위태롭고 위태롭도다. 땅에 선을 긋고 따라가게 함이! 밝음을 가리고 밝음을 가려서 내 갈 길을 해치지 말지어다……[孔子適楚 楚狂接輿 遊其門曰 …… 殆乎殆乎 畫地而趨 迷陽迷陽 無傷吾行……]."라고 한 데서 유래하였다.

〈괄루(栝樓)〉는 『물명고』에 따르면, "잎이 '포도'와 같은데, 가장귀가 깊고, 열매는 '남과'와 비슷하면서 둥글며 작다. "하늘타리"이니, '과라(하늘타리)', '과루(하늘타리)', '천과(하늘타리)', '황과(하늘타리 또는 호과(胡瓜)·오이)', '택고(하늘타리)'와 같다. 〈황단(黃團)〉은 열매의 이름이다. 〈백약(白藥)〉은 뿌리의 이름이다. 〈천화분(天花粉)〉은 뿌리를 찧어서 수비하여 만든 가루이고, '서설'과 같다."[12]라고 하였다.

"**남과**(南瓜)"는 '호박'이다. 남쪽 영역인 '남번(南蕃)'으로부터 들어

迷陽 仝.

12 栝樓 葉如蒲桃 而深椏 實似南瓜 而圓小. ᄒᆞᄂᆞᆯ탈이 果嬴 瓜蔞 天瓜 黃瓜 澤姑 仝. 黃團 實名. 白藥 根名. 天花粉 擣根 水飛作屑 瑞雪 仝.

온 데서 일컫는 말이다. “**황단**(黃團)”은 박과의 여러해살이 덩굴풀인 ‘하늘타리’ 열매이다. ‘과루(瓜蔞)’, ‘천과(天瓜)’라고도 한다. 한편, ‘귤(橘)’을 의미하기도 한다. “**백약**(白藥)”은 ‘괄루(栝樓)’의 뿌리이다. 또는 ‘길경(桔梗: 도라지)’의 다른 이름이기도 하다. 한편, 지혈제 등으로 쓰는 흰 가루약의 이름이다. 이는 운남성(雲南省)에서 나는 것이 제일 유명하고, ‘운남백약(雲南白藥)’이라고도 한다. 전설(傳說)에 따르면, 중국 운남성의 어떤 농부가 자기 집 근처에 사는 큰 구렁이가 집안으로 들어가는 것을 보고, 땅을 파던 괭이로 마구 때리고 죽게 내버려 두었다. 그 농부는 이삼일 간격으로 이와 같은 일을 두세 번 경험한 뒤에 피를 철철 흘리며 도망치는 구렁이를 자세히 살펴보았더니, 숲속으로 들어가 어떤 풀을 먹고 있었고, 다음날 아침이 되자 그 구렁이의 상처는 예전처럼 치료되었다. 이와 같은 사연 때문에 농부는 ‘삼칠(三七)’이라는 약초를 발견하게 되었는데, ‘삼칠’은 오가과의 여러해살이풀이다. “**천화분**(天花粉)”은 ‘하늘타리’ 뿌리의 가루이다. 거담(祛痰)·소갈(消渴)·하열(下熱)에 약재로 쓴다. “**서설**(瑞雪)”은 ‘하늘타리’의 뿌리인 ‘과루근(瓜蔞根)’의 다른 이름이다. 또는 상서로운 눈[雪]을 의미한다. 이는 때맞추어 내리는 눈을 뜻하는데, 겨울에 눈이 많이 내리면, 풍년이 온다는 데서 온 말이다.

〈첨과(甛瓜)〉는 『물명고』에 따르면, “옛날 책에 한마디로 말한 ‘과(瓜)’라는 것은 대부분 이 ‘과(瓜)’를 가리키니, “참외”이고, ‘감과(참외)’, ‘오색과’, ‘자모과’와 같다.”[13]라고 하였다.

“**오색과**(五色瓜)”와 “**자모과**(子母瓜)”는 소평(邵平)이 심었다는 ‘동릉과(東陵瓜)’이다. 『사기(史記)』「소상국세가(蕭相國世家)」에 따으면, 소평은 중국 진(秦)나라 때 동릉후(東陵侯)로 있다가 진나라가 망한 뒤에 포의(布衣)를 입고 지내면서 장안성(長安城)의 동쪽에 '과(瓜)'를 심었는데, 맛이 아주 달고 좋았으므로 사람들이 이를 '동릉과'라고 불렀다. 또한 청문(青門) 밖에서 가꾼 감미로운 '과(瓜)'라는 의미에서 '청문과(青門瓜)', 그의 이름을 따서 '소평과(邵平瓜)'라고도 한다.

〈천극(天棘: 천문동)〉은 『물명고』에 따르면, "두보의 시(詩)에 '천극은 푸른 실을 늘어뜨린 듯하네.'를 설명한 사람들이 '천문동'이라 여겼고, 『본경』에도 또한 '천문동'의 다른 이름으로 실려 있다. 그러나 지금 중국에 있는 어떤 종류의 화초는 잎이 녹사와 같으면서 사랑스러우며, 이르기를 '천극'이라 하고, 또한 '만세등'이라 이르기도 하는데, 두보의 시(詩)와 더불어 서로 꼭 들어맞는다. '전극(천문동)', '전륵(천문동)', '만세등(천문동)'과 같다."[14]라고 하였다.

"**두보**(杜甫, 712~770)"는 성당(盛唐) 때의 시인이다. 자(字)는 자미(子美)이고, 호는 두릉(杜陵) 또는 소릉(少陵)이며, 이백(李白)과 함께 당(唐)대 시인의 쌍벽을 이루어 '이두(李杜)'라 병칭(竝稱)된다. 두목(杜牧)과 구별하여 '노두(老杜)'라 하며, 그가 몸담았던 관직의 이름을 붙여 '두습유(杜拾遺)'·'두공부(杜工部)'라고도 한다. 저서에 『두공부집(杜工部集)』 20권이 있다. 본문에서 이어지는 그의 시(詩)는 다음과 같은 〈사상인모재(巳上人茅齋: 사상인의 초가에서)〉의 6행을 가리킨다.

13 䀇瓜 古書單言瓜者 多指此瓜 춤의 甘瓜 五色瓜 子母瓜 仝.

14 天棘 杜詩天棘蔓青絲 說者以爲天門冬 本經亦載於天門冬別名. 然今中国有一種花草 葉如綠絲可愛 謂之天棘 亦謂万歲藤 與杜詩似合.

"巳公茅屋下(사공의 초가 아래에서) / 可以賦新詩(새로 시 지을 만하구나.) / 枕簟入林僻(베개와 대자리는 외진 숲에 들었고) / 茶瓜留客遲(차와 외는 객을 늦도록 머무르게 하네.) / 江蓮搖白羽(강 위의 연꽃은 흰 새의 깃처럼 흔들리고) / 天棘蔓青絲(천극은 푸른 실을 늘어뜨린 듯하네.) / 空忝許詢輩(황송하게도 허순의 무리를 욕되게 할 뿐) / 難酬支遁詞(지둔의 시사에 화답하기 어려워라.)"가 바로 그 시이다. "**녹사**(綠絲)"는 녹색의 실[絲]이다. 또는 봄철에 휘늘어진 수양버들의 가지이다. 또는 준마(駿馬)의 갈기이다. 인신(引伸)하여 '녹의황리(綠衣黃裏)'라는 뜻을 지닌다. 이는 녹색의 겉감에 황색의 안찝이라는 의미이다. 즉, 존비(尊卑)나 귀천(貴賤)이 뒤바뀜의 비유이니, '녹'은 간색(間色)으로 안찝의 감이고, '황'은 정색(正色)으로 겉감이어야 하는데, 그 반대이므로 이른다.

〈야갈(野葛)〉은 『물명고』에 따르면, "매우 센 독(毒)을 지녔는데, 사람이 그것을 먹어도 그 자리에서 바로 죽지는 않지만, 찬물을 마시면 갑자기 죽기 때문에 사람들에게 찬물과 함께 먹인 지가 이미 오래되었다. 그 주검을 나무 위에 매달아두면, 주검의 즙액이 떨어진 자리에 '버섯'이 생겨나는데, 그 버섯에 사람이 중독되면, 어떤 약(藥)도 독을 풀만한 것이 없다. '단장초(야갈)', '구문(야갈)'과 같다."[15]라고 하였다.

"**야갈**(野葛)"은 '단장초(斷腸草)'이다. 즉, 마전과의 한해살이 덩굴식물인 호만등(胡蔓藤)의 전초(全草)이다. 옹종(癰腫)·정창(疔瘡)·나병

15 野葛 有大毒 人食之不卽死 飮冷水輒死 故飼人旣久與之冷水. 懸其尸於樹上 尸汁滴地生菌 以其菌毒人 則藥無解者. 斷腸艸 鉤吻 仝.

·나력(瘰癧)·풍습비통(風濕痺痛)·옴·습진과 정강이에 생기는 궤양, 외상성 손상으로 인하여 붓고 아픈 것 등을 치료한다. 신선한 것을 찧어서 붙이거나 말린 것을 빻아 붙이거나 달인 물로 아픈 곳을 씻는다. 독성이 강하여 내복해서는 안 된다. 단장초를 복용하면, 창자가 검게 변하고, 문드러져 서로 들러붙기 때문에 심한 복통으로 결국 사망하게 된다. 설화에 따르면, 신농(神農)이 온갖 약초의 맛을 보던 중 잘못하여 단장초를 먹고 죽었다고 한다. '구문(鉤吻)', '대차약(大茶藥)', '황맹채(黃猛菜)'라고도 한다. 한편, 이는 '칡'의 일종을 일컫기도 한다.

〈압불로(押不蘆)〉는 『물명고』에 따르면, "서역에서 나오고, 그것을 먹으면, 마비되어 땅에 거꾸로 엎어졌다가 잠깐 사이에 저절로 깨어나는데, 상처는 없다. 이상 세 종류는 모두 그 모양이 분명하지 않은데, 그것들은 독을 지녔기 때문에 우선 '야갈'의 뒤에 붙여 둔다. 〈마약(痲藥: 마취약 또는 아편(阿片))〉은 창가를 치료하는데, 독이 있는 약으로써 사람을 씻겨 그로 하여금 기절시켜서 아픔과 가려움을 모르게 한 그런 뒤에 살을 가르고 뼈를 깎아내되, 마음대로 한다. 환포 속의 도적들 또한 사람들을 속여서 강제로 재물을 빼앗으니, '몽한약'과 같다."[16]라고 하였다.

이시필(李時弼)이 편찬한 조선 후기 조리서(調理書) 『소문사설(謏聞

16 押不蘆 出西域 食之 則痲翻倒地 少頃自甦無傷. 已上三種 皆未詳其形類 姑以其有毒 附之野葛之下. 痲藥 治瘡家 以毒藥 灌人使之昏倒 不知痛痒 然後割肉刮骨 任意爲之. 萑蒲中賊 亦以欺人刦財 蒙汗藥 仝.

事說)』에 수록된 '마취법(痲法)'에는 회회(回回)의 "**압불로**(押不蘆)"라는 풀을 갈아서 술에 타 마시면, 온몸이 죽은 것처럼 마취되어 칼이나 도끼로 찔러도 알지 못한다고 하였다. 사흘이 지난 뒤 해독제를 투여하면 깨어난다고 하였는데, 어약원(御藥院)에서도 저장해 두는 약이라고 하였으니, 원(元)대 황실의 '어약원방(御藥院方)'으로 사용하였던 방법인 듯하고, 고려시대에 전해진 것으로 볼 수 있다. 아울러 편자는 창자를 가르고 위를 세척하는 데에도 아마 이와 같은 약을 사용하였을 것이라고 추정하고 있다. "**창가**(瘡家)"는 오랫동안 창양(瘡瘍)을 앓는 것을 가리킨다. '창양'은 몸 겉에 생기는 여러 가지 외과적 질병과 피부 질병을 통틀어 말한다. 창양에는 종양과 궤양·옹(癰)·저(疽)·정창(疔瘡)·절종(癤腫)·유주(流注)·유담(流痰)·나력(瘰癧) 등이 포함된다. 또는 '창(瘡)'은 '창(創)'과 통하여 창상(創傷)으로 인한 출혈을 가리키며, 오랫동안 창양을 앓은 경우와 마찬가지로 임상 치료에서 발한(發汗)시켜서는 안 된다. "**환포**(萑蒲)"는 풀이 우거져 도적이 모이기 쉬운 곳으로서 도적의 근거지를 의미한다. 한편, '물억새'와 '부들'을 의미하기도 한다.

〈와거(萵苣)〉는 『물명고』에 따르면, "와국에서 나왔기 때문에 '와(萵)'자를 쓰니, "상추"이고, '천금채(상추 또는 양상추)'와 같다. 〈정자(莛子)〉는 장다리의 이름이다. 〈와순(萵筍: 상추)〉은 '상추'의 장다리를 소금에 절였다가 햇볕에 쬐여 말린 것이다."[17]라고 하였다.

17 萵苣 出自咼國 故作萵字 부로 千金菜 仝. 莛子 薹名. 萵筍 塩晒萵薹者.

"**와국**(咼國)"은 옛 나라의 이름이다. 중국 송(宋)대 도곡(陶穀)의 『청이록(淸異錄)』 「소(蔬)」편에 따르면, '와거'는 7세기 이후에 페르시아와 근동(近東)지역에서 와국을 거쳐 중국으로 들어온 것이다. 즉, 와국의 사신이 중국에 들어왔고, 수(隋)나라 사람이 많은 돈을 지불하고 씨앗을 구입하였기 때문에 '천금채'라고도 부른다. 아울러 팽승(彭乘)의 『묵객휘서(墨客揮犀)』에도 '와채(萵菜)'는 와국에서 도래(渡來)한 것이기 때문에 이렇게 이름 부른다고 하였다. "**장다리**"는 채소 따위의 꽃이 달린 줄기이고, '꽃줄기', '화경(花莖)'이라고도 한다.

〈류기노초(劉寄奴艸)〉는 『물명고』에 따르면, "줄기 하나가 위로 곧게 올라가고, 잎은 '창출'과 같은데, 뾰족하면서 길며 매우 거칠고, 앞면은 색이 짙지만 뒷면은 옅다."[18]라고 하였다.

"**류기노초**(劉寄奴草)"는 국화과의 여러해살이풀이다. 높이는 1.5m 정도이고, 잎은 쑥의 잎과 비슷하나 다소 두껍다. 가을에 누런 꽃이 피며, 꽃은 약재로 쓴다. 우리나라에서는 '절국대'라고 부르기도 한다. 한편, '류기노'는 중국 남조(南朝) 송(宋)나라의 고조(高祖)인 유유(劉裕)의 어릴 때 이름이다. 그는 무술에 능하였으나, 농사짓고, 물고기를 잡아 생계를 유지하며, 빈천한 생활을 하던 농부출신이었다. 어느 날 산에 나무하러 갔다가 큰 꽃뱀을 만나서 재빨리 뱀의 목을 내리쳤으나, 뱀은 이내 사라졌다. 그리고 절벽의 동굴에서 어떤 동자둘이 절구에 약초를 찧고 있는 것을 발견하였는데, 그것은 조금 전

18 劉寄奴艸 一莖直上 葉如蒼朮 尖長糙澀 面深背淡.

상처 입은 뱀을 치료하기 위해 만드는 약이었다. 그는 그 약초를 가지고 산을 내려왔고, 후에 의병으로 출전하여 우두머리가 되었으며, 병졸들이 상처를 입을 때마다 그 약초로 치료해주었기 때문에 임금이 된 뒤에 그 약초 이름을 '류기노'라고 부르게 되었다는 설화가 있다. "**창출**(蒼朮)"은 국화과의 여러해살이풀인 '삽주' 및 같은 속 식물의 뿌리를 말린 것이다. 봄이나 가을에 캐서 햇볕에 말린 것으로 맛은 쓰고 맵다. 발한(發汗)과 오줌을 잘 나오게 하고, 위를 튼튼히 하는 데에 쓴다. '산정(山精)', '적출(赤朮)'이라고도 한다.

〈례장(鱧腸)〉은 『물명고』에 따르면, "낮고 습기 있는 땅에 생겨난다. 싹이 '선복(旋覆)'과 같고, 잎은 '버들'과 같으면서 윤이 나며, 줄기는 '쇠비름'과 비슷한데, 높이가 한두 자[尺]이고, 꽃은 작으면서 희며, 열매는 마치 작은 연방(연밥이 드는 송이)과 같다."[19]라고 하였다.

"**례장**(鱧腸)"은 '한련초(旱蓮草)'이다. 국화과의 한해살이풀이다. 길가나 밭둑 등의 습지에 자생하는데, 밑 부분이 비스듬히 자라다가 곧게 서서 높이는 30~60cm가 된다. 잎은 두꺼우면서 짧은 털이 있고 마주나며 피침형(鈹鍼形)이고 톱니가 있다. 8~9월에 가지 끝과 원줄기 끝에 작으면서 흰 두상화가 피고, 열매는 익으면 검은색이다. 줄기와 잎은 지혈이나 이질 등에 약용하며, 전 세계의 온대 지역에 널리 분포한다. '하년초', '연자초(蓮子草)', '묵채(墨菜)'라고도 한다. 『본초강목』에 따르면, '례(鱧: 가물치)'라는 것은 '오어(烏魚: 가물치)'를 말

19 鱧腸 生下濕. 苗似旋覆 葉如柳而光 莖似馬齒莧 高一二尺 花細而白 實若小蓮房.

하는데, 이는 그 창자[腸]마저도 검은 물고기이다. 이 풀은 줄기가 부드럽고, 끊으면 먹[墨]과 같은 즙액이 나오는 까닭에 '례장'이라 부르게 되었다고 하였다. 따라서 '례장'은 '가물치'의 창자를 뜻하기도 하는데, 이는 약으로 사용한다.

〈비마(萞麻)〉는 『물명고』에 따르면, "아주까리이니, '비마자'와 같다. ○〈박락회(博落廻)〉는 줄기와 잎이 '아주까리'와 같은데, 줄기 속이 비어 있고, 불면 마치 '박락회'라고 하는 듯한 소리를 낸다."[20]라고 하였다.

"**비마자**(萆麻子)"는 대극과의 한해살이풀이다. 높이는 2m 정도이고, 잎은 어긋나며 손바닥 모양으로 갈라진다. 8~9월에 엷은 붉은색의 단성화(單性花)가 총상(總狀) 화서로 피고, 열매는 삭과(蒴果)로 3개의 씨가 들어 있다. 씨는 타원형으로 새알 모양인데, 리시닌[ricinine]이 들어 있으며, 설사약·포마드[pomade]·도장밥 및 공업용 윤활유로 사용한다. 열대 아프리카가 원산지로 세계 각지에 분포한다. '비마(萆麻)', '아주까리'라고도 한다. 한편, '비마자'는 '아주까리'의 씨를 가리키기도 한다. "**박락회**(博落廻)"는 양귀비과의 여러해살이풀이다. 넓은 달걀꼴 잎은 어긋나는데, 5~9개로 깊게 갈라지면서 윤기가 나고, 앞면은 짙은 녹색이며 뒷면은 흰 솜털이 빽빽이 나서 흰빛이다. 6~8월 중에 흰색 꽃이 총상 화서로 피는데, 수많은 잔 꽃들이 줄기 위쪽에서 전체적으로 원추 화서를 이루고, 꽃은 처음에는 곤봉처럼 생겼

20 萞麻 아쟉가리 萆麻子 仝. ○博落廻 莖葉如萞麻 莖中空 吹之作聲 如博落廻.

다가 점차 수많은 실 가닥처럼 갈라져 수평으로 퍼진다. 8~9월에 작은 물고기 모양의 열매가 달려 익는데, 그 속에 씨가 여러 개 들어 있어 바람이 불 때마다 사각사각 소리를 낸다. 줄기 속이 비어 있는 것이 대나무와 같다 하여 '죽사초(竹似草)'라고도 하며, 줄기 속이 비어 있는 풀이라 하여 '공동초(空洞草)'라고도 한다. 전체에 흰 가루가 있고, 줄기나 잎을 자르면, 노란색 유즙이 흘러나오는데, 즙에 독성이 있어 약으로 쓸 때는 산제로 사용하며, 외상에는 짓이겨 붙이고, 주로 종독을 다스린다.

〈산장(酸漿)〉은 『물명고』에 따르면, "꽈리이니, '한장(꽈리)', '고침(꽈리)', '등롱초(꽈리)', '피변초(꽈리)', '왕모주(꽈리)', '락신주(꽈리)', '홍고낭(꽈리)'과 같다."[21]라고 하였다.

"**산장**(酸漿)"은 가지과의 여러해살이풀인 '꽈리'이다. 높이는 40~90cm이고, 잎은 어긋나며 긴 타원형이다. 여름에 노르스름한 꽃이 잎겨드랑이에 하나씩 피고, 열매는 둥근 모양의 붉은 장과(漿果)를 맺는다. 마을 근처에 심어 가꾸는데, 어린잎은 식용하며, 뿌리는 약용한다. '산장초(酸漿草)', '고낭채(姑娘菜)', '홍낭자(紅娘子)'라고도 한다. 『동의보감』에 따르면, 꽈리의 열매는 주머니와 같고, 그 속에 알맹이는 매실이나 자두만한데, 맛이 '장수(漿水)'와 같기 때문에 산장이라고 한다. '장수'는 오래 끓인 좁쌀미음인데, 달고 새콤한 맛이 있어 갈증을 덜어준다. '신좁쌀죽 웃물'이라고도 한다.

21 酸漿 ᄭᅩ아리 寒漿 苦葴 燈籠艸 皮弁艸 王母珠 洛神珠 紅姑娘 仝.

〈오신반(五辛盤)〉은 『물명고』에 따르면, "초봄에 얻은 '여뀌'의 열매를 '호리병박'에 담아서 물에 담갔다가 불 위에 걸어 붉은 싹이 생겨나기를 기다려서 '마늘'·'부추' 등과 섞어서 나물로 만들어 먹는 것이다."[22]라고 하였다.

"**오신반**(五辛盤)"은 입춘절식(立春節食)에 맞춰 눈 밑에서 돋아나는 햇나물인 움파(대파를 심어서 잘라 먹고 난 뒤 다시 움이 돋아 올라오는 새순), 산갓, 미나리싹, 무싹, 당귀싹 등 새큼한 맛이 들어간 다섯 가지의 햇나물이다. '오신채(五辛菜)', '입춘채(立春菜)'라고도 한다.

〈현(莧)〉은 『물명고』에 따르면, "비름이고, 여섯 종류가 있다. 〈자현(紫莧)〉은 줄기와 잎이 모두 자줏빛이니, "당비름"이다. 〈적현(赤莧)〉은 '자현'과 같은데, 가을 기운이 이르면, 붉은 싹이 나오니, '괴(蕢: 적현)'와 같다. 〈안래홍(雁來紅: 당비름 또는 마름)〉과 〈로소년(老少年: 당비름)〉과 〈로래소(老來少)〉는 같다. 설명한 사람들은 가끔 '안래홍'과 '로래소'를 다섯 가지 빛깔인 것이라고 하지만, '일곱 자[尺] 산호는 밤에도 거두지 않네.'라는 시(詩)를 자세히 살펴보면, 그것은 '적현'이라고 함에 의심할 바가 없을 것이다."[23]라고 하였다.

"**당비름**"은 '색비름'이다. 비름과의 한해살이풀인데, 높이는 80~150cm이고, 잎은 어긋나며 홍색과 황색의 아롱무늬가 있다. 8~9월

22 五辛盤 春初取蓼實 盛葫蘆 水浸 掛火上 待生紅芽 襍蒜韭等爲菜 食之.

23 莧 비름 有六種. 紫莧 莖葉通紫 당비름. 赤莧 如紫莧 秋氣至 則出紅芽 蕢 仝. 雁來紅 老少年 老來少 仝. 說者或以雁來紅老來少爲五色者 以七尺珊瑚夜不收之詩觀之 則其爲赤莧無疑矣.

에 연녹색 또는 담황색의 잔 꽃이 잎겨드랑이에 둥글게 모여 달린다. 열대 아시아 원산이고, 관상용으로 심는다. '땅비름', '노소년(老少年)', '안래홍(雁來紅)'이라고도 한다. **"로래소**(老來少)"는 '당비름', '색비름' 이라고도 한다. 인신(引伸)하여 몸은 늙어도 마음은 젊음을 뜻한다. **"일곱 자**[尺] **산호는 밤에도 거두지 않네**[七尺珊瑚夜不收]"라는 것은 다음과 같은 주익(周翼, 1295~1370)의 〈제안래홍(題雁來紅)〉의 한 구절이다. "翙鴈南來塞草秋(기러기 남쪽에서 날아오고 변방에는 가을 풀) / 未霜紅葉已先愁(서리 전 붉은 잎은 이미 먼저 시름겹네.) / 綠珠宴罷歸金谷(녹주는 잔치 끝나 금곡으로 돌아가도) / 七尺珊瑚夜不收(일곱 자[尺] 산호는 밤에도 거두지 않네.)"가 바로 그 시이다. '주익'은 중국 원(元)대 시인이다. 자(字)는 자우(子羽)이고, 호(號)는 당재(贑齋)이며, 『첨교소지(瞻校小志)』에 〈송서균옥지복건(送徐均玉之福建)〉 등 42수의 시(詩)가 전한다.

2) 나무 木

'나무[木]'는 줄기나 가지가 단단한 목질(木質)로 된 여러해살이식물을 통틀어 이르는 말이다. 이를 세는 단위는 '그루', '주(株)'이다. '목본(木本)', '수목(樹木)'이라고도 한다. 또한 '나무[木]'는 집을 짓거나 가구(家具) · 그릇을 만드는 데 재료로 쓰기 위해 수목을 잘라서 손질한 것이나 그 재료로서의 수목을 의미한다. '목재(木材)', '재목(材木)' 이라고도 한다. 아울러 불 때는 데 쓰는 나무붙이를 가리키기도 한다. 세는 단위는 '단', '뭇', '가리', '짐', '묶음'이다. '땔감', '땔나무', '시목(柴木)', '화목(火木)'이라고도 한다.

〈운양(雲陽)〉은 『물명고』에 따르면, "'목정'이다. 〈팽후(彭侯)〉는 나무의 정령(精靈)인데, '개'와 같다. 〈가굴(賈詘)〉은 나무의 정령인데, '새끼 돼지'와 같다. 〈조겸(藻兼)〉은 물과 나무의 정령이다."[24]라고 하였다.

"**운양**(雲陽)"은 산속 나무의 정기(精氣)를 뜻한다. 한편, 중국 춘추(春秋)시대 말기의 법가(法家) 사상가인 한비(韓非, B.C.280~B.C.233)가 처형된 곳을 가리키는 지명(地名)이다. 인신(引伸)하여 사형장을 의미하는데, 소설이나 희곡에서 형(刑)을 집행하는 장소를 나타내기도 한다. 아울러 이는 중국 충칭(重慶)시에 있는 현(縣)의 이름이기도 하다. 이곳은 사천성(四川省) 동부 양자강(揚子江)에서 곡류(曲流)하는 왼쪽 기슭에 있는 소도시이다. "**목정**(木精)"은 나무의 정령(精靈)이다. 한편, 화학(化學)에서는 '메탄올[methanol]'을 가리킨다. 이는 메탄에서 수소 원자 하나를 메틸기[methyl基]로 치환(置換)한 가장 간단한 구조의 알코올계 화합물이다. 독성이 있는 무색의 휘발성 액체로 냄새가 있는데, 나무에서 얻는 알코올이라는 뜻에서 붙은 이름이고, 화학식은 CH3OH이다. '메틸알코올[methyl alcohol]', '카르비놀[carbinol]'이라고도 한다. 아울러 '목정'은 '세성(歲星)'이라고도 하는데, 이는 태양계의 다섯 번째 행성인 '목성(木星)'이다. "**팽후**(彭侯)"는 천년 동안

24 雲陽 木精. 彭侯 木精如狗. 賈詘 木精如豚. 藻兼 水木之精.

살아온 나무에 달라붙는다고 중국에서 전해 내려오는 나무 정령이다. 중국의 괴기설화집 『수신기(搜神記)』에 따르면, 삼국시대 손권(孫權)의 오(吳)나라 건안군(建安郡)의 태수(太守) 육경숙(陸敬叔)이 커다란 녹나무를 베니, 피가 흘러나오면서 사람 머리를 한 꼬리 없는 검은 개 모습의 팽후가 나타났으며, 이를 삶아 먹으니 개 맛이 났다고 한다. 또한 중국의 성수(聖獸)인 '백택(白澤)'이 언급하였던 마물(魔物)들의 이름을 적은 〈백택도(白澤圖)〉 속에도 팽후의 이름이 있다. 이는 에도시대 일본에도 전해져서 당시 괴담집 『고금백물어평판(古今百物語評判)』, 백과사전 『왜한삼재도회(倭漢三才圖會)』, 토리야마 세키엔[鳥山石燕]의 요괴화집(妖怪畫集) 『금석백귀습유(今昔百鬼拾遺)』 등에도 중국 요괴로 소개되어 있다. 또한 에도시대 요괴화집인 『백괴도권(百怪圖卷)』이나 『화도백귀야행(畫圖百鬼夜行)』 등에서는 '야마비코[山彦: 산신령]'와 동일시된다. "**가굴**(賈詘)"은 천년 된 나무속에 있는 벌레의 이름이다. 『태평어람(太平御覽)』「요이(妖異)」부(部) '정(精)' 항목에 따르면, "〈백택도〉에 말하기를 천년 된 나무는 이러저러하고, 그 속에 벌레가 있는데, 이름을 '가굴'이라 하며, 모양은 새끼 돼지와 같고, 먹으면 개고기 맛과 같다.[白澤圖曰 云云千載木 其中有蟲 名曰賈詘 狀如豚 食之如狗肉味.]"라고 하였다.

〈기(杞)〉는 『물명고』에 따르면, "『시경』 주(註)에서 나무가 '가죽나무'와 같고, 다른 이름으로 '구골(구기자나무)'이며, 열매의 이름은 '목맹(구기자)'이고 약으로 쓴다고 하였다. 또 자사의 기재연포라는 말로 그것을 자세히 살펴보면, 지금의 '들메나무'와 거의 비슷하다. 그러나 『본초강목』의 '구골' 주(註)에서는 나무가 '녀정(광나무 또는 당광나무)'과 같고, 나무껍질의 결이 매우 희며, 잎의 길이는 두세 치[寸]이고, 두꺼우면서 단단하며 다섯 개의 뾰족한 모서리가 있고, 5월에 작으면서 흰 꽃이 피며, 9월에 열매를 맺는다고 말하였으니, 또 '소태나무'나 '가래나무'의 종류이다. 그렇지 않다면 '구기자나무'에 두 종류가 있는 듯하다."[25]라고 하였다.

"**기**(杞)"는 가지과의 낙엽 관목인 '구기자나무'이다. 또는 버드나무과의 낙엽 관목인 '고리버들'인데, '키버들', '거류(欅柳)', '기류(杞柳)'라고도 한다. 또는 소태나무과의 낙엽 활엽 소교목인 '소태나무'를 가리킨다. 또는 멀구슬나무과의 낙엽 교목인 '멀구슬나무'를 가리킨다. "**자사의 기재연포라는 말**[子思杞梓連抱之語]"에서 '자사(B.C.483~B.C.402)'는 중국 춘추시대 노(魯)의 유가(儒家)로서 공자(孔子)의 손자이다. 이름은 급(伋)이고, 자사는 그의 자(字)이다. 증삼(曾參)에게 배웠고, 『중용(中庸)』을 지었다고 한다. '기재'는 소태나무와 가래나무인데, 모두 유용한 재목인 데서 우수한 인재를 일컫는다. '연포'는 두 팔로 껴안는다는 말이다. 또는 여럿이 손에 손을 잡고 에워싸는 것을 가리킨다. 즉, 나무가 매우 굵음의 형용이다. 따라서 '기재연포'는 '아름드리인 소태나무와 가래나무'라는 의미이다. 이는 『공총자(孔叢子)』「거위(居衛)」편에서 자사가 위후(衛侯)에게 한 말로서 "소태나무와 가래나무가 아름드리라면, 몇 자[尺]나 되는 썩은 구덩이에 있더라도 훌륭한 목수는 버리지 않는다.[杞梓連抱 而有數尺之朽 良工不棄.]"

25 杞 詩註 樹如樗 一名狗骨 子名木蝱入藥. 又以子思杞梓連抱之語觀之 殆似今之들믜. 然本艸狗骨註 樹如女貞 肌理甚白 葉長二三寸 厚硬有五刺角 五月細白花 九月結实云 則又杞梓類也. 不然有二狗骨歟.

에서 유래하고, 좋은 임금이라면 약간의 허물을 지닌 사람이라도 그 장점을 살려서 쓴다는 의미이다. 이때의 '기(杞)'는 『한어대자전』과 『한어대사전』에 따르면 관목인 '구기자나무'인데, 이는 교목에 어울리는 아름드리라는 표현에 어긋나고, 『대한한사전』에 따르면 관목인 '고리버들'인데, 이는 우리나라에만 자생하는 고유종이므로 어긋나며, 『한한대자전』에 따라 교목인 '소태나무'로 보는 것이 합당하다.

〈백양(白楊)〉은 『물명고』에 따르면, "잎이 '배나무'와 같으면서 꼭지가 약하여 적은 바람에도 또한 흔들리니, "사시나무"이고, '독요(사시나무)'와 같다. ○〈황양(黃楊: 회양목)〉은 잎이 단단하면서 시들지 않으며, 윤년을 만나면 줄어든다고 하니, "황양목(회양목)"이다."[26]라고 하였다.

"**윤년을 만나면 줄어든다**[遇閏則戹]"는 것은 다음과 같은 소동파의 시(詩)인 〈감동소궁유강직랑중소거사영-퇴포(監洞霄宮兪康直郎中所居四詠-退圃: 동소궁의 궁지기 유강직 낭중의 거처 사영-퇴포)〉의 4행에서 유래한다. "百丈休牽上瀨船(여울 오르는 배를 대나무 밧줄로 끌지 않고) / 一鉤歸釣縮頭鯿(갈고리 하나 들고 돌아와 방어를 낚도다.) / 園中草木春無數(정원의 초목들 봄을 맞아 무성하게 자라건만) / 只有黃楊厄閏年(오로지 회양목만 윤년 맞아 액운을 겪는다네.)" 소동파의 설명에 따르면, "속설에는 황양목이 1년에 한 치[寸]씩 더디게 자라다가 윤년을 만나면 오히려 세 치가 줄어든다고 한다. 그래서 '황양액윤년(黃楊厄閏年)'

26 白楊 葉如梨 而蒂弱 風微亦搖 사ᄉᆞ나모 獨搖 仝. ○黃楊 葉硬不凋 遇閏則戹 화양목.

이라고 하면 무슨 일의 진행 속도가 늦음을 빗대는 말로 쓰이기도 한다."라고 하였다. 한편, '윤년(閏年)'은 음력의 윤달이나 양력의 윤일이 드는 해이다. 실제로 지구가 태양을 일주하는 데 365일 5시간 48분 46초가 걸리므로 음력에서는 5년에 두 번씩 1년을 13개월로 하고, 양력에서는 4년마다 한 번씩 2월을 29일로 한다.

〈천축계(天竺桂)〉는 『물명고』에 따르면, "절중의 '산계(천축계 · 계수나무의 일종)'인데, 큰 나무이고 꽃이 무성하며, 열매는 '연꽃' 열매와 같고, 승려들이 계자는 달빛 속에 떨어진다고 일컬으며 심는 것이다."[27]라고 하였다.

"**천축계**(天竺桂)"는 녹나무과의 상록 교목인 '생달나무'이다. 나무껍질에서 향기가 나고, 잎은 긴 타원형으로 어긋나지만 다소(多少) 마주난다. 6월에 연한 황록색 꽃이 산형 꽃차례로 피며, 10～12월에 타원형 열매가 자흑색으로 익는다. 나무는 기구재나 연료로 쓰고, 열매는 비누의 원료나 약재로 쓴다. 우리나라 · 중국 · 일본 등에 분포한다. 다른 이름은 '수육계(藪肉桂)'이다. 한편, 이는 코카과의 상록 관목인 '코카[coca]'를 의미하기도 한다. 높이는 1～2m인데, 가지가 갈라지고, 잎은 타원형이며 어긋난다. 암수딴그루로 초여름에 황록색의 꽃이 피며, 붉은 핵과를 맺는다. 잎에서 '코카인[cocain]'을 얻는데, 페루 · 볼리비아가 원산지이다. 다른 이름은 '고가(古加)'이다. "**절중**(浙中)"은 절강(浙江)으로서 절강성(浙江省)을 가리킨다. 중국에서 두

27 天竺桂 浙中山桂也 大樹繁花 实如蓮子 僧輩称爲桂子月中落所種.

번째로 작은 성(省)이다. 해안을 끼고 있는 성으로 동쪽은 동중국해, 서쪽은 안휘성(安徽省), 남쪽은 복건성(福建省), 남서쪽은 강서성(江西省), 북쪽은 강소성(江蘇省)과 맞닿아 있다. 항주(杭州)가 가장 큰 도시이자 성도(省都)이다. 또는 절강성에 있는 전당강(錢塘江) 및 그 상류의 총칭이기도 하다. "**계자는 달빛 속에 떨어진다**[桂子月中落]"는 것은 중국 당(唐)대 시인 송지문(宋之問, 656~712)의 시 〈유영은사(遊靈隱寺)〉 중 "桂子月中落(계자는 달빛 속에 떨어지고) / 天香雲外飄(천향은 구름 밖으로 풍기누나.)"라는 시구의 일부이다. '계자'는 '계화(桂花)'라고도 하는데, 계수나무의 꽃이다. 또는 중국에서 물푸레나무나 물푸레나무의 꽃, 목서나무를 가리킨다. 다른 이름은 '금계(金桂)'이다. 한편, 이는 꿀풀과의 한해살이풀인 '차조기'를 가리키기도 한다. 인신(引伸)하여 남의 자손을 칭찬하여 이르는 말이다. '천향'은 매우 좋은 향기. 또는 타고난 미모. 또는 자연미를 의미한다. 여기에서는 계수나무 꽃의 향기를 가리킨다. '계화'는 1770년대에 인도를 통해 영국을 비롯한 유럽과 미국에 유입되었다.

〈다(茶)〉는 『물명고』에 따르면, "나무가 작으면서 '치자'와 비슷하고, 잎은 '상산(조팝나무)'과 같으며, 열매는 둥글면서 구슬과 같은데, 겨울에 싹이 나오면, 따다가 달여서 마신다. "작설나무(차나무)"이니, '가(檟: 차나무 · 차 또는 개오동나무)', '설(蔎: 차)'과 같다. 〈제품지명(諸品之名: 여러 종류의 이름)〉 중에는 '선인장', '투품', '백모' 등이 있다. 〈월단(月團)〉은 단병이 마치 달과 같다. 〈의다수명(宜茶水名: 차에 마땅한 물의 이름)〉은 금산 진강(鎭江)의 중령천을 첫째간다고 하는데, 양자강의 한 가운데를 흐르는 물도 또한 같다. 오(吳) 지방 합문 안의 물인 혜천수와 경릉과 곡렴과 청주 범공정의 물은 모두 뛰어나고 이름난 종류라고 한다. 우리나라에서는 한양 미정의 물이 가장 달다."[28]라고 하였다.

"**선인장**(仙人掌)"은 현재 장강(長江) 서릉협(西陵峽) 부근 호북(湖北) 당양현(當陽縣)인 형주(荊州)에서 생산되던 당(唐)대의 이름난 '차'이다. 증청산차(蒸靑散茶)에 속하고, 선인장 모양이다. 이 차와 관련하여 옥천산(玉泉山) 옥천사(玉泉寺)에 다음과 같은 전설이 전한다. 먼 옛날에 전란으로 인해 옥천사가 불타고, 백여 명의 스님이 죽거나 다치게 되었다. 이때에 관음보살의 명을 받은 한 선인이 장강 삼협(三峽)을 살펴보러 나왔다가 우연히 옥천사의 재난을 보게 되었고, 이를 측은하게 여겨 스님들을 도와주기로 하였다. 그가 오른손을 뻗어 아래에서 위로 들어올리며, 입에서 선수(仙水)를 내뿜자 불에 타버린 황폐한 대지에서 청록색의 차나무가 자라났고, 죽었던 스님들이 한 명씩 되살아났다. 스님들이 몹시 놀라며, 이 선차(仙茶)의 잎을 따서 차를 끓여 다친 스님들에게 먹이니, 오래지 않아 모두 회복하였다. 이후 옥천사에는 다원(茶園)이 생겼고, 차 잎의 모양이 사람의 손을 닮았으며, 선인이 손을 내밀어 스님들에게 준 것이기 때문에 '선인장차'라 이름 짓게 되었다. 이백은 친구에게 이 차를 선물 받자, 맑고 성숙한 향이 남다르다고 감탄한 후, 시를 지어 남기기도 하였다. "**투품**(鬪

28 茶 樹小似梔子 葉如常山 子圓如珠 冬發芽 採以煎飮也. 쟉셜나모 檟 蔎 仝. 諸品之名中有仙人掌 鬪品 白毛等. 月團 團餠如月. 宜茶水名 金山江中冷泉爲第一 楊子江心水亦仝. 吳閶門內水惠泉水 竟陵谷簾 靑州范公亭水 俱爲名品. 我東則漢陽尾井水最甘.

品)"은 차 겨루기인 '투다(鬪茶)'에 사용하는 특품의 '차'이다. 북송(北宋)의 휘종(徽宗)이 지은 『대관다론(大觀茶論)』에 따르면, 차의 순이 참새의 혀나 곡식 낟알만한 것을 가장 좋은 투품이라고 하였다. 특히 송(宋)대에 명전(茗戰)이 성행하였는데, 격불(擊拂)한 차의 교잔(咬盞) 상태가 오래 지속되는 쪽이 이기는 것이었다. 복건성(福建省) 건안(建安) 지방 산차(散茶)의 경우에는 물・차・찻그릇들도 중요한 판정 기준이 되었다. 한편, 일본에서는 차를 마셔보고 물이나 차의 산지를 맞추는 내기도 성행하였다. "**백모**(白毛)"는 복건성(福建省) 안계현(安溪縣)에서 생산되는 이름난 '차'이다. 안계 지방은 오(吳)나라에서 재상을 지냈던 황이간(黃夷簡)이 북송(北宋)을 천하통일 시킨 후 은퇴하여 살았던 곳이다. 그는 만년의 고달픔을 달래기 위하여 차나무를 가꿔 그 잎으로 차를 만들어 마셨으며, 이 때문에 차의 명소로 알려지기 시작하였다. "**단병**(團餅)"은 단병차(團餅茶)이다. 기록상 3세기 초에 이미 만들어진 것으로 보이고, 당(唐)・송(宋)대의 주요 차였다. 찻잎을 따서 증기로 찐 후, 평편하게 압착하여 경단이나 떡으로 만들고, 불에 쬐어 말려서 메주와 같은 덩어리 모양으로 만든 것이며, '덩이차' 및 '단차(團茶)'나 '병차(餅茶, 떡차)'라고도 한다. 처음에는 파나 생강 등 여러 가지 양념을 넣거나 소금 등으로 간을 하였다. 차 덩어리를 불에 구운 뒤 식혀서 가루를 내어 끓인 물에 소금으로 간을 맞추고, 가루차를 넣어서 우려내어 마셨다. 오늘날에도 티베트[Tibet]나 몽고 등 중국 변방지역의 소수민족들이 마신다. "**금산 진강**(鎭江)**의 중령천**[金山江中冷泉]"은 강소성(江蘇省) 진강현(鎭江縣)의 서북쪽에 있는 샘의 이름이다. 강소성 양주(楊州)에서 조주(爪州)를 거치면 '진강'에 이르고, 강의 왼쪽 앞에 커다란 탑이 있는 작은 산이 있는데,

이것이 '금산'이다. 이 산의 서쪽에 탑영호(塔影湖)가 있고, 이 호수의 서쪽에 있는 샘을 '중령천'이라 하는데, 맛이 매우 달고 차서 육우는 『다경』「수품(水品)」에서 이 샘을 동남 지방의 제일로 삼았다. 또한 당(唐)대 유백추(劉伯芻)는 맛이 좋아 천하제일천(天下第一泉)이라고 일컫기도 하였다. "**오**(吳) **지방 합문 안의 물인 혜천수**[吳閤門內水惠泉水]"는 강소성(江蘇省) 무석현(無錫縣) 서쪽의 혜산(惠山) 산록에 위치한 샘인 혜산천(惠山泉)이다. 명(明)대에 만들어진 진씨(秦氏) 가문의 개인정원인 '기창원(寄暢園)'에 있다. 혜산은 육우가 저술한 『유혜산사기(游惠山寺記)』의 배경인데, 샘의 수질이 달면서 향기로워 차 마시기에 적합해 그가 천하제이천(天下第二泉)으로 삼았고, 당(唐)대 재상 이덕유(李德裕)는 차 달이는 물로 애용하였으며, 송(宋)대 휘종(徽宗) 때에는 궁정의 공품(貢品)이 되었다. '합문'은 가정을 뜻하는데, 여기에서는 '기창원'을 가리킨다. 또는 편전(便殿)의 앞문이다. 또는 당말(唐末) 5대(五代)·송(宋)의 벼슬이름으로서 연례(宴禮) 등을 관장하였고, 고려시대에는 조회(朝會)와 의례(儀禮) 등을 맡아보던 관아였으며, 조선시대에는 '통례원(通禮院)'을 이르는 말인 '합문사(閤門使)'를 의미한다. 다른 이름은 '각문(閣門)'이다. "**경릉**(竟陵)"은 육우(陸羽)의 고향인 호북성(湖北省) 복주(复州) 경릉 천문현(天門縣)에 있는 문학천(文學泉)이다. 다른 이름으로 '육우천(陸羽泉)'이라고도 한다. 한편, 경릉자(竟陵子)는 육우의 호(號)이기도 하다. "**곡렴**(谷簾)"은 곡렴천(谷簾泉)이다. 강서성(江西省) 성자현(星子縣) 서쪽의 여산(廬山) 강왕곡(康王谷) 안에 있는데, 위에서 아래로 떨어지는 물이 마치 주렴(珠簾)과 같아서 이름 붙였다. 육우와 호주자사(湖州刺使) 이계경(李季卿)은 물의 등급을 논하면서 천하제일로 여겼고, 송(宋)대의 시인 육유(陸游)는 이 샘물로 차(茶)를 품미(品味)하고서 "참으로 절품이로다! 달면서 살지고, 맑고도 차다. 뭇 아름다움을 다 갖추었도다.[眞絶品也. 甘腴淸冷具備衆美.]"라고 찬탄하였다. "**청주 범공정의 물**[靑州范公亭水]"은 범공천(范公泉)이다. '청주'는 산동성(山東省) 임치현(臨淄縣)이고, '범공정'은 산동성 박산현(博山縣)의 동쪽에 있는데, 송(宋)대 학자인 범중엄(范仲淹)을 기리는 정자(亭子)이다. 범중엄이 청주를 다스릴 때에 홍안병(紅眼病: 결막염)이 널리 빠르게 퍼졌는데, 범중엄은 몸소 물을 긷고 약을 만들어 사람들에게 나누어 주면서 역병의 전염을 제지하였다. 때마침 남양하(南陽河) 기슭에서 깨끗하고 시원한 샘물이 솟아 나왔는데, 수질이 순수하여 마실 수 있고 약을 만들 수도 있으므로 현지 사람들은 이 현상이 하늘을 감동시킨 범공의 덕행으로 일어난 일이라며, 그 샘물을 '예천(醴泉)'이라고 불렀다. 또한 나중에 사람들은 범공에게 감사하는 마음을 표하기 위해 샘 옆에 정자를 짓고, '예천'을 '범공정(范公井)'이라 불렀으며, 정자를 '범공정(范公亭)'이라고 부르게 되었다. 한편, 훗날 의원들은 이 샘물로 환약을 만들어 '청주백환자(靑州白丸子)'라고 이름 부르게 되었다. "**미정**(尾井)"은 조선시대 한양의 반송방(盤松坊)에 속하였던 미동(尾洞)에 있던 우물이다. '반송방'은 현재 서울 서부의 중구와 서대문구 지역인데, 한양 서부는 지금의 의주로 주변을 제외하고 당시에는 거의 개발되지 않았으나, '반송방'은 지방 도시로서는 매우 큰 곳이었던 개성(開城) · 평양(平壤) 등과 통하는 교통의 길목으로 인가(人家)가 조밀하였고, 사람들의 왕래가 빈번하였다. '미동'은 중구 의주로1 · 2가 및 서대문구 미근동과 충정로2가에 걸쳐 있던 마을인데, 이 지역에 물이 많이 나서 늘 넘쳐흘러 마치 꼬리가 있는 것 같다는 의미의 '초리우물[尾井]'이 있던 데서 마을 이름이 유래되었다. 다른 이름으로 ‘초리우물골’, ‘미정동(尾井洞)’이라고도 하였다. 또한 『신증동국여지승람(新增東國輿地勝覽)』 제3권 「한성부(漢城府)」에서는 ‘미정’이 돈의문(敦義門) 밖에 있는데 물의 품질이 매우 좋다고 하였다. 한편, 성현(成俔)의 『용재총화』에서는 물과 관련하여 충주의 달천물(달래강)이 으뜸이라 하였고, 금강산의 ‘천수(泉水)’와 한양의 ‘미정수’가 최고로 달면서 맛있다고 하였다.

〈옥예(玉蕊)〉와 〈경화(瓊花)〉는 『물명고』에 따르면, “이것이 곧 진후주의 이른바 옥수이고, 수양제가 감상하였던 것인데, 뒤에 세상 사람들이 ‘경화’라고 여겼지만, 종류가 없으니 실수일 것이다. 〈청정반(青精飯)〉은 ‘남촉(남천촉)’의 잎을 얻어서 찧은 즙액에 ‘멥쌀’을 담갔다가 아홉 번을 찌고 아홉 번을 햇볕에 쬐어 말린 것이며, ‘신반(청정반)’, ‘오반(청정반)’과 같다. ”[29]라고 하였다.

“**옥예**(玉蕊)”는 ‘옥예화(玉蕊花)’로서 당(唐)대에 사람들이 사랑하고 즐겨 감상하였던 꽃이다. 북송(北宋) 중기의 학자 송민구(宋敏求, 1019~1079)는 ‘경화(瓊花)’라고 하였다. 한편, 이는 시계꽃과의 여러해살이 덩굴풀인 ‘서번련(西番蓮)’을 가리키기도 한다. 길이는 4m 정도이고, 가지가 없으며, 덩굴손으로 다른 것을 감으면서 올라간다. 잎은 어긋나고 손꼴로 깊게 갈라지며, 꽃은 여름에 위를 향하여 핀다. 열매는 참외 모양인데, 식용하고, 꽃 · 뿌리 · 잎은 약용하며, 브라질 원산이다. ‘시계꽃’, ‘시계초(時計草)’, ‘시계풀’, ‘서양국(西洋菊)’, ‘전심연

29 玉蕊 瓊花 此卽陳後主所謂玉樹 而隋煬帝所觀也 後世以爲瓊花 無種過矣. 青精飯 取南燭葉 擣汁浸粳米 九蒸九曝 䭀飯 烏飯 仝.

(轉心蓮)', '전지연(轉枝蓮)'이라고도 한다. "**경화**(瓊花)"는 잎은 부드럽고 윤이 나며, 꽃잎이 두텁고 담황색이며, 밤에 향기로운 꽃이 피는 희귀하고 진귀한 꽃이다. 모양이 수국(水菊)인 '자양화(紫陽花)'나 '팔선화(八仙花)'와 비슷하다. 옛날 양주(揚州) 후토사(后土祠)에 경화 한 그루가 있었는데, 당나라 사람이 심은 것으로 전해진다. 송(宋)대 순희(淳熙, 남송(南宋) 효종(孝宗)의 연호・1174~1189) 이후로 '팔선화'와 접목하여 이식하였다. "**진후주의 이른바 옥수**[陳後主所謂玉樹]"에서 '진후주'는 중국 남조(南朝) 진(陳) 선제(宣帝)의 적장자이자 후주(後主)인 진숙보(陳叔寶)이다. '옥수'는 〈옥수후정화(玉樹後庭花)〉의 '옥수'를 가리킨다. 즉, 그 6행에 "玉樹流光照後庭(만발한 옥수에 흐르는 빛이 뒤뜰에 가득 하구나.)"이라고 하였음. '옥수'는 전설상의 선목(仙木) 이름이다. 또는 흰 눈이 뒤덮인 나무를 가리킨다. 또는 콩과의 낙엽 활엽 교목인 '회화나무'의 다른 이름이다. '괴수(槐樹)'라고도 한다. 인신(引伸)하여 아름답고 훌륭한 자제(子弟)를 가리키기도 한다. 〈옥수후정화〉는 악부(樂府) 청상곡(淸商曲) 중 오성가곡(吳聲歌曲)의 이름. 진숙보가 장귀비(張貴妃)인 장려화(張麗華) 등으로 하여금 연주하게 하였는데, 남녀(男女)가 상화(相和)하는 음란하고 요염하며 경박한 곡조이다. 뒤에 '옥수'와 '후정' 두 곡으로 나뉘었다. 줄여서 〈옥수가(玉樹歌)〉・〈옥수곡(玉樹曲)〉이라 부르며, 진(陳)이 망할 때에 진숙보가 밤낮으로 즐겼다고 하여 보통 망국(亡國)의 노래를 뜻한다. 이와 관련하여 진숙보가 정사는 돌보지 않고, 사치스런 누각을 지어 매양 빈객을 불러 술과 여색에 미혹하여 장귀비 등 비빈(妃嬪)과 함께 잔치하며 노닐면서 여러 귀인(貴人)에게 시부(詩賦)를 짓도록 하여 그 중에서 잘된 것을 뽑아 새로 지은 시에 곡을 부쳐 사곡(詞曲)으로 만들어 노래

를 부르게 하다가 재위 7년 만에 끝내 수(隋)나라에 의해 나라를 망하게 한 고사(故事)가 있다. 그 전해 오는 곡조 가운데 〈옥수후정화〉가 있다. 그 후에 진숙보는 요이(妖異)를 빌겠다고 불사(佛寺)에 자기를 팔아 종이 되기까지 하였으며, 후세에 '진후주'는 망국(亡國)의 임금을 상징하게 되었다. 한편, 〈옥수후정화〉와 관련하여 『악학궤범(樂學軌範)』에 고려 충혜왕(忠惠王)이 뒤뜰에서 여자들과 어울려 불렀다고 전해지는 〈북전(北殿)〉이 실려 있는데, 〈후전(後殿)〉·〈후정화(後庭花)〉라고도 하며, 조선 세종(世宗) 때 폐지되었다가 성종(成宗) 때 성현(成俔)이 왕명에 의하여 악가(樂歌)를 개산(改刪)할 때, 조선창업을 송축한 가사로 개작하였고, 『경국대전(經國大典)』에는 향악공(鄕樂工)을 뽑을 때 시험곡으로 썼다는 기록도 있다. **"수양제가 감상하였던 것**[隋煬帝所觀]"에서 '수양제'는 중국 수(隋)나라의 제2대 황제이다. 재위는 604~618이고, 성은 양(楊)이며, 이름은 광(廣)이다. 세 차례에 걸쳐 고구려를 침입하였으나 대패하였고, 재위 중에 대운하 건설을 대대적으로 일으키기도 하였다. 그가 양주(揚州)에 있을 때에 꿈속에서 전조(前朝)의 황제였던 진숙보(陳叔寶)를 만나서 즐겁게 통음(痛飮)하며, 진숙보의 총비(寵妃)인 장려화(張麗華)에게 〈옥수후정화〉를 부르고 춤추도록 하였다는 설화가 있다. 당(唐)대 시인 이상은(李商隱, 812~858)의 시 〈수궁(隋宮)〉 7~8행에도 "地下若逢陳後主(수양제가 지하에서 진후주를 만난다면) / 豈宜重問後庭花(후정화에 대해 다시 묻는 것이 마땅치 않겠는가?)"라고 하였다. **"청정반**(靑精飯)"은 청정건석반(靑精乾石飯)이다. 도가(道家)에서 청정석(靑精石)으로 지은 밥을 이르는 말인데, 먹으면 양기(陽氣)를 돋우어 안색이 좋아지고 장수한다고 이른다. '청정'은 '대[竹]'의 잎과 비슷하여 '남천죽(南天竹)'이라 부르고, 붉은

색의 방울 열매가 줄기 끝에서 촛불처럼 타오르는 것과 같다고 하여 '남천촉(南天燭)' 또는 '남촉(南燭)'이라고 부르며, 신선(神仙)이 먹는 식물이라는 의미에서 '성죽(聖竹)'이라고 한다. 잎을 쌀에 섞어 먹으면, 흰머리가 검어지고 노인이 젊어진다는 이야기가 있다. 이 때문에 새해에 노인에게 인사할 때에 열매가 달린 남천 가지를 선물하는 풍습이 있다. 진(晉)대 도가(道家) 학자인 갈홍(葛洪, 284~364)의 『신선전(神仙傳)』에도 청정의 줄기와 잎을 찧어 즙을 짜서 쌀을 담갔다가 쪄서 말리기를 아홉 번 한 다음에 그 쌀로 밥을 짓는데, 신선이 먹는다고 하였다.

〈해당리(海棠梨)〉는 『물명고』에 따르면, "나무가 '모과나무'와 비슷하면서 2월에 피는 꽃은 점찍은 연지와 같은데, 떨어지면 마치 어제 한 화장의 엷은 분가루와 같고, 열매의 모양은 '배[梨]'와 같으며, 크기는 '앵두'만 하다. 우리나라 풍속에서 붉은 '장미'의 일종이 마땅하다는 것은 잘못이고, '해홍', '어류화'와 같다. 당태종(唐太宗)이 꽃을 평하였는데, '출장(출장화 · 죽도화)'은 담 밖으로 내쫓았으나, '해당(해당화 · 어류화)'은 버리지 말고 머물러 두게 시켰다."30라고 하였다.

"**해당리**(海棠梨)"는 '해당'의 과실(果實) 이름이다. 아울러 '해당'은 장미과의 낙엽 활엽 관목인 '해당화(海棠花)'이다. 높이는 1~1.5m인데, 가시 · 가시털 · 융털이 많고, 잎은 깃꼴 겹잎으로 어긋나면서 자

30 海棠梨 樹似木瓜 二月開花如臙脂點 落則若宿粧淡粉 実狀如梨 大如含桃. 東俗誤以紅薔薇之屬當之 海紅 御留花 仝. 唐宗品花 黜〃墻於墻外 而留海棠使勿去.

라며, 5~7월에 짙은 홍색의 꽃이 1~3개씩 피고, 열매는 8월에 붉게 익는다. 꽃은 향기가 짙어 향수 원료로 쓰며, 열매는 약용하고, 뿌리는 염료로 사용한다. '때찔레', '매괴(玫瑰)'라고도 한다. "**해홍**(海紅)"은 '해당(海棠)'의 열매이다. 한편, '산다화(山茶花: 동백꽃)'의 다른 이름이기도 하다. "**어류화**(御留花)"는 임금이 머물러 두도록 한 꽃이라는 뜻이다. 이익의 『성호사설』 제5권 「만물문(萬物門)」〈출장어류(黜墻御留)〉 편에 따르면, 고려시대 이규보(李奎報, 1168~1241)의 『동국이상국집(東國李相國集)』 속에 '지당(地棠)'이라는 것이 바로 '출장(黜墻)'이라는 꽃인데, 그 소서(小序)에 옛날 군왕(君王)이 꽃을 선택할 때 임금이 머물러 두도록 한 것은 이름을 '어류화'라 하고, 버림을 받은 까닭에 '출장화(黜墻花)'라 하였으니, 고려시대에 이미 전설이 있었던 것이라고 하였다. 또한 '어류화'는 무슨 꽃인지 알 수 없으나, 이규보의 〈어류화(御留花)〉 시를 예로 들면서 지금 세속에서 이르는 '해당(海棠)'인 듯하다고 하였으며, 이규보의 〈지당(地棠)〉 시를 예로 들면서는 『화보(花譜)』를 상고해 보니, 빛이 불그스름하게 붉은 '해당'인데, 지금 세속에서 가리키는 해당은 가지에 가시가 많으면서 꽃은 짙게 붉으니, 이는 해당이 아니고 꽃 중에 제일 품질이 나빠서 보잘 것이 없으며, 추측컨대, 해당은 우리나라에도 옛날에는 있었던 것인데 지금 와서 없어진 듯하다고 하였다. 한편, '출장화'는 장미과에 속한 낙엽 활엽 관목인 '죽도화'인데, '황매화(黃梅花)'라고도 한다.

〈조(棗)〉는 『물명고』에 따르면, "대추이고, '백익홍'과 같다. 〈준조(遵棗: 대추의 일종)〉는 작으면서 둥글고, 자줏빛을 띤 검은색인데, 증석이 즐겼던 것이며, '양시조(준(遵)·양조)'와 같다."[31]라고 하였다.

"**백익홍**(百益紅)"은 '대추'의 다른 이름인데, 우리 몸에 백 가지 이로움이 있는 붉은 열매라는 의미이다. "**증석이 즐겼던 것**[曾晳所嗜]"에서 '증석'은 '증점(曾點)'으로도 알려져 있는데, 중국 춘추시대 노(魯)나라 남무성(南武城) 사람이다. 그의 자(字)가 석(晳)이고, 증자(曾子)인 증삼(曾參)의 아버지이며, 공자의 제자이다. 『맹자』「진심(盡心)」하(下)편에 "증석이 양조를 즐겨서 증자가 차마 양조를 먹지 못하였다.[曾晳耆羊棗 而曾子不忍羊棗.]"라 하였다. 한편, '양조'에 대하여 조기(趙岐)는 "대추의 이름이다[棗名也]"라 하였고, 주희(朱熹)는 "열매가 작고 검은색이며 둥그니, 또 양시조라 이르기도 한다.[實小黑而圓 又謂之羊矢棗]"라 하여 모두 '대추'의 일종으로 보고 있지만, 하작(何焯)의 『의문독서기(義門讀書記)』에서는 "양조는 대추가 아니라 감의 작은 것인데, 갓 생겨나면 누런색이지만 익으면 검게 되어 양시(羊矢: 양의 똥)와 비슷하고, 그 나무를 다시 접붙이면 감이 된다.[羊棗非棗也 乃柿之小者 初生色黃 熟則黑 似羊矢 其樹再接 則成柿.]"라 하여 우리나라에서도 흔히 볼 수 있는 '고욤'으로 보고 있다.

〈력(櫟: 상수리나무)〉은 『물명고』에 따르면, "'상수리'가 열리는 나무인데, 어떤 사람은 장(莊) 선생의 '부재(不材)' 두 글자에 의거하여 마침내 "떡갈나무"라고 말하니, 잘못일 것이다. 〈곡속(槲樕)〉은 "떡갈나무"이고, '복속', '복심', '대엽력(떡갈나무)', '력강자(떡갈나무)', '금계수(떡갈나무)'와 같다."[32]라고 하였다.

31 棗 대쵸 百益紅 仝. 遵棗 小圓紫黑 曾晳所嗜 羊矢棗 仝.

32 櫟 橡宲之樹也 或据莊生不材二字 遂謂 덥갈 誤矣. 槲樕 덥가나모 樸樕

"**장**(莊) **선생의 '부재**(不材)**' 두 글자**[莊生不材二字]"에서 '장 선생'은 장주(莊周)를 가리킨다. 생몰년(生沒年)은 B.C.369~B.C.286이고, 전국(戰國)시대 송(宋) 사람이다. 칠원리(漆園吏)를 지냈고, 청정무위(淸靜無爲)를 주장하였으며, 저서에 『장자(莊子)』가 있다. 당현종(唐玄宗) 때 남화진인(南華眞人)으로 추존되어 그의 저서를 『남화진경(南華眞經)』이라고도 한다. 한편, 『장자』「소요유(逍遙遊)」와「인간세(人間世)」에 따르면, '부재'는 재목감이 못 된다는 의미이다. '력(櫟: 상수리나무)'은 '저(樗: 가죽나무)'와 더불어 크기만 할 뿐 아무 쓸모가 없어서 어떤 목수도 돌아보지 않는 재목감이 못 되는 나무인 '산목(散木)'이라는 뜻이다. "**복속**(樸樕)"은 '떡갈나무'이다. 한편, 떨기나무. 또는 작은 나무를 가리키기도 한다. 인신하여 보잘것없음이나 평범함의 비유이다. 한편, '樸'은 『한어대자전』과 『대한화사전』과 『한한대자전』과 『대한한사전』 및 『이아주소』 등에 따르면, 음(音)이 '복[博木切]'이지만, 이본(異本)과 『한국 식물명의 유래』에 따르면 '박[匹角切]'이다.

〈계설향(鷄舌香)〉은 『물명고』에 따르면, "어떤 사람이 '모정향'이라 말하였고, 어떤 사람이 교광에서는 온갖 꽃을 따서 그것과 술을 빚는다고 말하였다."[33]라고 하였다.

"**어떤 사람이 교광에서는 온갖 꽃을 따서 그것과 술을 빚는다고 말하였다**[或云 交廣採百花釀之]"는 것은 『동의보감』「탕약(湯藥)」편 3권에 따르면, "어떤 사람이 이르기를 계설향은 곤륜에서 나오고, 교

樸心 大葉櫟 櫟橿子 金鷄樹 仝.

33 鷄舌香 或云 卽母丁香 或云 交廣採百花釀之.

광에서는 온갖 꽃을 따서 그것과 술을 빚는데, 향기를 이루어내기 때문에 입에 머금는다.[或云 雞舌香 出崑崙 交廣採百花釀之 以成香故口含.]"라고 하였다. '교광'의 '교'는 교주(交州)를 의미하고, 후한(後漢) 건안(建安) 8년(203)에 교주자사부(交州刺史部)를 고쳐서 설치한 곳이다. 치소(治所)는 광신현(廣信縣)이며, 지금의 광서성(廣西省) 오주시(梧州市)이다. 건안 15년(210)에는 지금의 광동성(廣東省) 광주시(廣州市)인 번우현(番禺縣)으로 옮겼는데, 관할 영역은 지금의 광동성·광서성의 대부분과 월남(越南) 승천(承天) 이북의 여러 성(省)에 해당한다. 아울러 '광'은 북송(北宋)대의 광남로(廣南路)를 가리키는데, 북송 개보(開寶) 연간(968~983)에 영남전운사(嶺南轉運使)가 설치되면서 광남로라고 지칭하기 시작하였다. 치소는 지금의 광동성 광주이고, 관할 영역은 지금의 광동성·광서성과 해남성(海南省)을 포괄한다. 단공(端拱) 원년(988)에 광남서로(廣南西路)와 광남동로(廣南東路)로 분리되었다.

〈침수향(沈水香: 침향)〉은 『물명고』에 따르면, "나무가 '거류(欅柳: 고리버들)'와 비슷한데, 껍질이 푸르고, 잎은 '귤나무'와 비슷하며, 겨울을 지내도 시들지 않고, 여름에 흰 꽃이 피며, 가을에 맺는 열매가 '빈랑'과 비슷하다. 얻는 방법은 먼저 그 뿌리를 잘라서 해를 지내면, 껍질과 속살은 썩어 문드러지고, 오직 고갱이와 마디만 부서지지 않는데, 물에 들어가도 떠오르지 않기 때문에 '침향'이라고 말한다. 〈아가로향(阿迦嚧香: 침향)〉은 범어이다. 〈번침(番沈)〉과 〈박침(舶沈: 번침)〉과 〈약침(藥沈: 번침)〉은 진랍의 여러 나라에서 나온다."[34]라고 하였다.

"**번침**(番沈)"은 발니(渤泥)·점성(占城)·진석(眞腊)에서 나오는 침향이다. 임상에서 많이 사용하는데, '진석'의 것이 상품(上品)이다. '박침

(舶沈)', '약침(藥沈)'이라고도 한다. '발니'는 중국 서남쪽에 있던 나라인데, 지금의 '보르네오[Borneo]' 또는 타이[Thailand] 남부의 '바르니' 지역이고, '점성'은 현재 베트남 중부에 있던 '참파[Champa]' 지역 또는 인도차이나 남동 기슭에 있던 고대 국가이며, '진석'은 지금의 캄보디아 지역인 '진랍(眞臘)'이다.

〈시(柹: 감나무)〉는 『물명고』에 따르면, "옛날 '시(柿)'자이니, "감"이다. 〈진두가(鎭頭迦: 인도감나무)〉는 범어이다. 〈칠절(七絶: 감나무)〉은 첫째 오래 살고, 둘째 그늘이 많으며, 셋째 새둥지가 없고, 넷째 벌레들이 없으며, 다섯째 서리 맞은 단풍잎을 감상할 만하고, 여섯째 열매가 아름다우며, 일곱째 떨어진 잎이 살지고 크다는 것이다."[35]라고 하였다.

"**칠절**(七絶)"은 '감나무'의 일곱 가지 뛰어난 점이라는 의미인데, 출전은 『유양잡조』이다. 이 가운데 둘째는 그늘이 짙다는 의미로 보고, 여섯째는 열매가 먹음직스럽다는 의미로 보며, 일곱째는 당(唐)대 정건(鄭虔)이 감잎을 가져다가 글씨를 썼다는 고사(故事)와 결부시켜 잎이 두껍고 커서 글씨를 쓰기에 알맞다거나 거름으로 쓰기에 좋다고 보는 견해들도 있다.

34 沈水香 木似欅柳皮靑 葉似橘 經冬不凋 夏開白花 秋結実 似梹榔. 取法先斷其根 經年皮肉朽爛 唯心與節不壞 入水不浮 故曰 沈香. 阿迦嚧香 梵語. 番沈 舶沈 藥沈 出眞臘諸國.

35 柹 古柿字 감. 鎭頭迦 梵語. 七絶 一壽 二多陰 三無鳥巢 四無蟲蠹 五霜葉可玩 六佳実 七落葉肥大.

3 부동류 不動類

1) 흙 土

'부동류(不動類)'는 움직이지 않는 종류라는 의미이다. '흙[土]'은 지구의 표면을 덮고 있는, 바위가 부스러져 생긴 가루인 무기물(無機物)과 동식물에서 생긴 유기물(有機物)이 섞여 이루어진 물질이다. '토양(土壤)'이라고도 한다.

〈양(壤)〉은 『물명고』에 따르면, "식토이고, 또 흙덩이가 없으니, "부석흙(푸석흙・푸석푸석한 흙)"인데, 「우공」에 백양과 황양이라는 명칭이 있다. 〈식양(息壤)〉은 「계책」에 '식양'과 '식석'이라는 말이 있고, 곽박은 흙과 돌 중에서 스스로 늘어날 수 있는 것이라고 여겼지만, 그러나 『서경』의 주(註)에서 흙이라는 증거가 되니, 대개 땅을 파서 얻는 흙인데, 튼튼하게 쌓는 데는 미치지 못하는 것이라고 말하였다."[1]라고 하였다.

1 息壤 啓策有息壤息石之語 郭璞以爲土石之能自長者 然書註 以壤地爲證

“**식토**(息土)”는 비옥(肥沃)한 토지를 뜻한다. 또는 무엇이든 잘 자라고, 황폐해지지 않는다는 전설상의 땅인 식양(息壤)을 의미한다. 또는 전국(戰國)시대에 진무왕(秦武王)이 감무(甘茂)와 참언(讒言)을 믿지 않겠다고 맹세한 땅이다. 「**우공**(禹貢)」은 『서경(書經)』 「하서(夏書)」의 편(篇) 이름이다. 중국을 9주(九州)로 나누고, 각 구역의 교통·지리 및 산물과 공부(貢賦)의 등급 따위에 대한 내용이다. “**백양**(白壤)”은 제1등급 양토(壤土)이다. 백악(白堊)·활석(滑石)·백석지(白石脂)·석회 등의 가루가 많이 섞여있어 그 색깔이 희다. 또한 연산(鉛酸)과 섞여 기름·황산염·소금 등의 성분이 고루 함유되어 있기 때문에 식물을 생장시키는 기운이 가장 왕성하여 농작물이 모두 잘 자란다. 5곡·목화[綿]·담배·차(茶)·닥나무를 심기에 가장 적합하다. 거름은 구비(廐肥: 외양간두엄)가 좋고, 산골짜기 그늘진 곳에서는 따뜻한 성질을 지닌 거름을 써야한다. “**황양**(黃壤)”은 제2등급 양토이다. 웅황(雄黃)과 유황(硫黃) 성분이 섞여있어 식물의 생장이 왕성한 것은 백양과 다를 바 없지만, 응결력이 백양만 못하다. 이 때문에 흙의 무게를 달면, 좀 가볍고 곡물의 단단함이 약간 떨어진다. 이 토양에는 잡곡·목화·구차(具次)·수삼[廡枲]·차(茶)·닥나무·앵자동(罌子桐)·수박[西苽] 등을 심는 것이 적합하다. 거름은 백양과 같다. 한편, ‘황양’은 사람이 죽은 뒤에 영혼이 가서 산다는 세계인 ‘황천(黃泉)’을 의미하기도 한다. 「**계책**(啓策)」은 『귀장(歸藏)』의 편(篇)인 「계서경(啓筮經)」 또는 「계서」를 이른다. 이때의 ‘책(策)’과 ‘서(筮)’는 모두 점칠 때

盖謂掘地得土 未及築堅者.

쓰는 댓가지나 가새풀의 줄기로 만든 도구인 '점대'를 가리킨다. 『귀장』은 『귀장역(歸藏易)』이라고도 하는데, 고대 역(易)의 이름이고, 황제(黃帝)가 지었다고 한다. 『주례(周禮)』 「태복(大卜)」에 "서인(筮人)은 세 가지 역을 관장하는데, 첫째 연산, 둘째 귀장, 셋째 주역이다.[筮人掌三易 一曰連山 二曰歸藏 三曰周易.]"라고 하여 『연산』, 『주역』과 함께 '3역(三易)'의 하나이며, 「초경(初經)」·「제모경(齊母經)」·「정모경(鄭母經)」·「계서경」·「본시(本蓍)」의 다섯 편으로 구성되어 있다. 일설(一說)에는 은(殷)대의 역인데, 만물은 모두 땅속으로 돌아가 감춰진다고 하여 '곤(坤)'으로 첫머리를 삼았다고 한다. 한편, 원문과 관련하여 『산해경』 「해내경(海內經)」의 주(註)에 「계서」를 인용하여 "세차게 흐르는 큰물이 그쳐 끝나지 않자, 백곤이 식석과 식양으로 홍수를 막았다.[滔滔洪水 無所止極 伯鯀乃以息石息壤 以堙洪水.]"라고 하였다. 『산해경』의 주에서 「계서」의 '계(啓)'자를 간혹 '개(開)'자로 교체하여 쓰는 경우가 있는데, 이는 한경제(漢景帝)의 성명이 유계(劉啓)이므로 휘(諱)를 피한 것이다. "**식양**(息壤)"과 "**식석**(息石)"은 살아 있어서 쓰고 써도 없어지지 않는 흙과 돌이다. '식'은 살아 있다는 의미로서 보통 때는 잠들어 있다가 잠을 깨면 스스로 쉬지 않고 증식한다. 역대 제왕들에 의해 엄중히 관리되었고, 홍수 대책에 사용하기 위해서는 제왕의 허가가 필요하였는데, 곤(鯀)이 무단으로 사용하여 축융(祝融)에 의해 북극 근처까지 쫓겨나 처형되었다.

〈구벽토(舊壁土)〉는 『물명고』에 따르면, "약(藥) 전문가들이 동벽토를 얻어 설리를 치료하고, 서벽토는 구토를 치료하는데, 풍속에서 가리키는 조돌(竈突·부뚜막에 달린 굴뚝)의 흙이라는 것은 아니다. 〈복룡간(伏龍肝)〉은 세월이 오래된 부엌 아래쪽에 마주한 가마솥 아궁이 바닥 밑의 황토이다. 옛날에는 부엌을 만들 때에 '돼지'의 간 한 조각을 흙 속에 넣어서 지었기 때문에 그 흙이 '간(肝)'이라는 명칭을 얻었다. 〈천보봉(千步峯)〉은 문(門)으로 드나드는 곳에 마치 봉우리처럼 가지런하게 볼록해진 것인데, 풍속에서는 "죠개업"이라고 부른다. 〈초배자(草坏子)〉는 "뙷덩이"이다."[2]라고 하였다.

"**구벽토**(舊壁土)"는 오래된 바람벽의 흙인데, 논밭에 거름으로 쓴다. "**동벽토**(東壁土)"는 해가 잘 들어 볕에 오래 쬔 동쪽 벽의 흙이다. 설사·곽란 등에 약재로 쓰고, 초(醋)에 반죽하여 종기(腫氣)에 붙이기도 한다. "**설리**(泄痢)"는 변에 포함된 수분의 양이 많아져서 묽은 똥을 누는 것이나 또는 그러한 증세(症勢)이다. 소화 불량이나 세균 감염으로 인해 장에서 물과 염분 따위가 충분히 흡수되지 않을 때나, 소장이나 대장으로부터의 분비액이 늘어나거나 장관의 연동 운동이 활발해졌을 때 일어난다. '사리(瀉痢)', '설사(泄瀉)', '설하(泄下)'라고도 한다. "**서벽토**(西壁土)"는 해질 무렵에 햇빛이 비치는 서쪽 벽의 흙이다. 몰린 기운을 아래로 내리게 하여 토하는 것과 딸꾹질[咳逆]을 치료하는 데 쓴다. "**구토**(嘔吐)"는 먹은 음식물을 토해 내는 것이다. '게움', '토역(吐逆)'이라고도 한다. "**복룡간**(伏龍肝)"은 아궁이 속에서 오랫동안 불기운을 받아 누렇게 된 흙이다. 습종(濕腫)·부종(浮腫)·대하(帶下)·해수(咳嗽)·토혈(吐血)·악조 같은 병에 약으로 쓴다. 한편,

2 舊壁土 藥家取東壁土 治泄痢 西壁土 治嘔吐 俗指竈堗土者非. 伏龍肝 年深竈下對釜月處黃土也. 古者作竈時 納猪肝一片於土中 而築之 故其土得肝稱. 千步峯 門出入處 齊起如峯者 俗呼조ᄀ엽. 草坏子 쐬덩이.

'복룡'은 부엌을 맡은 귀신이다. "**천보봉**(千步峯)"은 한길의 흙이 두둑하게 올라온 것인데, 생강(生薑)·초(醋) 등과 조합해서 음식창(陰蝕瘡)인 변독(便毒)에 붙인다. "**뗏덩이**"와 관련하여 원문의 '쐬'는 '떼(잔디)'인데, '뙤'나 '뙤'로도 표기하였고, '덩이'는 '덩어리'이다. 따라서 '뗏덩이'는 흙이 붙어 있는 상태로 뿌리째 떠낸 '잔디 덩어리'를 의미한다.

2) 돌 石

'돌[石]'은 흙 따위가 굳어서 된 광물질의 단단한 덩어리이다. 바위보다는 작고, 모래보다는 큰 것을 이른다.

〈류리(琉璃)〉는 『물명고』에 따르면, "본래 옥(玉)이 세월이 흘러 반짝반짝 빛나게 된 것을 이르고, 모두 열 종류가 있다. 북위 태무 때에 비로소 녹여서 만드는 방법이 있었는데, 돌가루를 녹인 즙액에 운모와 아초 등의 약(藥)을 더하여 거푸집에 부어 그릇을 만들어 썼으며, 푸르거나 누르거나 검거나 흰 빛깔을 마음대로 만들었다. 〈안경(眼鏡)〉은 유리나 수정 등으로 모두 만들 수 있는데, 근시는 멀리 볼 수 있고, 어두우면서 흐린 눈은 밝게 볼 수 있으며, '애체'와 같다. 〈현미경(顯微鏡)〉은 '파리'의 머리와 '전갈'의 꼬리가 마치 수레의 바퀴만 하게 자세히 보인다. 〈다물경(多物鏡)〉은 하나가 열배나 백배가 되어 보인다. 〈천리경(千里鏡: 망원경)〉은 매우 먼 곳까지 볼 수 있다. 〈서광경(瑞光鏡)〉은 등불 하나를 그것에 비추면, 빛이 몇 리(里)까지 쏘아

비추고, 사람이 빛 속에 앉아 있으면, 온 몸에 따뜻한 기운이 생겨난다. 〈취화경(取火鏡)〉은 태양을 향하여 불을 얻는다. 〈취수경(取水鏡)〉은 달을 향하여 물을 얻는다. 〈이경(耳鏡)〉은 귓속에 꽂아 넣으면, 먼 곳의 소리를 들을 수 있다. 〈석경(石鏡: 유리로 만든 거울)〉은 유리의 뒷면에 수은을 칠한 것인데, 비치는 모습은 구리로 만든 거울과 조금도 다를 것이 없다. ○〈양각(佯角)〉도 또한 유리처럼 녹여서 만드는데, 뿔을 달인 아교로써 온갖 그릇을 만든다."[3]라고 하였다.

"**류리**(琉璃)"는 7보(七寶)의 일종이다. 또는 푸른색의 보옥(寶玉)을 뜻하며, '유리(瑠璃)'라고도 하는데, 석영·석회암·탄산소다를 원료로 하여 고온에서 융해시켜 식힌 물질이다. 단단하나 깨지기 쉽고, 투명하다. 다른 이름은 '초자(硝子)'이다. 한편, 점토(黏土)·장석(長石)·화소청(畫燒靑) 등을 원료로 하여 구운 기와를 의미하기도 하는데, 궁전의 누각 등에 쓴다. "**북위**(北魏) **태무**(太武)" 중에서 '북위(386~556)'는 중국 남북조(南北朝) 때 북조(北朝)에 속한 후위(後魏)의 별칭이다. 선비족(鮮卑族)의 탁발규(拓拔珪)가 세웠고, 효무제(孝武帝) 때 동위(東魏)와 서위(西魏)로 분열되었다. '태무'는 북위(北魏)의 제3대 황제인 태무제(太武帝, 423~452)이며, 본명은 탁발도(拓跋燾)이다. 화북(華北)에 분립되어 있던 각 왕조를 멸망시키고, 화북 통일을 달성하였으며, 도

3 琉璃 本謂玉之流光陸離者 凡有十種. 北魏太武時 始有鑄法 消石汁加以雲母牙硝等藥 灌成器用 青黃黑白 任意爲之. 眼鏡 琉璃水晶等 皆可爲之 近視能遠 昏眸能明 靉靆 仝. 顯微鏡 蠅頭蠆尾 視若車輪. 多物鏡 視一爲什百. 千里鏡 能視極遠. 瑞光鏡 以一灯照之 光射數里 人坐光中 遍體生溫. 取火鏡 向太陽取火. 取水鏡 向太陰取水. 耳鏡 揷之耳中 能聽遠聲. 石鏡 琉璃之背塗汞 照影無異銅鏡. ○佯角 亦如鑄琉璃 以角煎膠 使成器物.

사(道士) 구겸지(寇謙之)를 신임하여 폐불(廢佛)을 강행한 것으로 유명하다. 생몰년은 408~452이다. "**아초**(牙硝)"는 마아초(馬牙硝)이다. 즉, 박초(朴硝)를 달여서 정제한 것인데, 변비(便祕)·적취(積聚)·황달(黃疸)·연주창(連珠瘡)·결막염(結膜炎)·옻 오른 데·달거리가 없는 데 등에 쓰고, 설사약으로도 쓴다. '망초(芒硝)', '분초(盆硝)'라고도 한다. "**거푸집**"은 만들려는 물건의 모양대로 속이 비어 있어 거기에 쇠붙이를 녹여 붓도록 되어 있는 틀이다. '용범(鎔范)', '주강형', '주형(鑄型)', '형(型)', '형틀'이라고도 한다. 또는 콘크리트 구조물을 일정한 형태나 크기로 만들기 위하여 일시적으로 설치하는 구조물을 일컫는다. 또는 풀칠하여 붙인 종이나 천, 주물이나 도자기 따위의 한 부분에 공기가 들어가서 들뜬 곳을 의미한다. 한편, 몸의 겉모양을 낮잡아 이르는 말이기도 하다. "**근시**(近視)"는 가까운 데는 잘 보아도 먼 데는 잘 보지 못하는 눈으로서 '바투보기', '졸보기'라고도 한다. "**애체**(靉靆)"는 안경(眼鏡)이다. 인신(引伸)하여 어둑어둑한 모양. 또는 구름이 성한 모양. 또는 가볍게 휘날리는 모양. 또는 빙빙 돌며 올라가는 모양을 의미한다. "**다물경**(多物鏡)"은 『규합총서(閨閤叢書)』에 따르면, 온갖 것이 다 많아 보이는 거울이다. "**서광경**(瑞光鏡)"은 『규합총서』에 따르면, 대소(大小)가 같지 않으나, 큰 것은 길이가 6자[尺]인데, 밤에 등잔을 비치면 그 빛이 몇 리 밖을 쏘아 그 사용하는 바가 매우 크다. 겨울에 그 빛 가운데 앉으면 온몸이 따뜻하기가 마치 태양을 끼고 있는 듯하다고 하였다. "**이경**(耳鏡)"은 귓속을 검사하는 데 쓰는 의료기의 하나로서 다른 이름은 '귀 거울'이다.

'금아골(보석의 일종)'과 '전부자' 등은 『물명고』에 따르면, "아울러 그 종류가 분명하지 않은데, 모두 보석이면서 구슬(진주)과 비슷한 것이다. '화주', '화정', '매괴'와 같다. ○ 『당서』에 파리의 동쪽에 라찰국이 있고, 그 사람들은 매우 천하면서 너절하며, 머리털이 붉고 몸이 검으며, 길짐승의 이빨에 '매[鷹]'의 손톱이고, 임읍의 사람들과 함께 저잣거리에서 뒤섞이는데, 밤에 오며, 스스로 그 얼굴을 가린다. 그 나라에서 '화주'가 나오는데, 모양은 '수정'과 같으면서 희고, 오시(11시~13시)에 구슬로 햇빛을 받으면서 '쑥[艾]'에 비추면, 불이 일어나며, 당태종 때에 임읍에서 '화주'를 바쳤다고 하였다."4라고 하였다.

"**금아골**(金鴉鶻)**과 전부자**(顚不剌)"에 대하여 『원사(元史)』 「본기(本紀)」 권36 〈문종(文宗)〉 5년 조에 따르면, "합아 등의 남쪽 오랑캐가 각각 사신을 보내와서 포도주, 서마, '금아골'을 바쳤다.[哈兒蠻各遣使來貢蒲萄酒西馬金鴉鶻.]"라고 하였다. 한편, 명(明)대 주휘(周暉)가 편찬한 『금릉쇄사(金陵瑣事)』에 따르면, "명나라 신종 때에 강릉 사람 장거정(張居正, 1525~1582)이 나랏일을 맡아 남경 궁중(宮中)에 있는 창고를 보살피면서 태조(太祖) 주원장(朱元璋)이 소장하였던 보물을 감상하고, 모두 얻어서 서울로 돌아왔다. 그 속에는 '전부자'라는 보석 한 덩어리가 있었는데, 무게는 일곱 푼[分]이며, 쌀 빛깔이지만, 만약 햇볕에 비추면, 단지 돌 빛만 보였기 때문에 돌이라고 하였

4 金鴉鶻顚不剌等 並未詳其種類 皆宝石似珠者. 火珠 火精 玫瑰 仝. ○ 唐書 婆利東有羅刹國 其人極陋 朱髮黑身 獸牙鷹爪 與林邑人作市 以夜而來 自掩其面. 其國出火珠 狀如水精白 午時以珠承日光以艾之 則火出 唐太宗時 林邑獻火珠.

다.[明神宗時 張江陵當國 將南京內庫高皇所藏寶玩盡取上京. 中有顚不剌寶石一塊 重七分 老米色 若照日只見石光 所以爲石.]"라고 하였다. "**화주**(火珠)"는 가운데가 두꺼운 초자옥(硝子玉: 유리구슬)이다. 중국의 유리 생산은 당(唐)대부터 발전하는데, 송(宋)대에는 '약옥(葯玉)'이라 하였고, 명(明)대에는 '초자옥'이라 하였으며, 청(淸)대에는 '료기(料器)'라고 하였다. '화취옥(火取玉)' '화제주(火齊珠)'라고도 한다. "**화정**(火精)"은 아름다운 옥(玉)의 이름이다. 다른 이름은 '화주(火珠)'이다. 또는 태양(太陽)을 의미한다. 인신(引伸)하여 '마음', '정신', '심신(心神)'을 의미한다. "**매괴**(玫瑰)"는 중국에서 나는 붉은빛의 아름다운 옥돌이다. 『**당서**(唐書)』는 당(唐)대의 정사(正史)이고, 『구당서(舊唐書)』와 『신당서(新唐書)』의 병칭이다. 『구당서』는 후진(後晉)의 유구(劉昫) 등이 편찬하였고, 200권이다. 『신당서』는 송(宋)의 구양수(歐陽脩)·송기(宋祁) 등이 편찬하였으며, 225권이다. 인신(引伸)하여 중국에서 발간한 책을 뜻한다. 다른 이름은 '당책(唐冊)'이다. "**파리**(婆利)"는 '파리국(婆利國)'이다. 고대의 나라 이름인데, 지금의 인도네시아[Indonesia] 자바[Java]섬인 '과왜(瓜哇)'의 동쪽인 발리[Bali]섬에 있던 나라이다. "**라찰국**(羅刹國)"은 파리국(婆利國)의 동쪽에 있던 고대의 나라 이름이다. 한편, 나찰(羅刹)들이 사는 세계를 뜻하기도 한다. '나찰'은 범어 Raksasa의 음역(音譯)인데, 남자 악귀. 또는 악귀의 통칭이다. 인신(引伸)하여 포악·두려움의 뜻으로도 쓴다. '나찰귀국(羅刹鬼國)', '나찰나라'라고도 한다.

〈편청(扁靑)〉은 『물명고』에 따르면, "직업으로 그림 그리는 사람들이 쓰는 것인데, 짙은 푸른색이고, '석청(편청)', '대청(편청)'과 같다.

〈이청(二靑)〉은 빛깔이 조금 옅다. 〈삼청(三靑)〉은 하늘의 빛깔과 같다."[5]라고 하였다.

"**편청**(扁靑)"은 탄산염류(炭酸鹽類) 광물인 평상(平狀) 남동광(藍銅鑛)의 광석(鑛石)이다. 동광(銅鑛)의 산화대에서 산출되는데, 중국의 호북(湖北) 및 광동(廣東)에 주로 분포한다. 가루로 만들어 그림의 안료로 쓰거나 풍담전간(風痰癲癎)·경풍(驚風)·목통(目痛)·창상(創傷)·옹종(癰腫) 등의 치료에 쓴다. "**이청**(二靑)"은 흰 빛깔이 나는 군청색(群靑色)이다. 중국 북송(北宋)대 이계(李誡)가 편찬한 건축기술 서적인 『영조법식(營造法式)』에 따르면, 옛날에 청색 계열의 색(色) 물질은 남동석(藍銅石) 계열의 '생청(生靑)'이라는 돌을 미세하게 갈아서 이를 물에 띄우는 수비(水飛)의 방법으로 얻었다. 이때 제일 먼저 수면에 뜬 색이 묽은 부분을 '청화(靑華)', 두 번째 약간 깊은 부분을 '삼청(三靑)', 그 아래에 색이 좀 더 깊은 부분을 '이청(二靑)', 그 아래에 색이 최고 무거운 부분을 '대청(大靑)'이라 하였다. 조선시대에는 이렇게 얻은 색 물질에 적당량의 아교수를 넣어 물감으로 사용하였다. 한편, '이청'은 죽순(竹筍)의 껍질을 벗긴 것을 의미하기도 한다. 이는 '편첨(扁尖: 말린 죽순)'의 재료가 된다. "**삼청**(三靑)"은 동양화에서 진채(眞彩)의 하나인데, 하늘빛같이 푸른빛이다.

〈점염(點塩)〉은 『물명고』에 따르면, "'소금을 찍다'라는 뜻이다. 〈주여(朱餘)〉는 염관이다. 〈염정(塩精)〉은 소금을 쌓아둔 곳집 속에

5 扁靑 畫家所用 色深靑 石靑 大靑 仝. 二靑 色稍淺. 三靑 如天色.

생겨나는데, 푸른빛을 띤 검은색이니, 요즈음 "간서리"의 종류와 같고, '니정(염정)'과 같다. 〈청염(青塩)〉은 '염정'의 종류인데, 네모졌고, 맑으면서 환하며, 푸른빛을 띤 검은색이다. 〈태음현정석(太陰玄精石)〉도 또한 '염정'의 종류인데, 모양이 마치 '거북'의 등과 같고, 반드시 여섯 모가 졌으며, 속에 붉은 씨를 머금고 있다. 〈로감(鹵鹼)〉은 소금을 약(藥) 가루와 합하여 흙속에 묻어두면 엉겨서 만들어지는 것이고, '석렴'과 같다. 〈해아다(孩兒茶)〉도 또한 약(藥) 가루를 소금과 합하여 만드는 것이다."[6]라고 하였다.

"**점염**(點塩)"은 '점염법(點鹽法)'이다. 눈을 밝게 해주고, 눈에 예막(翳膜)이 생겨 혼탁한 증상을 치료하는데, 노안(老眼)에 더욱 효과가 큰 처방이다. 해염(海鹽)을 펄펄 끓인 물에 넣고 우려내서 여과하여 맑은 즙을 취해 은석기에 넣고, 불로 졸여 눈처럼 흰 소금을 얻어 자기그릇에 보관한다. 매일 아침 1돈으로 치아를 마찰시킨 다음 물로 양치질하고, 왼쪽과 오른쪽 손가락을 교대로 사용하여 입안에 소금과 침으로 양쪽 눈의 안쪽과 바깥쪽 눈자위를 씻은 후, 눈을 오래도록 감고 있다가 물로 얼굴을 씻는다. 물체가 뚜렷이 보이지 않는 증상인 '안혼(眼昏)'을 치료한다. "**주여**(朱餘)"는 고대 월(越)나라의 염관(鹽官)인데, '염관'은 소금에 관한 업무를 맡은 벼슬아치이다. "**염정**(塩精)"은 '염정석(鹽精石)'이다. 돌의 일종으로서 소금이 생산되는 지반 밑에

6 點塩 소곰직다. 朱餘 塩官. 塩精 生積塩倉中 青黑色 如今간서리之類 泥精仝. 青塩 塩精之類 方稜明瑩 色青黑. 太陰玄精石 亦塩精之類 形如龜背 必六稜 中含紅意. 鹵鹼 鹵和藥末 埋土中凝成者 石𥖨 仝. 孩兒茶 亦以藥末和鹵造者.

소금물이 땅속으로 스며들어 오랜 세월을 거치면서 응고되어 이루어진다. 열을 내리는 데 약으로 쓰고, '풍(風)'과 '냉(冷)'을 없애며, 가루 내어 종독(腫毒)에 바르고, 끓는 물에 풀어 눈을 씻으면 효과가 있다. '응수석(凝水石)', '한수석(寒水石)'이라고도 한다. "**간서리**"는 '간셔리', '한수석(寒水石)'이라고도 하는데, '간수'를 굳힌 것이다. "**청염**(靑塩·靑鹽)"은 '소금'의 일종으로서 서남·서북 지방의 염정(鹽井)과 염지(鹽池)에서 나고, 빛깔이 푸르다. 인신(引伸)하여 '백설(白雪)'의 비유이다. "**태음현정석**(太陰玄精石)"은 색이 푸르고, 생김새는 거북의 등 같은 것이 상품(上品)이며, 효과가 좋은데, 곱게 갈아서 수비(水飛)하여 볕에 말려 쓴다. 성질이 차고, 맛은 짜며, 독이 없다. 가슴과 배의 모든 병을 다스리고, 몰린 기운을 내리게 하며, 열을 풀어준다. "**로감**(鹵鹼)"은 함수 염화마그네슘(MgCl2·6H20)의 결정괴(結晶塊)이다. '간수'를 긁어모은 다음 용해·여과하고 가라앉혀 응결시켜 얻는다. 불규칙적인 무색인데, 세 개의 층으로 구분되며, 손으로 두드리면 속이 빈 소리가 나고, 만지면 푸석푸석하다. 풍열(風熱)로 인해 눈이 붉어진 '풍열적안(風熱赤眼)'을 치료한다. "**석렴**(石䃘)"은 로수(鹵水)를 달이고 졸여서 얻는 소금의 일종이다. "**해아다**(孩兒茶)"는 중국에서 나는 한약재의 일종이다. '차'를 갈아 만든 가루를 대통에 넣고 단단히 봉하여 진흙 속에 파묻어 두었다가 몇 해 지난 뒤에 꺼내어 볶아서 쓴다. 열을 내리고, 담(痰)을 삭이며, 지혈(止血)이나 부스럼 치료에 쓴다.

〈풍화초(風化硝)〉는 『물명고』에 따르면, "끓는 물로 '초석'을 변화시키면, 다시 엉겨 뭉쳐서 가루가 만들어지는데, 한 겹의 얇은 비단천으로 그것을 덮어 바람이 잘 통하는 곳에 놓아두고, 두 달이면 변하는 것이다. 〈현명분(玄明粉)〉은 '박초'를 약(藥) 가루와 합하여 불에 구워서 만드는 것이고, '백룡분(현명분)'과 같다."7라고 하였다.

"**풍화초**(風化硝)"는 '박초(朴硝)'를 끓는 물에 담가 녹여서 비단 천으로 여과하고, 사기그릇에 넣어 우물 가운데 하룻밤 달아매어 두는데, 엉겨서 이[齒]처럼 되면서 수정같이 투명하고 희면 쓸 수 있다. 그렇게 되지 않으면 다시 녹여 걸러서 투명하고 희게 될 때까지 반복한다. 그 다음에 박초만 채취하여 갈아서 대[竹]로 만든 키 안에 담고, 얇은 비단 천을 덮어 바람이 잘 통하는 곳에 두 달 정도 놓아두면 풍화된다. 이것을 다시 갈아서 약에 넣는데, 담화(痰火)로 생긴 여러 가지 병을 치료한다. "**현명분**(玄明粉)"은 '초석(硝石: 질산칼륨)'을 한번 구워서 만든 약재이자 이뇨제(利尿劑)로 쓰는 '박초(朴硝)'와 무를 함께 달여 사기 단지에 넣어 졸여서 만든 약(藥)이다. 빛이 희고 반투명하며, 성질은 차고, 담이나 적취를 치료하는 데 쓴다.

3) 쇠 金

'쇠[金]'는 '철(鐵)'을 일상적으로 이르는 말이다. 아울러 광물에서 나는 온갖 쇠붙이를 통틀어 이르는 말이기도 하다.

7 風化硝 沸湯化硝 再結作末 單紗掩之 置通風處 兩月乃化. 玄明粉 以朴硝和藥末煉成者 白龍粉.

〈금(金)〉은 『물명고』에 따르면, 흙에서 생겨나고 종혁이라 할 수 있는 것이니, 통틀어 일컫기를 '금(金)'이라 한다. 〈애신(愛辛)〉은 호어이다."[8]라고 하였다.

"**종혁**(從革)"은 『서경(書經)』 「홍범(洪範)」에 따르면, "첫 번째 오행은…… 네 번째는 금이라 하고, …… 금은 종혁이라 하며, …… 종혁은 매운 것이 되고……[一五行 …… 四曰金 …… 金曰從革 …… 從革作辛……]"라 하였고, 그 주(註)에 "금은 몸이 단단하니 네 번째가 되고, …… 종혁이라는 것은 그대로 따르면서 또 변함이요 …… 금은 고쳐서 새로워질 수 있으며, 금의 향기와 맛은 맵다.[金體固爲四 …… 從革者從而又革也 …… 金可以改更 …… 金之氣味辛.]"라 하였다. 이에 대하여 『성호사설』 제20권 「경사문(經史門)」 〈야용(冶容)〉 항목에서는 "금을 종혁이라고 하였으니, 하나는 종(從), 하나는 혁(革)이라는 것이다. 두 물건이 합쳐지는 것을 종이라 하고, 한 물건으로 변해지는 것을 혁이라 하니, 나누기도 하며 합칠 수도 있어서 장단과 대소와 후박(厚薄)의 체질을 변역시킬 수도 있는 것은 오직 금(金)이 그렇게 만드는 것이다."라고 하였다.

〈용(鎔)〉은 녹이는 것이고, 또 쇠를 부어 그릇을 만드는 거푸집이다. 〈상제(上齊)〉와 〈하제(下齊)〉는 『물명고』에 따르면, "'쇠'와 '주석'을 서로 합하는데, '쇠'가 많으면 '상제'라 하고, 야씨 · 부씨 · 률씨 · 단씨가 맡는 것이다. '주석'이 많으면 '하제'라 하며, 축씨 · 도씨가 맡

8 金 生于土 可以從革者 揚称爲金. 愛辛 胡語.

는 것이다. 이것은 모두 주관의 제도이니, 요즈음은 그렇지 않을 것이다. 〈기화(起花)〉는 "꽃무늬를 새긴 것"이다."[9]라고 하였다.

"**거푸집**"은 원문의 '모범(模範)'에 해당한다. 나무로 된 것을 '모'라 하고, 대[竹]로 된 것을 '범'이라 하는데, 모두 기물을 주조하는 형틀이다. 주조하는 형틀 중에서 속틀을 '모', 겉틀을 '범'이라고도 한다. 즉, 밀랍 등으로 종(鍾) 모양을 만들었으면 그것은 '모'이며, 그 밀랍에 주사(鑄砂)를 씌운 뒤 밀랍을 녹여 낸 후 쇳물을 부을 수 있게 남은 거푸집이 '범'이다. 인신하여 본받아 배울 만한 본보기를 의미한다. "**상제**(上齊)"는 종(鍾)·정(鼎)·도끼를 만들고, "**하제**(下齊)"는 칼·화살·거울을 만든다. 『주례』 제11권 「동관고공기(冬官考工記)」 상(上)에 따르면, "**야씨**(冶氏)"는 창과 사냥할 때 쓰는 화살인 살시(殺矢)를 만드는 장인(匠人)이고, "**부씨**(梟氏)"는 종(鍾)을 만드는 장인이며, "**률씨**(栗氏)"는 도량형(度量衡)의 용기를 만드는 장인이고, "**단씨**(段氏)"의 직분은 궐문(闕文)되어 있다. "**축씨**(築氏)"는 옛날에 종이가 없어서 대[竹]에 글씨를 새길 때 쓰던 칼인 지금의 서도(書刀)와 같은 작은 칼이나 창칼을 만드는 장인이고, "**도씨**(桃氏)"는 양쪽 날이 있는 검(劍)을 만드는 장인이다. "**기화**(起花)"는 청동·철·구리 등 금속 그릇에 은실을 이용하여 문양을 넣는 세공 기법이다. 주로 철제 용기의 문양을 강조하여 표현할 때 사용하였고, 중국·일본에 비해 우리나라에서 크게 발달하였다. 예리한 끌을 사용하여 그릇 표면에 나타내고

9 鎔 銷也 又鑄器模範. 上齊 下齊 金錫相和 金多爲上齊 冶氏梟氏栗氏段氏所執也. 錫多爲下齊 築氏桃氏所執也. 此並周官之制 近世不然矣. 起花 긔화노히.

자 하는 문양으로 홈을 낸 후에 은실을 얇게 꼬거나 넓게 펴서 문양에 대고 두들기는 기법으로 완성되며, 섬세한 끌질이 필수 요건이다. 사용한 금속사의 재료에 따라 금입사·은입사·동입사라고 부르는데, 은입사는 고려시대의 향로나 정병 등 불구류(佛具類)와 조선시대 양반들의 문방구·촛대·담배합 같은 생활용품의 장식에 널리 사용되었다. 고려시대 청동향로의 명문에는 '함은(含銀)' 또는 '누은(鏤銀)'이라 하였고, 최치원(崔致遠, 857~?)의 『계원필경(桂苑筆耕)』에는 '금화함은(金花陷銀)', 『역어유해』에는 '기화' 또는 '착화(鑿花)'라고 하였다. 인신(引伸)하여 무늬를 부조(浮彫)하는 것. 또는 양각(陽刻)하는 것을 의미한다. 또는 불꽃의 일종. 또는 끓어올라 거품이 일어난다는 뜻이다.

〈황금(黃金)〉은 『물명고』에 따르면, "다섯 가지 쇠붙이의 우두머리이니, "금"이고, '탕(鎏: 황금)', '대진'과 같으며, '소벌라(금의 범어)'와도 같다. 〈자마(紫磨)〉와 〈노미(努眉)〉와 〈양매(陽邁: 양매금)〉는 모두 '금'의 종류이다."[10]라고 하였다.

"**자마**(紫磨)"는 '자마금(紫磨金)'이다. 상등(上等)의 황금(黃金)인데, 한(漢)대 공융(孔融)의 〈성인우열론(聖人優劣論)〉에 "금 가운데 뛰어난 것을 자마라고 이름 부르는데, 이는 사람 가운데 성인이 있는 것과 같다.[金之優者 名曰 紫磨 猶人之有聖也.]"라 하였고, 북위(北魏) 역도원(酈道元)의 『수경주(水經注)』「온수(溫水)」에도 "중국 풍속에서는 상등의 금을 일러 자마금이라 하며, 동쪽 오랑캐의 풍속에서는 상등

10 黃金 五金之長 금 鎏 大眞 仝 蘓伐羅 仝. 紫磨 努眉 陽邁 並金品.

의 금을 일러 양매금이라 한다.[華俗謂上金爲紫磨金 夷俗謂上金爲陽邁金.]”라고 하였다.

〈백선(白選)〉은 『물명고』에 따르면, “한(漢)나라 때에 ‘은’을 녹여 세 등급의 돈을 만들었는데, 그 가장 높은 것이 ‘백선’이다. 〈원보(元寶)〉는 “말굽쇠(말굽은)”이다. 〈쇄은(碎銀)〉은 “바독쇠”이다. 〈십성(十成)〉은 ‘은’을 정련(精鍊)하여 녹은 빛깔을 ‘성(成)’이라 하는데, ‘십성’이 가장 순수한 것이 되고, 그 아래로 구성 · 팔성 · 칠성이라 헤아린다.”[11]라고 하였다.

“**백선**(白選)”과 ‘백찬(白撰)’은 같은 단어로서 옛날 돈의 이름이고, 한무제(漢武帝) 때의 화폐이다. 『한서』「식화지」에 따르면, ‘은’과 주석을 섞어 백금(白金)을 만들었는데, 하늘에서는 용(龍)보다 잘 나는 것이 없고, 땅에서는 말보다 잘 달리는 것이 없으며, 사람에게는 거북보다 귀한 것이 없다고 여겼기 때문에 이들을 모방하여 백금을 세 등급으로 나누어 1등급은 무게 8냥(兩)의 원형으로 만들고, 용의 문양을 새겨 ‘백찬’이라 이름 지었으며, 그 가치가 3천전(錢)이었다. 2등급은 무게가 백찬보다 조금 적고, 방형(方形)으로 만들었으며, 말의 문양을 새긴 것으로 가치는 5백전(錢)이었다. 3등급은 무게가 2등급보다 더욱 적고, 타원형이며, 거북 문양을 새겼는데, 가치는 3백전(錢)이었다. 관청으로 하여금 반량전(半兩錢)을 녹여 다시 삼수전(三銖錢)을 주조(鑄造)토록 하였고, 무게도 표면에 넣은 글자인 ‘삼수(三銖)’

11 白選 漢時鑄銀三品 其最高者白選. 元寶 말굽쇠. 碎銀 바독쇠. 十成 煎銀傾色曰 成 十成爲最純 而其下以九成八成七成計.

와 같이하였다. 백금과 전(錢)을 도주(盜鑄)하는 자의 죄는 모두 사형이었으나, 관리와 백성 가운데 이를 범하는 자가 이루 헤아릴 수 없이 많았다. "**원보**(元寶)"는 옛날 중국에서 쓰던 화폐(貨幣)의 하나이다. 은으로 말굽 모양을 만들었는데, 일반적으로 무게는 50냥(兩) 가량이다. '고은(庫銀)', '마제은(馬蹄銀)', '말굽은', '문은(紋銀)', '보은(寶銀)'이라고도 한다. "**쇄은**(碎銀)"은 옛날에 은괴(銀塊)를 통화로 사용하던 때의 부스러기 은전(銀錢)이다. "**바독쇠**"는 '바둑은'이라고도 하는데, 바둑돌만 하게 만들어 쓰던 은돈이다. "십성(十成)"은 황금의 품질을 10등급으로 나누었을 때의 가장 높은 등급을 일컫는다. 인신(引伸)하여 '십상'의 본딧말이다. '꼭 들어맞는다', '썩 잘 어울린다', '마침 제격이다' 등의 뜻으로 쓴다. "**구성**(九成)"은 황금을 품질에 따라 10등급으로 나눌 때의 둘째 등급이고, "**팔성**(八成)"은 셋째 등급이며, "**칠성**(七成)"은 넷째 등급이다.

〈선동(宣銅)〉은 『물명고』에 따르면, "명(明) 선덕 연간에 내탕의 화재(火災)로 '금'·'은'·'구리'·'쇠'가 녹아 합쳐져서 하나가 되었고, 그것으로 그릇을 만들었는데, 그 물건은 매우 기이하였으며, 지금 전하는 선로라는 것도 또한 그 하나이다."[12]라고 하였다.

"**명**(明) **선덕**(宣德) **연간**(年間)"에서 '선덕'은 명나라 선종(宣宗)의 연호(年號)이다. 그 재위기간은 1426~1435이다. "**내탕**(內帑)"은 국고(國庫) 또는 국고에 저장된 재물(財物)이다. "**선로**(宣爐)"는 명(明)대 선덕

12 宣銅 明宣德年間 內帑災 金銀銅鐵熔合爲一 以造器物 其品甚奇 今所傳宣爐 亦其一也.

(宣德) 연간에 만든 구리 향로이다. 박지원(朴趾源, 1737~1805)의 『열하일기(熱河日記)』 「성경잡지(盛京雜識)」 중 〈속재필담(粟齋筆談)〉에 따르면, 박지원은 심양(瀋陽)에서 고기(古器)의 내력을 잘 아는 상인인 전사가(田仕可) 등을 만나 대화를 나누었는데, 전사가는 말하기를 "선로는 대개 납다색 수은으로 잘 문질러서 속속들이 스미게 한 뒤에 다시 금가루를 이겨 칠하였으므로 불을 오래 담으면 저절로 붉은 빛이 나타나는데, 어찌 민간에서 함부로 흉내 낼 수 있겠습니까.[宣爐以臘茶水銀浸擦入肉 更以金鑠爲泥 火久成赤 豈民間所可彷彿.]"라 하였고, 명(明)나라 선종(宣宗)이 갈색을 무척 좋아해서 선로에는 갈색이 많았다고 하였다.

〈연백상(鉛白霜)〉은 『물명고』에 다르면, "'납'을 두들겨서 술독에 넣고, 흰 이끼 같은 것이 생겨나기를 기다렸다가 깎아 얻어서 쓰는 것이다. 〈연분(鉛粉)〉은 '연상'을 불려서 만드는데, 매우 흰 것이니, "분(粉)"이고, '해석(연분)', '연화(연분)', '와분(연분)', '백분(연분)', '수분'과 같다."13라고 하였다.

"연백상(鉛白霜)"은 '연상(鉛霜)'이라고도 하는데, '납'의 화합물이다. '연'에 '수은' 15분의 1을 섞은 다음, 녹여 조각을 만들어 식초를 둔 항아리에 넣고 봉하여 오랫동안 두었다가 서릿발처럼 올라붙은 것을 긁어서 쓴다. 성질은 차고, 독(毒)이 없음. 담을 삭이며, 경계증을 멎게 하고, 술독을 풀어 준다. 또 열담[熱涎]이 가슴에 막혀 답답한 증

13 鉛白霜 打鉛納酒瓮 待生白衣 刮取用之. 鉛粉 鉛霜煅造 極白者 분 解錫 鉛華 瓦粉 白粉 水粉 仝.

세인 번민(煩悶), 중풍으로 담이 성한 것과 어린이의 경풍(驚風)을 낫게 한다. “**연분**(鉛粉)”은 여성의 미용을 위하여 얼굴에 바르는 하얀색의 가루이다. 다른 이름은 ‘광분(光粉)’, ‘백분(白粉)’, ‘분(粉)’, ‘연화(鉛華)’, ‘와분(瓦粉)’, ‘호분(胡粉)’이다. “**수분**(水粉)”은 연분(鉛粉)이다. 또는 액체로 된 분인 ‘수백분(水白粉)’이다. 다른 이름은 ‘물분’이다. 또는 물에 불린 쌀을 맷돌에 갈아 체에 밭아서 가라앉힌 앙금이다. ‘수미분(水米粉)’, ‘무리’라고도 한다.

4 부정류 不靜類

1) 불 火

'부정류(不靜類)'는 안정(安定)되지 못한 종류이다. '불[火]'은 물질이 산소(酸素)와 화합하여 높은 온도로 빛과 열을 내면서 타는 것이다. 또는 화재(火災)를 이르는 말이다. 한편, 빛을 내어 어둠을 밝히는 물체를 가리키기도 한다. 인신(引伸)하여 불이 타는 듯이 열렬하고 거세게 타오르는 정열이나 감정을 비유적으로 이르는 말이다.

〈회록(回祿)〉은 『물명고』에 따르면, "불을 맡은 신(神)의 이름이고, '관(爟)'과 같다. 〈송무기(宋無忌)〉는 불의 도깨비이다. 〈대화(大火)〉는 심성의 중성인데, 붉은색이고, 불을 맡는다. 〈화융초(火絨草)〉는 "불살오개"이다."[1]라고 하였다.

"**회록**(回祿)"은 불을 맡아본다는 전설상의 신(神)이다. 인신(引伸)하

1 回祿 火神名 爟 仝. 宋無忌 火之怪. 大火 心之中星 色赤司火. 火絨草 불살오기.

여 '화재(火災)'를 의미한다. "**송무기**(宋無忌)"는 『박물지』 권9에 따르면, "수석(水石)의 요괴는 용망상(龍罔象)이 되고, 나무의 요괴는 기망량(夔罔兩)이 되며, 흙의 요괴는 분양(羵羊)이 되고, 불의 요괴는 송무기(宋無忌)가 되었다."라고 하였다. 또한 『수신기(搜神記)』 권3에 따르면, "어떤 미친한 부인이 사내아이를 낳았는데, 땅에 떨어지자마자 달아나 부엌으로 들어가 죽었다. …… 아이가 태어나자마자 달리는 것은 스스로 달린 것이 아니라, 바로 송무기라는 요괴가 데리고 부엌으로 들어간 것이다."라고 하였다. "**심성**(心星)**의 중성**(中星)"에서 '심성'은 28수(二十八宿)의 하나이다. 동방의 창룡7수(蒼龍七宿)인 각(角)·항(亢)·저(氐)·방(房)·심(心)·미(尾)·기(箕) 중 다섯째 별자리인데, 별 셋으로 구성되었고, 심수(心宿)라고도 한다. '중성'은 그 가운데에 있는 별이다. 또는 28수 중 해가 질 때와 뜰 때 하늘 정남쪽에 보이는 별이다. "**화융초**(火絨草)"의 '화융'은 '부싯깃'이다. 즉, 부시를 칠 때 불똥이 박혀서 불이 붙도록 부싯돌에 대는 물건인데, 수리취·쑥 잎 따위를 불에 볶아 곱게 비벼서 만들기도 하고, 흰 종이나 솜 따위에 잿물을 여러 번 묻혀서 만들기도 한다. '깃', '화용(火茸)'이라고도 한다. 따라서 '화융초'는 부싯깃으로 사용하는 풀이라는 의미이다. 한편, 국화과의 여러해살이풀인 '왜솜다리'를 가리키기도 한다. 일본산 솜다리라는 뜻이지만, 우리나라 소백산 이북의 높은 산에도 자생한다. 관상용·약용으로 쓰고 어린순은 식용하는데, 약으로 쓸 때에는 탕으로 사용하며, 술을 담가서도 쓴다. 주로 호흡기 질환과 운동계의 통증을 다스린다. 한편, 중국에서는 국화과의 여러해살이풀인 '큰절굿대(큰분취아재비)'를 가리키기도 한다. "불살오개"는 불을 때거나 피울 적에 불이 쉽게 옮겨 붙도록 먼저 태우는 물건인 '불

쏘시개'이다. 잎나무・관솔・종이 따위이며, '쏘시개', '불사로개'라고도 한다. 인신(引伸)하여 중요한 일이 잘 될 수 있도록 하는 데에 먼저 필요한 것을 비유적으로 이르는 말이다.

〈찬수화(鑽燧火)〉는 『물명고』에 따르면, "또한 양화인데, 나무를 비벼서 얻는 것이다. 옛날에 개화의 방법은 봄에 '느릅나무'와 '버드나무'를 썼고, 여름에 '대추나무'와 '살구나무'를 썼으며, 계하(음력6월・늦여름)에 '뽕나무'와 '산뽕나무'를 썼고, 가을에 '떡갈나무(상수리나무)'와 '졸참나무'를 썼으며, 겨울에 '홰나무'와 '박달나무'를 썼다. 그러나 그 나머지 여러 나무들도 불을 피우지 못하는 것은 없다. 〈사관(司爟)〉은 불을 맡은 벼슬아치이다. 〈한식(寒食)〉은 동지 뒤로 105일째 되는 날인데, 화성이 가장 높기 때문에 민간에서 불에 익힌 음식 먹는 것을 하루 동안 미리 금하고, 나무를 비벼서 그것을 나누었으니, 이른바 '개화'라고 한다."[2]라고 하였다.

"**찬수화**(鑽燧火)"는 '찬수개화(鑽燧改火)' 또는 '개수(改燧)'이다. 옛날에 4계절의 철이 바뀔 때마다 각 계절의 나무를 비벼대어 새로이 불을 얻었다는 뜻이다. 『논어』「양화(陽貨)」편 21장(章)에 있는 다음과 같은 부모의 상례(喪禮)에 대한 공자(孔子)와 제자 재아(宰我)와의 문답 과정에서 유래한 말이다. "재아가 물었다. 3년의 상은 1년만 하더라도 너무 오래일 것입니다. 군자가 3년 동안 예(禮)를 행하지 않으

2 鑽燧火 亦陽火 卽鑽木所取也. 古者改火之法 春用楡柳 夏用棗杏 季夏用桑柘 秋用柞楢 冬用槐枏. 然其餘諸木 莫不生火者. 司爟 掌火之官. 寒食 冬至後一百五日 火星最高 故先禁於民間火食一日 乃鑽燧頒之 所謂改火.

면 예는 반드시 무너지고, 3년 동안 음악(樂)을 익히지 않으면 음악은 반드시 무너집니다. 묵은 곡식이 이미 없어지고, 새 곡식이 이미 오르며, 불씨 만드는 나무도 계절마다 바뀌니, 1년이면 그만둘 만할 것입니다. 공자가 말하였다. 쌀밥을 먹고 비단옷을 입는 것이 너에게는 편안하냐? (재아가) 대답하였다. 편안합니다.……[宰我問 三年之喪 期已久矣. 君子三年不爲禮 禮必壞 三年不爲樂 樂必崩. 舊穀既沒 新穀既升 鑽燧改火 期可已矣. 子曰 食夫稻 衣夫錦 於女安乎? 曰 安.……]" "**개화**(改火)"는 조선시대에 궁궐 안에서 나무를 비벼 새 불을 내어 묵은 불과 바꾸는 의식을 이르던 말이다. 병조(兵曹)에서는 해마다 입춘(立春)·입하(立夏)·입추(立秋)·입동(立冬)과 계하(季夏)의 토왕일(土旺日)에 새로 낸 불을 각 전궁(殿宮)에 진상(進上)하고, 모든 대신의 집에 나누어주었다. "**사관**(司爟)"은 불과 관련된 업무를 담당하는 관원이다. 『주례』「하관사마(夏官司馬)」〈사관〉 항목에 "사관은 불에 관한 정령을 담당하여 거행한다.[司爟掌行火之政令.]"라 하였고, "성안에서 불을 내거나 야외에서 불을 지르면 형벌을 가한다.[凡國失火 野焚萊 則有刑罰焉.]"라 하였다. "**한식**(寒食)"은 동지(冬至)로부터 105일째 되는 날인데, 조상의 산소를 찾아 제사를 지내고 벌초를 한다. '냉절(冷節)', '한식날'이라고도 한다. "**화성**(火星)"은 태양계의 네 번째 행성이다. 지구의 바로 바깥 둘레를 도는 혹성이다. 다른 이름은 '형행(熒行)', '형행성(熒行星)', '형혹성(熒惑星)'이다.

〈음화(淫火)〉는 『물명고』에 따르면, "청(淸)나라 초기의 곡주(하북성의 현 이름)에 부유한 사람이 있었는데, 아들과 며느리가 함께 잠을 자고 일어나지 못하여 이불을 걷고 살펴보니, 두 몸이 함께 불에 타 있었으며, 오직 발 하나만 남아 있었고, 이불은 반쯤 탔을 뿐이었다. 설명한 사람들은 이르기를 이는 틀림없이 그 사람들을 음욕(淫慾)의 열정이 크게 부추겨서 마침내 밖으로 불을 일으켰기 때문에 다른 불과는 달리 단지 사람의 몸만 태웠을 뿐이라고 하였으니, 이 설명이 참으로 옳다. 불경에도 진실로 '음화(淫火)'에 대한 설명이 있으니, 이 일이 증험할 것이다. ○〈혈중자생화(穴中自生火)〉는 사가리야국의 산 위에 구멍이 있고, 네 계절 불이 나오며, 돌을 던지면 번번이 터지는데, 5년마다 한번 뿜어내면, 불이 나와서 바닷가까지 이리저리 구르면서 흐르고, 다시 이전 상태를 회복해도 숲의 나무를 태우지 못하며, 불에 탄 돌은 마치 숯과 같다."[3]라고 하였다.

"**음화**(淫火)"는 음욕(淫慾)의 불이다. 정약용(丁若鏞, 1762~1836)은 남녀가 간음하려고 서로 껴안았다가 '음화'가 몸에서 일어나 불타 죽은 일종의 인체발화(人體發火) 사건에 대하여 『흠흠신서(欽欽新書)』 권27 「상형추의(祥刑追議)」15 〈희이지안(稀異之案)〉1에서 다음과 같이 설명하고 있다. "이 형사사건은 일반적 이치만으로 논할 수 없다. 음화로 둘이 불에 탄 예(例)가 옛날에도 증거가 있어 다음에 기록하니, 통달한 자는 아마도 거두어들임이 있을 것이다. 역원 주량공(명나라 때 진사에 올랐고 청나라 때 시랑)이 『인수옥서영』에 기록하였으니, 곡주의 진령동공(이름은 우계)이 말하기를 그 고을의 부잣집 며느리가 친정에

3 淫火 淸初曲周有富人 子婦並寢不起 揭衾視之 則兩體俱爲火焚 惟餘一足 衾則半焦而已. 說者謂 此必其人慾火大煽 遂發於外 故異於他火 只焚人身耳 此說良是. 佛經固有淫火之說 是驗矣. ○穴中自生火 斯伽里野國山上有穴 四時出火 投石輒爆 出五年一次 火出流轉海邊 復田不燒林木 焚石如炭.

서 돌아왔는데, 다음날 잠자리에서 일어나지 않고, 집안사람들이 불러도 응답하지 않아 들어가 보니, 유황 냄새와 같은 연기가 코를 찔렀으며, 침상을 보니 이불은 반쯤 타서 구멍이 났고, 두 몸은 모두 탔으며, 오직 발 하나만 불타고 있었는데, 인간의 이치로는 이해할 수 없었다고 하였다. 왕허주가 말하기를 모래나 돌을 태우는 것은 용화라 하고, 쇠붙이를 태우는 것은 불화라 하며, 사람을 태우는 불을 욕화라 한다. 부처님의 말씀에 음탕한 교접은 서로 문지르는 데에서 발생하는데, 문지르기를 이와 같이 쉬지 않기 때문에 크고 맹렬하게 타는 듯한 불빛이 일어나며, 속에서 움직여 일어나 아마도 그 문지르기가 극도에 이른다면, 욕화가 세차게 일어나 갑자기 불꽃이 일어 마침내 스스로 타게 된다. 그 불이 침상 자리와 집을 태우지 못하는 것은 불이 욕정에서 생겨 보통 불과 다른 것이다. 또한 용화는 모래와 돌만을 태우고, 불화는 쇠붙이만을 태울 뿐이라 하였다.(『우초신지』에 나옴) …… ○총괄해 말하건대, 심장과 신장의 두 장기에는 모두 황고가 있고, 사람과 짐승이 모두 같다.(소의 심장과 신장에는 모두 황지가 있으며, 살아서는 분명히 생동하나 죽으면 엉기어 하얗게 되는데, 사람도 이와 같을 것으로 생각됨) 정욕이 치솟고 문질러서 극도에 이르게 되면, 황고에 불이 나서 안으로 장기를 태워 사람의 목숨은 곧 끊어지며, 그 불이 밖으로 타서 살갗에 미치고 사지와 몸뚱이에 미치게 되면, 남자와 여자 두 목숨이 같은 때 함께 떨어지는 것이니, 손가락 하나도 움직이지 못하며, 마치 산 것처럼 편안하게 누워서 까맣게 타는 데 이른다. 곡주현의 시체는 두 몸이 함께 탔으나 다리 하나만이 남아 있었고, 나주의 시체도 두 몸이 함께 탔으나 다리만은 타지 않았다. 대개 그 불은 심장과 신장에서 발생하여 속에서 겉으로 나오고, 배에서 몸으로 번지기 때문에 오직 다리만은 가끔 남았던 것이다. 대체로 이러한 사건을 만나는 경우에 마땅히 이러한 이치를 알아서 혹시 주변 사람을 잘못 의심하는 일이 없어야 할 것이다.[斯獄不可但以常理論. 淫火兩燒 於古有徵 玆錄于左 達者庶有取焉. 周櫟園亮工(明進士 淸侍郎) 因樹屋書影曰 曲周陳公令桐(名于階)言 其邑富翁子婦 自父家還 明日偕臥不復起 家人呼之不應 抉戶而入 煙撲鼻如硫黃 就牀視之 衾半焦 火爍之有孔 二體俱焚 惟一足在火之焚 人理殊不可解. 王虛舟曰 焚砂石爲龍火 焚金鐵爲佛火 焚人之火 是爲慾火. 佛言 淫習交接 發于相磨 硏磨不休如是 故有大猛火光 于中發動 意其硏磨之極 慾火熾煽 煽而忽焰 遂以自焚. 其不焚牀第廬舍者 火生于慾 異于常火. 亦如龍火 止焚砂石 佛火止焚金鐵耳.(出虞初新志) …… ○總之 心腎二臟 皆有黃膏 人獸同然.(牛心牛腎 皆有黃脂 生則明活 死則凝白 想人亦如是矣) 淫慾旣熾 硏摩至極 則黃膏發火 內焚臟腑 人命卽絶 厥火外燃 達于皮膚 以及肢體 所以男婦兩命 同時俱殞 一指不動 安臥如生 以至焦黑也. 曲周之屍 二體俱焚 惟一足在 羅州之屍 亦二體俱焚 惟足未燒. 蓋其火發心腎 由中達表 由腹達體 故惟足或殘也. 凡遇此獄 宜知此理 無或枉猜傍人可也.]” 한편, 앞의 내용 중 ‘나주지시(羅州之屍: 나주의 시체)’라는 것은 조선 순조 15년인 1815년 12월에 35세의 나주 사람 김점룡과 한 여인이 숯덩이가 된 시신으로 발견된 사건이다. 김점룡은 죽기 전날 밤에 고은옥이란 사람의 집에 찾아와 빈 방을 빌렸고, 여인 하나를 먼저 방에 들여보냈으며, 불을 땐 후에 따라서 방으로 들어갔다. 다음 날 그 방에서는 해가 중천에 뜨도록 인기척이 없는 채 연기가 새어 나오고, 창호지 창문이 흠뻑 젖어 있었으며, 방 안에는 남녀가 껴안고 누운 형상의

커다란 숯덩이 두 개가 남아 있었다. 검험관(檢驗官) 및 나주의 사또와 전라감사는 방 안의 더운 기운에 의식을 잃고, 화로 불이 옮겨 붙어 타 죽었다고 결론을 내렸지만, 정약용은 『흠흠신서』에서 오랜 검토 끝에 이 괴이한 사건이 음화에 의한 사망 사건이라고 결론지었다. 즉, 김점룡은 17년 전에 옆 마을의 처녀를 보자마자 온몸이 불덩이처럼 끓는 상사병에 걸렸으나 맺어질 수 없었는데, 그 뒤 김소사에게 장가들어 3남 2녀를 낳고 아내와 금실 좋게 살았지만, 그는 도저히 옆 마을의 그녀를 잊을 수 없었으며, 그녀가 과부가 되자 몰래 정을 통하다가 결국 그녀와 함께 음화로 타죽었다는 내용이다. "**사가리야국**(斯伽里野國)"은 1130년부터 1816년까지 지금 이탈리아[Italy]의 시칠리아[Sicilia] 섬과 이탈리아 반도 남부를 지배하였던 시칠리아 왕국이다. 중국 송(宋)대의 유명한 해외 지리서인 조여괄(趙汝适, 1170~1231)의 『제번지(諸蕃志)』에도 시칠리아 섬의 지리와 섬 위의 활화산에 대하여 기술하였다.

〈촉정화(蜀井火)〉는 『물명고』에 따르면, "촉중에 화정이 있는데, 제갈량이 그곳을 들여다보고 이르기를 비록 그 자세함을 아직 모른다 하더라도 또한 그만둘 뿐이라고 하였다."4라고 하였다.

"**화정**(火井)"은 장화(張華)의 『박물지(博物志)』 2권 「이산(異産)」편에 따르면, "임공현(臨邛縣)에 화정이 한군데 있는데, 너비가 다섯 자[尺]이고, 깊이는 두세 발[丈]쯤 된다. 그 우물은 그 현의 남쪽 백리 쯤

4 蜀井火 蜀中有火井 諸葛亮窺之云 雖未知其詳 亦异也已.

되는 곳에 있다. 옛날에는 사람들이 대[竹]를 그 속에 넣어 불을 얻기도 하였는데, 승상 제갈량이 직접 가서 화정을 보았다. 뒤에 그 불길이 점점 거세어지고 온도도 높아져 대야를 우물 위에 덮어놓고 물을 끓여, 집에서 물을 끓여 소금을 얻는 것보다 더 많은 소금을 생산하였다. 그런데 나중에 어떤 사람이 집에서 쓰던 촛불을 우물 속에 던져 넣자, 불이 곧 꺼져버리고서 지금까지 다시 타오르지 않고 있다. 주천군(酒泉郡) 연수현(延壽縣)의 남산에 화천(火泉)이 있는데, 그곳에서 솟아나는 불길은 마치 횃불과 같다."라고 하였다. 따라서 이는 천연 가스 갱(坑)이다. 즉, 천연 가스가 분출되는 곳이다. 다른 이름은 '천연기정(天然氣井)'이다. "**제갈량**(諸葛亮, 181~234)"은 중국 삼국시대 촉(蜀)의 지모(智謀)가 뛰어난 승상(丞相)이다. 양도(陽都) 사람이고, 자(字)는 공명(孔明)이며, 시호(諡號)는 충무(忠武)이다. 유비(劉備)의 삼고초려(三顧草廬)로 출사(出仕)하여 촉을 세우고, 후주(後主)인 유선(劉禪)을 도와 법률과 제도를 정비하면서 여러 차례 북벌(北伐)을 감행하다가 위(魏)와의 오장원(五丈原) 싸움에서 병사(病死)하였다.

〈시화(柹火)〉는 『물명고』에 따르면, "술을 달이는 집에서는 '감나무'를 쓰지 않으면서 이르기를 술이 달고 맛이 없다고 한다. 〈팔흉화(八凶火)〉는 뜸질과 화침(火針)질을 하는 전문가들이 여덟 가지 큰 나무로 피운 불을 쓰기 꺼리는 것이니, '소나무'·'측백나무(또는 잣나무)'·'대[竹]'·'느릅나무'·'뽕나무'·'대추나무'·'탱자나무'·'귤나무'이다."[5]라

5 柹火 煮酒家不用柹木謂 酒甛少味也. 八凶火 炙焫家忌用八般木火 松柏竹楡桑棗枳橘也.

고 하였다.

“**술을 달이는 집**[煮酒家]”에서 ‘자주(煮酒)’는 여러 가지 약재와 꿀을 넣고 달여서 만든 술이다. 약주의 일종인데, 『역주방문(曆酒方文)』에는 “좋은 소주 10선(鐥: 그릇의 이름)에 황랍(黃蠟) 5돈쭝, 계피 5돈쭝, 후춧가루 3홉을 섞어 사기로 된 소줏고리(소주를 내리는 오지그릇)에 넣고 달이는데, 물을 자주 갈아주고, 소주 5선을 내어서 다시 이것을 사기항아리에 담아 숯불에 은근히 끓이며 중탕해서 쓰면, 한 숟가락을 먹어도 다른 술 한 그릇을 마시는 것보다 낫고, 기운이 약한 사람은 비록 한 숟가락을 먹어도 정신을 차리지 못한다.”고 제법(製法)과 효능이 기록되어 있다. 『조선무쌍신식요리제법』에는 “좋은 청주 1병에 호두와 황밀을 각 한 돈의 비율로 사기항아리에 담으며, 솥 안에 물을 붓고 항아리를 줄에 달아 물에 띄워 오래 끓이다가 꺼내는데, 나라의 제향 때 사용하였다.”고 하였다. 또한 『산림경제』·『요록(要錄)』·『주방문(酒方文)』 등 조선시대 문헌에 많이 등장하는 것으로 미루어 조선시대에 일반적으로 제조되었던 술로 추측할 수 있다. ‘가(家)’는 ‘주가(酒家: 술집)’로서 전문적으로 술을 파는 집을 일컫는다. “**화침**(火針)**질**[烙]”은 불에 뜨겁게 달군 침으로 종기를 따는 일이다.

2) 물 水

‘물[水]’은 자연계에 강·호수·바다·지하수 따위의 형태로 널리 분포하는 액체(液體)이다. 순수한 것은 빛깔·냄새·맛이 없고 투명하다. 산소와 수소(水素)의 화학적 결합물로서 어는점 이하에서는 얼음이 되고, 끓는점 이상에서는 수증기가 된다. 공기와 더불어 생물이 살아가는 데 없어서는 안 될 중요한 물질이다. 또는 못·내·호수·강·바다 따위를 두루 이르는 말이다. 또는 '조수(潮水)'를 달리 이르는 말이다. 한편, 음료수(飮料水)나 술 따위를 비유적으로 이르는 말이다. 일부 명사(名詞)의 뒤나 '들다'·'먹다'와 함께 쓰여서 그곳에서의 경험이나 영향을 비유적으로 이르는 말이다.

〈도(濤)〉는 『물명고』에 따르면, "바다 가운데의 큰 물결이다. 〈양후(陽侯)〉는 도신의 이름이다."[6]라고 하였다.

"**양후**(陽侯)"는 옛날의 제후(諸侯)인데, 죄를 짓고 강물에 투신한 뒤 수신(水神)이 되었다. "**도신**(濤神)"은 큰 물결의 신(神)이다. 한편, 『태평광기(太平廣記)』 권291에 따르면, "오자서(伍子胥)가 죽은 뒤 부차(夫差)가 사람을 시켜서 오자서의 시신을 가죽 부대에 담아 전당강(錢塘江)에 버렸는데, 이때부터 전당강의 파도가 노하여 높이 솟구쳤다. 전설에 오자서의 영혼이 없어지지 않고 도신이 되어서 전당강의 노한 파도를 타고 왔다 갔다 하는데, 사람들이 파도를 보면 오자서가 파도의 맨 꼭대기에 백마(白馬)를 타고 앉아 있는 것이 보여서, 이로 인해 묘사(廟祠)를 세워 그에게 제사 지냈다고 한다."라고 하였다.

〈령(泠)〉은 『물명고』에 따르면, "'강심수'에는 '남령'과 '북령'이라는

6 濤 海中大波. 陽侯 濤神名.

이름이 있는데, 물의 맛을 분별하는 것을 일컫는다. 〈패(浿)〉는 조선의 흐르는 물을 통틀어 부르는 이름인데, 남약천이 증명하여 설명한 것이 있다."[7]라고 하였다.

"**남령**(南泠)**과 북령**(北泠)"은 고대에 샘물이 강 가운데에 있을 때, 장강(長江)은 서쪽에서 동쪽으로 흘러가다가 석해산(石解山)과 골산(鶻山)에 막혀서 물의 흐름이 세 굽이를 돌아 흐르게 되었는데, 세 굽이를 돌아 흐른다고 하여 북령(北泠), 중령(中泠), 남령(南泠)의 '삼령(三泠)'으로 나누어 부르게 되었으며, 여기서 '령'은 '물이 굽이쳐 흐른다'는 의미이다. 이 삼령의 강 밑바닥에서 모두 샘물이 솟아올랐는데, 그 가운데 중령에서 샘물이 가장 많이 솟는다고 하여 '중령천(中泠泉)'으로 통칭하게 되었으며, '남령천(南零泉)' 또는 '남령수(南泠水)'라 부르게 되었다. "**패**(浿)"는 '패수(浿水)'이다. 시대에 따라 압록강(鴨綠江)·대동강(大同江)·예성강(禮成江)·임진강(臨津江)·청천강(淸川江)이라는 등 여러 설이 있다. 신채호(申采浩, 1880~1936)는 『조선사연구초(朝鮮史硏究草)』 중 「평양패수고(平壤浿水考)」에서 "『위략(魏略)』 「흉노전(匈奴傳)」 등의 지리지(地理志)에 패수(沛水)가 번한현(潘汗縣)의 경계 바깥에서 흘러나온다고 한 바, 지금 해성(海城) 헌우락(蓒芋濼)의 옛 이름이 패수이니, 즉 남약천(南藥泉)의 설(說)을 따라 패수(沛水)를 곧 '패수(浿水)'로 잡는 동시에 만반한(滿潘汗)을 곧 해성 동북, 요양 서남으로 잡음이 옳으며, 험독현(險瀆縣) 주(註)에 험독은 조선왕 만(滿)의 도읍, 즉 왕검성(王儉城)이라 하였으니, 즉 왕검성[平壤: 평양]인

7 泠 江心水有南泠北泠之名 辨水味者称之. ○浿 朝鮮流水之揚名 南藥泉有所證說.

험독은 지금 해성(海城)이 됨이 명백하다"고 하였다. '남약천'은 남구만(南九萬, 1629~1711)이다. '약천'은 그의 호(號)이고, 조선 시대의 문신이며, 자(字)는 운로(雲路)이고, 또 다른 호는 미재(美齋)이다. 효종 7년인 1656년에 문과에 급제하고, 우의정·좌의정·영의정을 지냈으며, 소론(少論)의 거두로 활약하였다. 문사(文詞)와 서화(書畫)에도 뛰어났고, 저서에 『약천집(藥泉集)』이 있다.

〈만고빙상수(萬古氷霜水)〉는 『물명고』에 따르면, "서천 아미산의 여러 산들에는 '얼음'과 눈[雪]이 환하게 빛나면서 아주 먼 옛날부터 녹지 않는다. 산꼭대기에 샘이 있는데, 쌀을 삶아도 밥을 만들지 못하고, 마치 모래알처럼 모두 부서지니, 그것은 '얼음'과 눈[雪]의 즙액이기 때문에 예나 지금이나 곡물을 익힐 수 없는 것이다."[8]라고 하였다.

"**서천**(西川) **아미산**(峩嵋山)"에서 '서천'은 중국 사천성(四川省)의 서부를 두루 이르는 말이다. 즉, 촉(蜀) 지방. 또는 촉(蜀)의 서부이다. '서천'이 정식으로 행정구역 명칭이 된 때는 당(唐)대부터이다. 당시 검남서천절도사(劍南西川節度使)가 설치되었고, 송(宋)대에는 송(宋)·원(元)대 행정구획 단위로 지금의 성(省)에 해당하는 '로(路)'를 설치하여 '서천로(西川路)'라 이르며, 24개 주(州)를 관할하였다. 또는 서쪽에 있는 강을 일컫기도 한다. 한편, '아미산'은 사천성 아미현(峨眉縣)의 서남쪽에 있는 산 이름이다. 서로 마주한 산세(山勢)가 누에나방의 눈

8 萬古氷霜水 西川峩嵋山諸巒 氷雪晃白 萬古不消. 山頂有泉 煮米不成飯 俱碎如沙粒 以其古今氷雪之汁 故不能熟物爾.

썹인 '아미(蛾眉)'처럼 생겼으므로 일컫는다. 불교에서는 광명산(光明山), 도교에서는 허령동천(虛靈洞天) 또는 영릉태묘천(靈陵太妙天)이라 하며, 대아(大峨)·중아(中峨)·소아(小峨)의 세 봉우리가 있다. 다른 이름은 '아미(峨眉)'이다.

〈감로(甘露: 단맛의 이슬)〉는 『물명고』에 따르면, "곧 서로이니, 대부분 큰 나무인 '소나무'와 '측백나무(또는 잣나무)'의 잎에 내려 있는데, 빛깔이 희고, 맛이 달아 꿀과 같으며, '천주', '고로', '신장'과 같다. 〈작당(雀餳)〉은 '감로'와 비슷하지만, 상서롭지 않다."[9]라고 하였다.

"**서로**(瑞露)"는 상서로운 이슬이다. 다른 이름은 '감로(甘露)'이다. 또는 술의 일종인 삼화주(三花酒)를 일컫기도 한다. "**천주**(天酒)"는 하늘에서 내린다는 불로불사(不老不死)의 감로(甘露)이다. "**고로**(膏露)"는 알맞게 내려서 생물에 이로운 이슬이다. 다른 이름은 '감로'이다. "**신장**(神漿)"은 신비스러운 효험이 있는 음료수이다. 또는 신(神)에게 올리는 음료수. 또는 신에게 바치는 음식이다. 한편, 불가사의하게 땅속에서 솟아 나온 영험(靈驗)한 음식을 일컫기도 한다. "**작당**(雀餳)"은 『성호사설』 권4 「만물문」 〈작당〉 항목에 따르면, "감로가 있으면, 작당과 목례라는 것도 있다. 이 작당은 빛이 깨끗하고 구슬처럼 생겼는데, 유공보는 이것을 여기라고 하였다. 송(宋)대 왕도가 지은 『담연』에 이르기를 한림학사 두호는 도성 밖에 분암장을 두었다. 하루는 감로가 숲에 내렸다. 그의 아들이나 조카들은 놀라며 기뻐하였으나, 두

9 甘露 卽瑞露 多降在松栢大樹葉 色白味甘如蜜 天酒 膏露 神漿 仝. 雀餳 似甘露 而非瑞也.

호는 맛을 보더니 슬퍼하면서 '이것은 작당이다. 아름다운 징조가 아니니, 우리 가문이 쇠색(衰索)할 것이다.'라 하였는데, 한 해를 지나자 두호가 죽고, 여덟 사람이 잇따라 죽었다.[有甘露 則有雀餳木醴. 雀餳光潔如珠 劉貢父以爲戾氣. 宋王陶談淵云 翰林學士杜鎬都城外有墳庵庄. 一日若有甘露降布林木. 子姪驚喜 鎬味之慘然曰 此雀餳也. 大非佳兆 吾門其衰矣. 踰年鎬卒 有八喪.]"라고 하였다.

〈우(雨)〉는 『물명고』에 따르면, "봄비가 맛이 달고, 여름비는 맛이 비리며, 가을비는 맛이 떫고, 겨울비는 맛이 시다. 〈매우수(梅雨水)〉는 황매우 물인데, 성질이 잿물과 같아서 옷을 빨 만하니, "오월비"이다. 〈분룡수(分龍水)〉는 '룡(龍)'이 (하늘로) 오를 때에 취우인데, 냄새가 있으니, "용 오르는 비"이다."10라고 하였다.

"**매우수**(梅雨水)"는 매우(梅雨)가 내리는 철에 내리는 빗물인데, 부스럼이나 옴[瘡疥]을 씻으면 흉터를 없앨 수 있고, 장을 담그면 장이 잘 익는다. "**황매우**(黃梅雨)"는 매실이 누렇게 익을 무렵에 오는 비이다. 다른 이름은 '매우(梅雨)'이다. "**분룡수**(分龍水)"는 '분룡우(分龍雨)'라고도 하는데, 여름철의 소나기이다. 좁은 지역 안에서 한쪽은 맑은데 다른 한쪽에 비가 내리는 것은 용(龍)이 서로 다른 구역의 강우(降雨)를 맡기 때문이라고 여겼던 데서 이르는 말이다. "**취우**(驟雨)"는 '소나기'이다. 즉, 갑자기 세차게 쏟아지다가 곧 그치는 비이다.

10 雨 春雨味甘 夏雨味臊 秋雨味澀 冬雨味酸. 梅雨水 黃梅雨水 性同灰汁 可以澣衣 오월비. 分龍水 龍升之時 驟雨有臭 룡오ᄅᆞ는비.

〈온천(溫泉)〉은 『물명고』에 따르면, “샘 아래에 ‘유황’이 있는 곳이고, 물의 뜨겁기가 마치 끓는 물과 같은데, ‘주사’가 있는 곳은 미지근할 뿐이며, “온정”이니, ‘비천’, ‘탕천’과 같다. ○〈랭천(冷泉)〉은 샘 아래에 ‘백반’이 있고, 물맛이 시면서 떫으며, 매우 차가운데, 예사롭게 찬물이 솟는 샘은 아니니, “초정”이고, ‘초수’와 같다.”[11]라고 하였다.

“**비천**(沸泉)”은 온천(溫泉). 또는 용솟음치는 샘물이다. “**탕천**(湯泉)”은 더운 물이 솟는 샘이다. ‘온천(溫泉)’, ‘탕정(湯井)’이라고도 한다. “**랭천**(冷泉)”은 찬 샘. 또는 온천보다 온도가 낮은 광천(鑛泉)이다. 즉, 25℃ 이하나 23℃ 이하의 것이다. “**초수**(椒水)”는 『조선왕조실록(朝鮮王朝實錄)』 세종 26년(1444) 1월 27일 기사에 따르면, 어떤 사람이 와서 아뢰기를 “청주(淸州)에 물맛이 호초(胡椒) 맛과 같은 것이 있어 이름하기를 ‘초수(椒水)’라 하는데, 모든 질병을 고칠 수 있고, 목천현(木川縣)과 전의현(全義縣)에도 또한 이러한 물이 있다고 하니, 세종이 이를 듣고 장차 거둥하여 안질(眼疾)을 치료하고자 내섬시윤(內贍寺尹) 김흔지(金俒之)를 보내 행궁(行宮)을 세우게 하였으며, 이 물을 얻어 가지고 와서 아뢴 자에게 목면(木緜) 10필을 하사하였다.”고 하였다.

『물명고』에 따르면, “우리나라의 갑산 후치령에 물이 있는데, 마시면 배꼽 아래까지 곧바로 다다르고, 아교를 달일 수 있으며, 아정보다 못하지 않다.”[12]라고 하였다.

11 溫泉 泉下有硫黃者 水熱如湯 有朱砂者 微溫而已 온뎡 沸泉 湯泉 仝. ○冷泉 泉下有白礬 水味酸澀 而極冷 非尋常寒泉也 쵸뎡 椒水 仝.

“**갑산**(甲山) **후치령**(厚峙嶺)”에서 ‘갑산’은 함경남도 갑산군에 있는 면(面)이다. 개마고원의 중심부인데, 교통이 불편하고, 바다에서 멀리 떨어져 있어서 특유의 풍토병(風土病)이 있다. 갑산군의 군청 소재지이다. ‘후치령’은 함경남도 북청군 이곡면과 풍산군 안산면 사이에 있는 높이 335m의 고개이다.

『물명고』에 따르면, “양용수가 말하기를 정주의 용수는 쇠붙이에 모두 구멍을 뚫고, 부연의 내[川]에 흐르는 기름이 있다고 이르며, 실당은 뿔로 억제하고, 반겁은 손을 썩게 한다고 하였다. 이른바 실당과 반겁이 어디에 있는지를 아직 모르겠으니, 마땅히 식견(識見)있는 사람을 다시 기다려야겠다.”[13]라고 하였다.

“**용수**(涌水)”는 솟아오르는 샘물이다. 또한 중국 호북성(湖北省) 강릉현(江陵縣)에 있던 하수(夏水)의 지류를 가리키기도 한다. “**부연의 내**[川]**에 흐르는 기름이 있다고 이르며**[鄜延之川曰有脂流]”에서 ‘부연’은 중국 연안(延安)에서 남쪽으로 68km 지점에 있는 섬서성(陝西省)의 현(縣)으로서 현재의 부현(富縣)이다. 『오주연문장전산고』 「경사편」4에 따르면, “부연에서 석유(石油)가 나는 것은 곧, 고노현(高奴縣)의 지수(脂水)를 이르는 것이다. 물가 사석(沙石) 틈에서 나와 샘물과 서로 섞여 망망(惘惘)히 흘러나오는데, 그 고장 사람들이 꿩의 꽁지 털을 묶어서 그 기름을 채취하여 항아리에 담는다.”라고 하였다.

12 我東甲山厚峙嶺有水 飮之直達臍下 可煮膠 不下阿井.

13 楊用修曰 庭州涌水 金鐵皆漏 鄜延之川曰 有脂流 悉唐制角 畔怯腐手. 所謂悉唐畔怯 未知何在 當更俟聞.

"실당은 뿔로 억제하고, 반겁은 손을 썩게 한다[悉唐制角 畔怯腐手]"라는 것은 중국 송(宋)대 라필(羅泌)이 편찬한 『로사(路史)』 권47에 따르면, '실당제각'과 관련해서는 "서쪽 바다의 섬에서 마치 기름과 같은 것이 나오는데, 쇠붙이를 검게 만들고, 받아들면 모두 스며들며, 오직 뿔에만 담을 수 있다. 남쪽 사람들이 나무에 발라 놓으면, 코끼리가 와서 번번이 가지 않는다. 곤륜에서는 몸에 바르고, 코끼리를 마치 가축처럼 타고 다닌다.[西海島間出如脂 而黑金鐵 承皆滲去 惟角可貯. 南人以塗木上 象至輒不去. 昆崙以塗身 卽乘之如家畜.]"라 하였고, '반겁부수'와 관련해서는 "바라문에 반다겁수가 있는데, 산에 돌로 쌓은 둑 아래에서 나오고, 일곱 가지 빛깔이며, 어떤 때는 차갑고 어떤 때는 뜨거우며, 쇠·돌·풀·나무를 녹일 수 있고, 손으로 뒤져 잡으면 또한 썩으니, 낙타의 뼈로 거두어들여서 얻으며, 돌로 만든 사람의 형상이 그것을 지킨다.[婆羅門有畔茶怯水 出山石坎下 七色或冷或熱 能消金石草木 手探亦腐 取以駝骨 石人守之.]"라 하였다.

〈불류수(不流水)〉는 『물명고』에 따르면, "이름난 산의 돌 틈에 가끔 흐르지 않는 물이 빈 곳을 채우고 있는데, 우리나라의 명천 칠보산에도 또한 그것이 있다. 일찍이 살펴본 사람이 이르기를 만약 그것을 퍼낸다면, 퍼내는 대로 가득 찬다고 하였으니, 그렇다면 흐르지 않는다고 함은 어째서인가? 〈조석천(潮汐泉)〉은 우리나라 영남의 문경 땅에 샘이 있는데, 날마다 밀물과 썰물 때에 마치 쏘는 듯이 솟아나다가 갑자기 물이 줄어서 마르니, 어떤 사람은 이르기를 탐라국에도 그런 곳이 많이 있다고 한다. 〈주천(酒泉)〉은 우리나라 영동의 양양 땅에 샘이 있는데, 맛이 소주와 같고, 그것을 마시면 취하기가 마치 중주와 같으며, 마을 이름은 '오삭'이라고 한다."[14]라고 하였다.

."**명천**(明川) **칠보산**(七宝山 · 七寶山)"에서 '명천'은 함경북도 남부 동해연안에 있는 군(郡)으로 북부는 화성군, 서부는 길주군, 남부는 화대군과 잇닿아 있고, 동부는 동해에 면하여 있다. 산지가 우세한 명천군은 대부분 지역이 칠보산지에 속한다. 이 산지에는 '함북금강'으로 이름난 명산인 칠보산(659m)을 비롯하여 상매봉(1103m), 재덕산(829m) 등의 산들이 솟아 있다. 군의 서부는 길주-명천 지구대 지역으로서 낮은 부분을 이룬다. "**문경**(聞慶)"은 지금의 경상북도(慶尙北道) 문경시(聞慶市)이다. "**양양**(襄陽)"은 지금의 강원도(江原道) 양양군(襄陽郡)이다. "**소주**(燒酒)"는 발효된 곡류나 고구마 등을 증류해서 만든 맑고 투명한 술이다. 막걸리와 더불어 우리나라 서민들이 즐겨 마시는 대중적인 술이다. "**중주**(中酒)"는 취기(醉氣)가 남아 있는 모양이다. '숙취(宿醉)'라고도 한다. 또는 식사하면서 마시는 술인 '반주(飯酒)'를 의미한다. 또는 차를 마시는 모임에서 나오는 술을 일컫는다. 한편, 이는 주연(酒宴)의 중간(도중)을 의미하기도 한다.

〈직방외기사기수(職方外紀四奇水: 『직방외기』의 기이한 네 가지 물)〉는 『물명고』에 따르면, "옹가리아에 네 가지 물이 있는데, 한 종류는 땅

14 不流水 名山石間 往〃有盈科不流之水 我東明川七宝山亦有之. 嘗見者云 若舀之 隨舀隨滿 然則不流何也. 潮汐泉 我東嶺南聞慶地有泉 每日潮汐候時 涌出如射 俄而乾涸 或云 耽羅國多有之. 酒泉 我東嶺東襄陽地有泉 味如燒酒 飮之醺如中酒 村名五朔.

속에서 뿜어져 나오면서 바로 엉겨 돌이 되고, 하나는 겨울철에는 늘 흐르다가 여름에 도리어 합하여 얼음이 되며, 하나는 쇠붙이를 던지면 마치 진흙처럼 변하였다가 다시 녹이면 순수한 '구리'가 되고, 하나는 물의 빛깔이 푸르스름하면서 얼면 돌처럼 되지만, 그 얼음은 다시 변하지 않는다."[15]라고 하였다.

『**직방외기**(職方外紀)』는 중국 명(明)대 말기에 예수회의 이탈리아 선교사 알레니[Aleni, G.]가 한문으로 쓴 세계 지리도(地理圖)이다. 마테오 리치의 『만국도지(萬國圖誌)』를 바탕으로 증보한 것이고, 1623년에 완성하였으며, 모두 5권이다. "**옹가리아**(翁加里亞 · Ungheria)"는 청(淸)대에 중국내 각 민족의 사적(事績) 및 해외 조공국(朝貢國)과 소수민족을 정리한 『황청직공도(皇淸職貢圖)』에 따르면, "옹가리아는 파사니아(波斯泥亞) 남쪽에 위치해 있고, 그 나라 사람들은 몽고(蒙古) 사람과 매우 비슷한데, 몹시 영리하며, 말 타기에 익숙하고, 항상 칼을 차고 다니며, 부인들은 글에 능숙하고, 예모(禮貌)를 숭상하는 풍속을 지녔다. 아울러 금 · 은 · 동 · 철이 수출할 정도로 많이 생산된다."고 하였다. 지금의 헝가리[Hungary]. 또는 우크라이나[Ukraine]를 일컫는다.

15 職方外紀四奇水 翁加里亞有四水 一種地中噴出 卽凝爲石 一冬月常流 夏反合爲氷 一以鐵投之便如泥 再熔則爲精銅 一水色沉綠 凍則爲石 永不復化.

찾아보기

ㄴ

ㄷ

ㅂ

ㅅ

ㅇ

ㅈ

ㅊ

ㅍ

ㅎ

::: **저자 약력**

김형태 金亨泰

연세대학교 국어국문학과 졸업(1995)
연세대학교 대학원 석사학위(1997) / 박사학위(2005)
사단법인 유도회(儒道會) 한문연수원 장학생반 졸업(2002)
연세대학교 글로벌창의융합대학 국어국문학과 부교수

『시명다식(詩名多識)』(공역 2007), 『대화체 가사의 유형과 역사적 전개』(2009), 『통신사 의학 관련 필담창화집 연구』(2011), 『소천소지(笑天笑地)』(2014), 『미양창화록(尾陽唱和錄)』·『상한의담(桑韓醫談)』(공역 2014), 『좌간필어부강관필담(坐間筆語附江關筆談)』·『양동창화후록(兩東唱和後錄)』(공역 2014), 『양동필어(兩東筆語)』(2014), 『상한의문답(桑韓醫問答)』·『한객필담(韓客筆譚)』(2014), 『조선인필담(朝鮮人筆談)』·『조선필담(朝鮮筆談)』(2014), 『대려필어(對麗筆語)』·『상한장갱록(桑韓鏘鏗錄)』 하(下)(2017), 『양동투어(兩東鬪語)』(2017), 『물명고(物名考)』(2019), 한문본 『사민필지(士民必知)』(공역 2020)

장기영 張基英

연세대학교 국어국문학과 졸업(2015)
연세대학교 대학원 석·박사통합과정 수료(2020)
연세대학교 글로벌창의융합대학 강사
공연예술평론가

「1900년대 여성 필자들의 공적 글쓰기 양상－『자선부인회잡지』를 중심으로」(2019), 「내가 그를 바라볼 때, 그 또한 나를 바라보고 있다－연극 〈로드킬인더씨어터〉, 〈보더라인〉 평론」(2021), 「환상으로써 실재하기: 현실을 환기시키는 무대－창극 〈흥보전〉 평론」(2021), 「영화 〈69세〉의 기록의 레이어를 통해 본 재현과 실재의 관계－'뭉뚱그려져온' 노년여성은 어떻게 재현될 수 있는가」(2022)

최석열 崔碩烈

연세대학교 국어국문학과 졸업(2019)
연세대학교 대학원 석사학위(2022)
연세대학교 대학원 박사과정

석사학위논문 「이효석 장편소설 『벽공무한』 연구」

속담俗談과 물명物名의 세계

2022년 7월 25일 초판 발행

지은이 : 김형태 · 장기영 · 최석열
펴낸이 : 김병환
펴낸곳 : 학자원
주　소 : 서울시 강동구 천호대로 1121
전　화 : 02) 6403-1000
팩　스 : 02) 6338-1001
E-mail : hakjaone@daum.net
등　록 : 2011년 3월 24일 제2011-14호

ISBN 979-11-6247-275-0 93380
값 18,000원